職場の現象学

「共に働くこと」の意味を問い直す

Phenomenology in a co-creative working place

•

Phänomenologie des kokreativen Arbeitsplatzes

露木恵美子
TSUYUKI, Emiko
山口一郎
YAMAGUCHI, Ichiro

東京 白桃書房 神田

まえがき

私たちは日々働くなかで、「今日の会議は予想以上に盛り上がったな」と感じたり、「みんなヤル気になってない」と感じたりすることがあります。このいうにいわれぬ職場の雰囲気が、私たちの日々の仕事に大きな影響を与えていることは、誰しもがうなずくところでしょう。しかし、この職場の雰囲気がどんな風にできあがっているのかについて、みなさんは考えたことがあるでしょうか？

本書では、私たちが仕事をしている「職場」を、現象学という哲学をとおして明らかにしようと試みます。私たちが当たり前に過ごしている職場での人間関係やその雰囲気は、エアコンの温度のように自由に調節することはできません。機械のような部品の組み合わせでできあがっているわけではないのです。

しかし、「人と人とのやりとり」や「職場でのさまざまな関係やその性質」に何か一般的なルール（現象学では規則性と呼びます）のようなものはないのでしょうか。もし、このなかなか言葉になりにくいルールのようなものを、みんなにとってはっきり実感され、言葉で自覚できるものにして、お互いにそのルールのようなものを理解し合うことができれば、個人の能力が最大限に発揮できるような、明るく創造的な職場の実現に向けて互いが努力することもできるはずです。

現代社会において、一人一人の個人は、ほとんどそのことに気づかずに、これまで様々な経緯によってつくられてきた社会システムに包摂されています。そして、そこでつくられた制度や慣習に慣れ、時には縛られています。そのことは、はっきり意識にのぼることがなくても、社会的な評価という圧迫感や抑圧感として感じられています。

たとえば、以前は、働く人が生き生きとしていた職場も、組織が大きくなり、様々な制度や約束事がつくられ、みんながそれに縛られて、なんとなく息苦しい閉塞感に苛まれているといったことはよくあることでしょう。それにつけ、活力に満ちた創造的な職場へのあこがれや、そういう職場をつくりたいという思いや必要性も、かつてないほどに高まっているように思われます。

もともと、私たちが生きている現代社会の諸制度は、その時その時の必要性に応じて人間の手でつくられてきたものであり、そうである以上、人間の手でつくり変えていけるはずです。人がつくったものですから変えられないわけはないのです。それではどうやってつくり変えていけばよいのか？どうすれば人々が生き生きと働ける創造的な職場をつくることができるのか？

本書は、それに対する答えや方法を、すぐに職場で使える「ノウハウ」として示すものではありません。残念ながら、創造的な職場をつくるために簡単に使える「ノウハウ」などないのです。まさにこのことこそ、現象学という哲学をとおして、読者の皆さんに納得いくように示されることになります。現象学が示すのは、職場で働いている人々の人間関係の基本的な成り立ちです。要点を先に述べるとすれば、人間関係は、人間の感性に根ざした感覚と感情を中心にする「情動的コミュニケーション」と、知性を共有し、言語と思考を中心にする「言語的コミュニケーション」の二層構造によって成り立っているといえます。そして、この目に見えない「情動的コミュニケーション」の層が、「言語的コミュニケーション」の基盤として常に働いていることが、私たちが「職場の雰囲気」と表現する状況を生みだしているのです。

さて、これから本書を読み進めていこうとしている読者にお願いしたいのは、たった1つのことです。それは「読者自身が困難な問題に直面していて、それを本気で解決したいと強く願っている」ということです。

「そんなこと当たり前じゃないか」と思われる方は、第1部に進んでください。「問題に直面する」とは、問題に向き合うということです。普通は、問題が迫ってくるので、それに対処しなければならない場合が多く、そのとき得てしておこるのは、いわゆる「ノウハウ」を知識として獲得し、その問題に適用（応用）させることです。モノが壊れるといったような技術的な問題は、そのモノの使い方や構造が分かっていれば解決できます。

しかし、「ハラスメントを受けているかも知れない課長との向き合い方」は、テクニックでは解決できません。人は知性と感性を兼ね備え、それぞれ異なる生まれ育ちが背景にある具体的な個人と個人ですから、よくできたロボットに向き合うような対応では埒があかないのです。

このように「人間関係」の成り立ちを問う本書は、著名な経営者の信条や思いを描いた、いわゆる「経営哲学」としての職場のあるべき姿について語るものではありません。また、哲学としての現象学そのものの解説書でもありません。本書で、現象学の考え方を参考にしようとするのは、現象学が、どのような問題領域にも活用できる柔軟性をもった哲学だからです。この柔軟性は、読者のみなさん、一人一人が別々にもつ千差万別の「感じ」や「考え」から出発することから生まれます。どんなに極端だったり病的だったり、他の人とは違っていても構わないのです。そのような個人、個人、それぞれがもつ別々の心から出発して、誰もが納得する「普遍的な知の高み」に共に歩もうとするのが現象学です。

このような特徴をもつ現象学という哲学をとおしてしか見えてこない「職場の現実」があります。本書で明らかにしたいのは、同じ職場で働く人々のあいだで、ほとんどの場合気づかれることなく、無意識のまま生きられている関係性の基盤にあるものと、その「ありのままの経験のされ方」なのです。

本書の読み方について少しアドバイスしておきましょう。本書は、次のような3部構成になっています。第1部では、現象学の基本的な考え方をできるだけわかりやすく、私たちの日常生活に寄り添いながら記述しています。専門的な用語は必要最低限にして、可能な限り一般的な言葉に置き換えて説明しています。第2部では、共創を目指す職場の事例として、企業の事例を2つ、障害者施設の事例を1つ、漁業の事例を1つとりあげています。第2部は具体的な職場での出来事であり物語なので、読者の経験に照らして比較したり、同様の事例を思いおこしたりすることができるでしょう。それに加えて、文中の要所要所で、第1部で描かれた現象学の視点で、その具体的事例がどのように解釈できるかが補足されています。第3部は、第1部の内容を第2部の事例に当てはめつつ対談形式で説明しています。ここでは、事例をとおして「なるほどこういう経験にはこういう意味があったのか」とか、「こういう理由があってこういうことがおこっていたんだな」といった、今まで漠然としていたことが腹に落ちる感覚を味わって頂きたいと思います。

本書は、一般的な職業人や企業人を対象に書いています。現象学の基本的な考え方は、大人として生活する人の日常的な感覚からすると、最初は違和感を感じたり、理解しがたいと思うかもしれません。その場合それぞれが読みやすいように工夫して頂き、第1部から通読するだけでなく、いろいろな読み方をして頂ければと思います。たとえば、第1部の第3章まで（導入部分）を読んでから第2部の共創を目指す職場の具体例に進み、第3部の解説を読み、第1部の現象学の基本概念に戻ってきてもよいですし、第2部で事例を頭に入れてから、第1部にもどり現象学の基本概念に照らし合わせて自分なりに解釈してから、第3部の解説を読むこともできます。第3部の対談を読んでから、第2部、第1部と戻ってきてもよいのです。読者の読みやすさや理解度・問題意識に合わせて、第1部、第2部、第3部を行ったり来たりしながら、読み進めて頂ければと思います。

本書を完成させるに当たっては様々な方々にお世話になりました。第2部でとりあげた4つの事例は、著者の一人である露木が過去に事例研究をした企業や団体です。

㈱前川製作所のみなさんには、勤務時代から博士論文の作成、その後の様々な取材において全面的な協力を頂きました。特に前川正雄氏の思想からは大きな学びと気づきを頂きました。㈱前川製作所との出会いとその現場での経験がなかったら、本書は成立しなかったといっても過言ではないでしょう。

田村和久理事長をはじめとした巣鴨信用金庫のみなさんには、2011年に中央大学ビジネススクール（CBS）のプロジェクト研究の一環として訪問して以来、さまざまな取材協力をはじめ、継続的なご支援を頂いてきました。「ホスピタリティ」を実践する同金庫の取り組みは、人が人に向き合うとはどういうことかを深く考えるきっかけになりました。金融機関であると同時に地域社会の一員として、顧客や顧客企業と真摯に向き合う「姿勢」は、まさに現象学でいうところの「今・ここ」における出会いにつながることを確信することになりました。

こころみ学園／ココ・ファーム・ワイナリーのみなさんには、インタビューや学園への訪問だけでなく、一緒に寝食を共にする機会を何度も頂きました。朝早くからのお掃除や昼間の原木運びやぶどうの仕事、みんなが大好きな食事を一手に任されるお勝手、全員分の衣服を洗い干し、それを一人一人に届ける洗濯などで一緒に身体を動かして、みんなが大きな家族のように暮らす生活の場にいられたこと、外から来た者を気にかけ居場所をつくり、受け入れてくれた園生のみなさんの優しさは、本書の中核的な概念である間身体性の重要性と力強さを再認識する大きな機会となりました。越智眞智子施設長をはじめとした職員の皆様、ブルース・ガットラブ氏、そして友人でもある園生のみなさんに心から感謝します。

　桜えび漁の事例では、宮原淳一組合長をはじめとした由比港漁協のみなさまに大変お世話になりました。特に2012年~2014年にかけての青年部のみなさんとの交流では、漁業者自らが付加価値の高い製品をつくるという熱い思いと行動力を間近で見せてもらいました。CBSのゼミ生と一緒に青年部の事業計画を考えたり、桜えびの沖漬けや漁師魂の製品化や販売を模索したこと、また、それらの活動を通して120年の伝統を誇る桜えび漁業について深く理解することができたのは、青年部のみなさんのおかげです。

　本書を仕上げるにあたっては、CBS露木ゼミの修了生のみなさんに大変お世話になりました。未完成の原稿を何度となく読んでもらい、企業人の目線で、本書の難しさや分かりにくさなどの改善点を話し合う機会に恵まれたことは、現象学になじみのない方々に本書を届けるための架け橋となったと思います。特に3期生の村松利哉さんには、原稿の通読のみならず、細かい修正点の指摘やデータの更新などでお世話になりました。また、槻谷由子さんには第3部の基礎となる対話のテープリライトをご担当頂きました。この本づくりは、CBSのみなさんとの共同作業であったことを明記しておきたいと思います。

　最後になりましたが、本書を出版する機会を与えていただき、なかなか進まない原稿執筆に辛抱強くおつきあい頂いた白桃書房の大矢栄一郎社長に、著者両名より心よりの感謝を申し上げます。

令和2年（2020年）3月1日

露木恵美子・山口一郎

『職場の現象学』——目次

まえがき——i

第1部 現象学で見えてくる人間関係の成り立ち——1

第1部

現象学で見えてくる人間関係の成り立ち

職場の現象学

はじめに

　どんな人でも一度や二度は職場の人間関係に困惑したことがあると思います。たとえば、上司と意見が合わないとか、同僚とうまくやっていけないとか、部下がついてきてくれないとか、職場での悩みの7～8割は、人間関係にまつわることであるといってもよいでしょう。

　たとえば、複数の部門に関わる問題を解決するために、各部門から選ばれたメンバーでプロジェクトチームがつくられたとします。そういった場合、表面上、チームとして機能しているようにみえて、メンバー同士の部門の利害を背景にした暗黙の駆け引きにエネルギーを費やしたり、誰か（大体において役職者）が、自分の思いどおりにプロジェクトを進めるために勝手に突っ走ったり、それをけん制する他のメンバーがかき回したりして、全体での成果があがらなかったりします。とはいえ、自分も部門の代表としてプロジェクトに入っているので、上司からそれなりの成果をあげてこいとプレッシャーをかけられています。ところが、当の自分といえば、会議の場でまともな発言すらできません。

　仕方ないので、「コミュニケーション能力」とやらを最大限に活用しようとしてヤッキになっていろいろいってはみるものの、周りのメンバー達と議論がかみ合わず、プロジェクトが進展するにつれ、気づくと、何をいっても自分の意見は、そのいい初めから無視され始めていることに愕然とし、「これって一種のいじめ？」と思ったりもします。すっかり自信を喪失し、上司のプレッシャーとグループのメンバーの冷徹な眼差しのあいだで、ストレスの溜まる日々が重なることになります。

「このプロジェクト早く終わってほしい」、と思うようになり、次第に職場に行くのさえおっくうになります。

しかし、こうなるのも無理からぬことかもしれません。というのも、特に若手社員の場合、入社するまで、学力テストをとおして、「自分の学力」が点数で評価され続けてきました。知的能力がすべてといわれ、それに則して自己評価する癖が身についてしまっています。答えは常に用意されていて、問題を解くのは答えを見つけることであり、答えのない問いについて議論する経験がありません。議論を通して課題そのものを見いだし、それをはっきり理解する訓練は、まったくといっていいほど受けてきていないのです。

このような状況を幾度となく乗り越え、社内で管理職としてチームをリードしていく立場に立ったとき、新入社員だった時の自分をふりかえり、「どうにか状況を乗り越えた」ときのプロセスをしっかり思いおこすことができるでしょうか。それをどのように乗り越えてきたかを、当時の上司や同僚とのやり取りやその顛末の一部始終をはっきり思い描くことができるなら、あなたは、じつはすでに現象学の分析を、それと知らずに行っているのです。このことをはっきりと納得するためにも、第一部を最後まで読んでみてください。

というのも、現象学とは、「人間が人として生きること（何を求めて、どう生きているのか）の自覚を伝え合い、確認し合えること」を目的に、それを実現し得た哲学に他ならないからです。現象学は、「生きることの自覚の深さとその言語による伝達能力」にかんして、現在、最強の哲学といえるのです。

「自覚の深さ」というのは、経験を内省し、それを言葉で伝える努力によって獲得できます。

たとえば、苦労せずに成果を出した天才肌のスポーツ選手が、往々にして、選手を育てるすぐれたコーチになれないのと対照的に、自分の積んだ苦労の詳細をしっかり振り返り（反省し）、内省し、跡づけて言葉にすることのできるコーチは、その苦労の軌跡を自覚しつつ、さまざまな工夫の仕方を若い選手に伝えることができます。

職場でも、能力が高く自力で成績をだせる一握りの人たちが昇進してリーダーを任されることが多いのですが、じつはそういう「優秀な人々」は「できない人の気持ち」が分からずに、自分のやり方を無理やり押しつけて、結果として部下の能力を引きだせず、成果もあがらないということがよくあります。一方で、苦労して人間関係の複雑さを経験し尽くしてきた上司ほど、部下の苦労がよく分かり、チームとしての潜在的な創造力を最大限に活性化し、共に困難を乗り越えていく本当の「コーチング」の名人になれるのです。

苦労を積んだ上司が、新入社員だった頃の自分を振り返って気づくのは、「コミュニケーション能力」とか「問題解決能力」などを期待されても、それまでそういった能力を磨く教育や訓練を受けたことがなかった「自分」です。対話をとおして答えのない問題を解決する場にはじめて身をおいたとき、それまでもっていた自分と自分の能力に対する信頼が、根底から揺さぶられることになり、どうしていいか分からなくなってしまったのです。

そして、このような「自分の限界にぶつかり、危機的状況に陥ること」こそ、自分にとって切実な問いが生じる大事なきっかけになります。いったい「何のためにこの会社に入ったのか？」、「自分はどんな仕事をしたいのか?」、「なぜ自分のしたいことさえ分からないのか?」、「仕事をするということの意味はいったいどこにあるのか?」など、今まで考えもしなかった問いに戸惑い苦悩したことが、その状況を乗り越えることができた重要な出発点だったことに後で気づくのです。

そして管理職になった今、こういった問いに正面から向き合うことをとおして、この危機的状況を乗り越えられた自分がはっきり思いおこせるのです。このような危機を乗り越える仮想的な状況を、現象学への道案内として略述すれば、次のようになるでしょう。

現象学入門の第1章は「たった一人のあなた」から始まる現象学です。現象学は、まずは「徹底的に一人になること」を後押しする哲学だからです。「危機的状況で孤立している人」に「一人になれ!」といっても、「何いってんの!」と反発されそうですが、社内での人間関係のストレスに悩まされ、何をどうすればよいのか分からなくなった人は、じつは「本当に一人になって問題に正面から向き合っていない」からこそ、また「本当に一人になる」あるいは「本当の一人になる」ということが「どういうことか分かっていない」からこそ、その危機から抜けだせないでいるのです。

では「本当の一人になる」とはどういうことでしょうか。それは、「人の意見や本の知識に翻弄されることなく、すべての出来事を自分でしっかり実感し、完全に自分に納得できるまで徹底して考えぬく態度が身につく」ということに他なりません。

現象学の創始者であるエトムント・フッサール(1859-1938)[*1]は、この態度を、近世西洋哲学における「個の自立」に大きく寄与したフランスの哲学者ルネ・デカルト(1596-1650)[*2]から学んでいるとされています。

*1　エトムント・フッサール、Edmunt Husserl(1859-1938)は現代哲学の一主流である現象学、Phänomenologie の創始者であるばかりでなく、彼の現象学は現代の現象学研究の中心に位置しているといえます。彼はライプツィッヒ大学で主に数学を学び、1883年にベルリン大学に移り、数学教授ヴァイヤーシュトラウスの助手となり、1884年ウィーン大学にて哲学教授フランツ・ブレンターノ、Franz Brentano(1838-1917)の講義に強い影響を受けて研究領域を哲学へと変更しました。フッサール現象学は、大きく前期の『論理学研究』(1900年、1901年)と中期の『イデーンI』(1913年)、そして1920年代に始まる後期の「発生的現象学」の時期に分け

その当時の学問を極めることでノイローゼになりかけたデカルトは、学問と実生活での経験をとおして「疑わしものはすべて徹底して疑う積極的な懐疑（疑わしいものを徹底的に取り除く消去法）」を用いて真実を求めました。そして、最終的に「どうあっても疑いきれないこと」にたどり着きました。デカルトの積極的な懐疑を追体験することは、「本当の一人になったあなた」が、あなた自身の現象学を開始する出発点となるでしょう。

第2章では、「あなたが本当の一人になること」の難しさの主な要因として、日本人の人間関係の特徴をとりあげます。というのも、普通、日本人が「私」というとき、デカルト哲学の専門家でもあった森有正（1911-1976）[*3]も指摘したように、じつは、その「私」は、さまざまなあなた（相手）から見える「〝あなた〟としての私」だからです。たとえば、親から見た子供、兄・姉から見た弟・妹、先生から見た生徒、上司から見た部下、夫から見た妻、妻から見た夫、子供から見た親、等々です。「私」とは、それぞれのあなた（相手）から見た「〝あなた〟としての私」にすぎないというのです。森有正は「日本人の人間関係は、じつは『本当の自分』を問うことのない〈あなた－あなた関係〉に他ならない」と述べています。[*4]本書では、この森有正の指摘する日本人の人間関係の特徴である「あなた（相手）から見た私」同士という関係性のことを「あなた—あなた関係」と呼ぶことにします。

「いわれてみればそうかもしれないが、それでどうしていけないのか」と思う人もいるでしょう。しかし、「上司と部下に挟まれたり、家庭と仕事の選択に迫られて決断しなければならないあなた」はいったいどの〝あなた〟（自分）なのですか、と問われた時、あなたはどう答えるでしょうか。「全

ることができます。現在、それぞれの時期に応じた研究が進展しています。

*2 ルネ・デカルト、René Descartes（1596－1650）は西洋近世哲学の祖といわれ、疑わしいものをすべて排除するという「方法的懐疑」をとおして、「我思うゆえに我有り」という絶対に疑えない真理に到達したとされ、この「思考」をその本質とする心（精神）と「延長」をその本質とする物（身体）による心身二元論を主張しました。

*3 森有正（1911－1976）は1948年東京大学仏文学助教授に就任して後、1950年フランスに留学し、そのままパリに滞在し続けました。フラ

世界を感じとり、考え尽くした、これしかないと確信できている〈本当のあなた（自分）〉になっているのでしょうか。

第3章では、本当の「一人」になりにくい日本の社会で、職場の人間関係を複雑なものにしている主な原因は、お互いにそれと気づく以前に働いてしまっている「意識にのぼらない無意識の気づかい」であることが示されます。現象学はこの「無意識の気づかい」を「お互いの気づき（自覚）」へと導きます。

ここで、無意識におこっている出来事の例として、「電車の急ブレーキで隣の人の足を踏んでしまった」という事例をとりあげます。このとき、足を踏んでしまったのは急ブレーキがかかって身体が勝手に動いてしまったのであって「わざと踏んだ」のではないことは明らかです。つまり「無意識に足が動いた」ことは、自分にとって絶対に確実であり、間違いなく実感できているということです。そしてそれだけでなく、このことは「すいません」と謝れば、「大丈夫です」と返ってくる相手の返答にも確認できます。相手も「わざとやったのではない」と分かるから、「（痛いけど）仕方ない」とあきらめ「大丈夫です」とこたえるのです。つまり、「わざとではないことが」二人のあいだで了解されているのです。

この章のタイトルである「人は自分に嘘はつけないこと」は、自分の実感に根ざした「わざとかわざとではないか、故意か過失か」の判断こそ、社会生活の基軸となっており、人はこの実感に嘘をつこうとするとき、精神疾患という心の闇に引き込まれていくことを意味しているのです。

第4章の「自然科学の方法と現象学の方法の違い」では、「無意識の気づかい」を含んだ「コミュ

ンス哲学の研究者であり、主著として『デカルトの人間像』（1948年）、『パスカル―方法の問題を中心として―』（1949年）、『バビロンの流れのほとりにて』（1968年）、『経験と思想』（1977年）などが挙げられます。

＊4　森有正『経験と思想』岩波書店1977年参照。

ニケーション能力」とは何かをめぐって、人間関係の成り立ちを解明するのに、脳神経科学や人工知能（AＩ）の研究に限界があり、その限界を超える現象学の有効性が解説されます。そこで自然科学の方法とは異なった現象学研究の独特の研究方法が説明されるのです。

脳科学研究の限界とは、簡単にいえば、「わざとか（故意＝随意性か）わざとでないか（過失＝不随意性か）」という人間の主観にかかわる「随意性」と「不随意性」の区別を研究対象にしていないことにあります。脳の活動を自然現象として客観的に「観察し、実験し、検証する」自然科学研究においては、人間の主観的活動である「意味づけや価値づけ」は研究対象から外さなければなりません。しかし、先に述べたように「意識してやったことか」、「意識しないでおこったことか」は、社会生活にとっては重要な問題です。現象学は、この「意味づけや価値づけ」を「志向性」と名づけ、「何をどのように」意味づけたり、価値づけたりしているのかという、人間の主観性を研究課題としているのです。

第5章「赤ちゃんだった自分に戻ってみよう」では、赤ちゃんの本能的な不随意運動から意図を含む随意運動ができるようになる過程を「(自然におこる)共感」と「(相手の気持ちになる)感情移入」という観点から細かく描写します。しかし、どうしてそのような描写が「職場の現象学」にとって必要なのでしょうか。この必要性は、現在、ドイツでもっとも著名な脳科学者であり、教育や経営の世界に大きな影響力を与えている元ゲッティンゲン大学教授ゲラルド・ヒューター（G. Hüther）[*5]が、講演のなかでとりあげた二つの実例にはっきり見てとることができます。

ヒューターが語る第一の事例は、スウェーデンの企業で、男性社員の「育児休暇」という制度に

＊5　ゲラルド・ヒューター、Gerald Hüther（1951－）は、ライプツィヒ大学で生物学を学び、1979年当時の西ドイツに亡命、1979年から1989年までゲッティンゲン大学で学び、1988年同大学で教授資格を獲得し、2013年までゲッティンゲン大学病院にて「脳生物学」および「精神病医学」の研究者として活動しました。現代ドイツでもっとも著名な脳科学研究者として講演や著作活動を展開しています。

まつわる話です。一般的に、赤ちゃんが生まれると母親が390日の「育休」をとった後、父親が「3ヶ月」の育休をとることができます。その育休に入る前に、会社ではパーティが開かれ、社員全体からお祝いされます。それは、この育休の後、「共感および感情移入能力」が向上するので、昇格することが約束されているからだというのです。母親と同様、赤ちゃんとの「共感」と赤ちゃんへの「感情移入」なしに育児は不可能であり、育休は、その男性社員にとって、この能力向上のための最適な環境とみなされているというのです。

第二の事例は、あるドイツの超一流の企業で、ケンブリッジ大学、ハーバード大学、オックスホード大学といった、超一流の大学でトップクラスの成績を納めた学生を新入社員候補として受け入れるのですが、そのままでは、社員全体の創造性を活性化し、イノベーションを志す会社の社員としてはまったく役に立たないので、お互いの潜在的能力を活性化する能力（共創の能力）の養成のため、すべての新入社員候補を問題児の集まった中学生のクラスに一年間、教師として送り込み、生徒の学ぶことの楽しさと学習意欲を引きだし、成績向上を果たせた候補生のみを採用するというのです。

この2つの実例で語られているのは、共感と感情移入の能力養成こそ、競争から共創へと転換する企業にとって、経営の最重要課題であるということです。このとき、この養成の現場で現実におこっていることを理論的に解明しうるのが現象学なのです。

この解明にあたって、すでに大人である私たちにとって、もっとも衝撃的なのは、この章で示される、赤ちゃんが、〝自分と他者〟の身体が、それぞれ別々の身体であることに初めて気づく瞬間を追体験できることです。人間関係の根幹をなす「自分と他者との区別」の源泉が、赤ちゃんにとって自分と他人の身体の区別に気づかされる原体験として描きだされるのです。

第6章の「原共感覚からの五感の形成」では、自／他の身体が区別されてくることと並行して、いわゆる五感（視覚、聴覚、味覚、嗅覚、触覚）や運動感覚などが、愛情で強く結びつけられた養育者とのあいだの「共感や感情移入」による情動的コミュニケーションにおいて形成されてくることが述べられます。

第7章「人と人のあいだに響き合う間身体性」では、自然科学研究の研究対象ではない「意味と価値」の源泉が、赤ちゃんの身体と母親の身体のあいだ（間）に言葉になる以前に行き交う、間身体的な情動的コミュニケーションにあることが、さまざまな具体例をとおして説明されます。そのさいに重要なのは、この間身体的な情動的コミュニケーションをとおして、私たちの時間意識や空間意識がはじめて形成されるということです。たとえば、縫いぐるみの「くまのプーさん」が母親から赤ちゃんに手渡されるちょうどそのとき、母が手渡した「そのとき」と、赤ちゃんが手にした「そのとき」とが、二人にとって「同時」という時間の意味が成立し、母が手渡した「その位置」と赤ちゃんが手にした「その位置」が、二人にとって「同じ位置」という空間の意味が成立する、ということなのです。

第8章では、「共感が言葉になるとき」と題して、共感と感情移入による情動的コミュニケーションを土台にして、どのようにして言葉を介した「言語的コミュニケーション」が形成されていくのかが説明されます。クマのプーさんや哺乳瓶が赤ちゃんに手渡されるとき、養育者は「はい、プーさんね」とか「ミルク?」とか、言葉を添えてそれを渡します。いつも物には名前が添えられているのです。プーさんの「見え方（視覚像）と触った感じ（触覚）」と、いつも同じ「プーさん」という「音の連なり（聴覚）」がつけ加わることで、見え方と触った感じとそのモノの名前がすべてつながっていきます。そして、さまざまな感覚のまとまりしての「プーさん」という同一物の知覚（認識）が成立します。なので、今見えていないプーさんを探して、「プーさん?」と母親に尋ねることができるようになるのです。

第9章では、共感を土台にする情動的コミュニケーションと言葉を介する言語的コミュニケーションとの関係を説明します。そのとき改めて「いじめ」の問題をとりあげるのは、それによって「いじめ」を言葉にできない競争社会から、「対話」を基軸にする「共創の社会」への変革の必要性が浮き彫りになるからです。

その人の存在そのものを否定する「無視」がもっとも非人間的ないじめといえます。すでに人の存在を感じている（感情移入している）にもかかわらず、あえて、その「人としての感じ」を意図的に拒絶し、その人が「そこにいること」を拒否し、排斥しようとするのです。この意図した無視と、母と子のあいだに生じる共感と感情移入による情動的コミュニケーションとのコントラストは、いわば「死と生」のコントラストに等しいといえるでしょう。「共創的職場」の根本条件は、互いに人として認め合い、支え合う情動的コミュニケーションの基盤があるということです。その基盤があってはじめて築かれるのが、対話という言語的コミュニケーションの実現なのです。

職場で「共創」どころか「ハラスメントを受けているのでは?」という疑念が生じたとき、その思いを言葉にして、「いったい、何がどうなっているのか」、「現状が自分にどう映っているのか」、自分の感情も含めて、その当事者（上司だったり、同僚だったりする）と共に語り合う対話する勇気と覚悟が必要です。

この自分の感じ（感情）と思い（考え）を言葉にして、お互いが対等に話し合う対話の学習と練習は、学校教育の根幹にかかわる最重要事項だと思われるのですが、残念なことに、そういった学習はあまり行われません。知識を習得するための学習と、知識の量や知識の使い方を評価することに主眼がおかれているからです。そのことが、情動的コミュニケーションに基づく言語的コミュニケーション能力の開発を阻害しているともいえるでしょう。

第10章「現象学の描く人間関係の三層構造」では、それまでに述べられてきた現象学の分析による人間関係を三つの層による構造としてまとめてみたいと思います。

そのさい、マルティン・ブーバー（1878-1965）*6による「我（われ）―汝（なんじ）関係」と「我―それ関係」との区別が導入されます。「我―汝関係」というのは、「自然と人と精神」に大きく区分される世界全体に対して、その世界と一つになる、いいかえれば、我を忘れて世界に直向きに向き合う（関係し合う）態度のことを意味します。たとえば、赤ちゃんに対する母親のように、その子をそのままを全体として愛情で包み込むような態度を「我―汝関係」と呼びます。それに対して、人に対する「我―それ関係」というのは、ＡＩを用いた人事評価のように、人のさまざまな能力を「収集したデータ」によって数値化し、その数値の集積をその人自身とみなす態度のことを意味します。

*6　マルティン・ブーバー、Martin Buber（1878-1965）は「対話」を中軸にすえる「対話哲学」の代表者といわれ、小冊子『我と汝、Ich und Du』（1923年）の出版で著名となりました。ブーバーの思想は、ユダヤ神秘主義とされる「ハシディズム（敬虔主義）」の思想を背景とし、「我―汝関係」を基軸にした宗教哲学によって現代の社会哲学や精神医学に大きな影響を与えています。

さらに、この「我－汝関係」は、自／他の身体の区別をとおして自我の意識が形成される以前と、自我が形成された以後の二段階に区別されます。すなわち、人間関係は、乳幼児期の自我の意識が形成される以前の「我－汝関係」の段階（第一段階）、次にこの段階のうえに形成されてくる、自我の意識が形成された以後の「我－それ関係」の段階（第二段階）、そして、この「我－それ関係」のただなかで、それが拒否されずに、しかも自我に固執することなく、我を忘れて世界に直向きに向かう成人としての「我－汝関係」の段階（第三段階）という三段階の層構造になっているのです。

この三層構造において、「競争する職場」から「共創する職場」への変革は、「我－それ関係」のただなかで生じうる成人の「我－汝関係」の段階において実現可能となります。すでにできあがってしまっている自我を乗り越えて「我を忘れて物事になりきる我－汝関係」が創造性の源泉です。しかも、このとき重要で

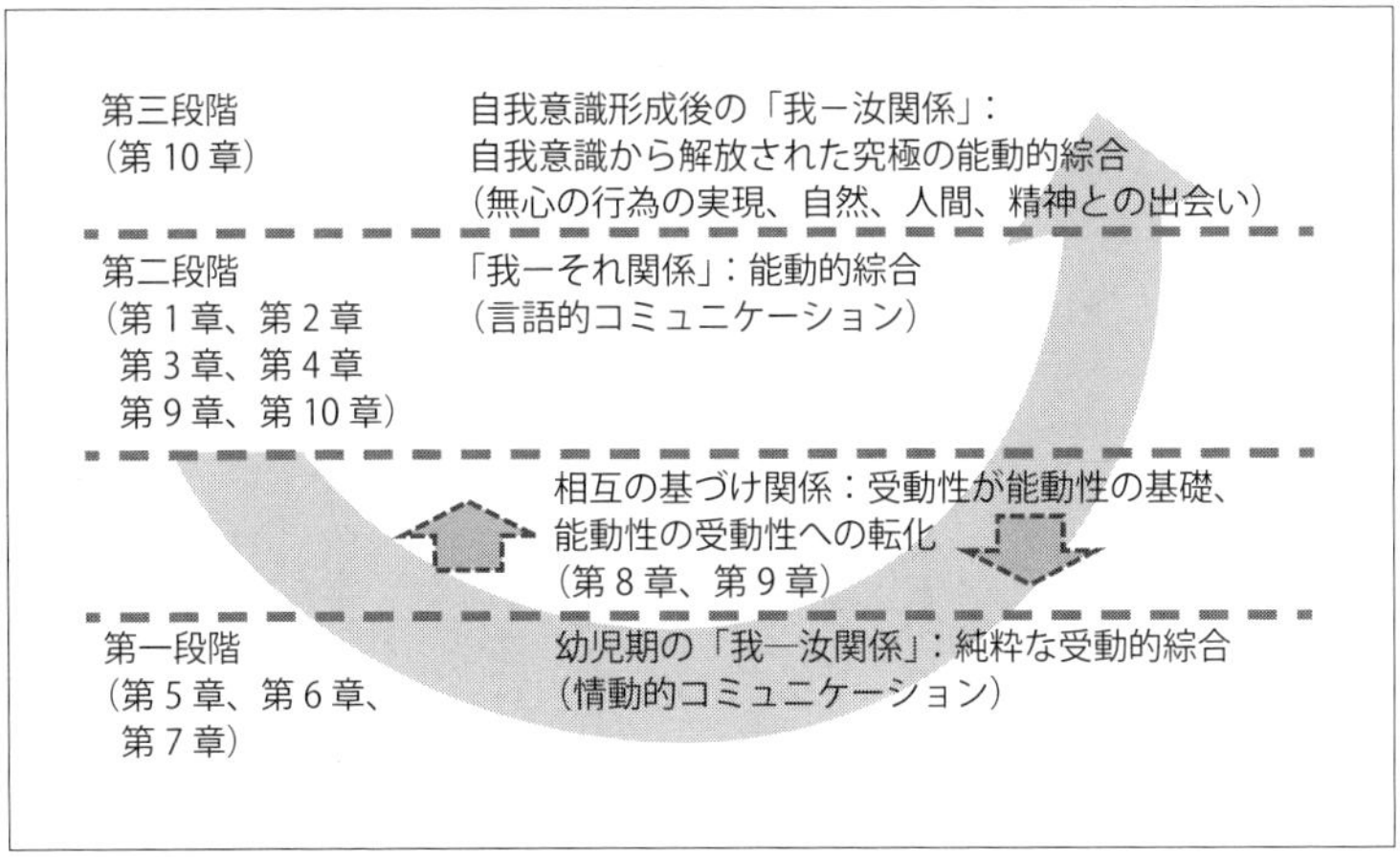

図1／三層構造と第1部の章構成の関係

あるのは、この段階の「我－汝関係」は、第二段階の「我－それ関係」を否定することによって実現するのではないことです。むしろ、この「我－それ関係」を極限まで活用し、徹底的に突き詰めることをとおして初めて、創造性の源泉となる第三段階の「我－汝関係」が実現し得るのです。

さて、ここで、これまで述べられたことを図にして振り返ることで、第1部の現象学への導入の道案内を再確認しておきましょう（図1参照）。

この図で描かれている「我－それ関係」能動的綜合（言語的コミュニケーション）が先に述べた三層構造の第二段階にあたり、第1章、2章、3章、4章は、この段階を中心に描かれており、第5章、6章、7章において「幼児期の我－汝関係」受動的綜合（情動的コミュニケーション）が自我意識が形成される以前の第一段階として説明されます。第8章と第9章では、ふたたび、言語的コミュニケーションが成立している第二段階に立ち帰り、この「我－それ関係」を徹底することで、自我意識が形成された後の成人の「我－汝関係」が実現する（第10章）に至る大きな矢印で描かれた現象学への道案内が図示されているのです。

さあ、職場の現象学のはじまりです。

第1章 「たった一人のあなたの実感」から始まる現象学

本章では、現象学の創始者であるフッサールが現象学の出発点とみなす「たった一人のあなたの実感」について考えます。仕事でいろいろな困難にぶつかった時、否が応でも「一人になって問題に正面から向き合う」ことに直面しますが、それは具体的にはどのようなことなのでしょうか。まずは、「はじめに」でも触れた、フランスの哲学者ルネ・デカルトの実体験を追体験することで、「本当の一人になって問題に正面から向き合う」ということを明らかにしていきましょう。

1 あなたの出発点─絶対に間違いない「瞬時の感じと思い」

「はじめに」で、会社に向かう満員電車のなかで、突然、急ブレーキがかかった事例を挙げました。このとき、思わず身体が動いて隣の人の足を踏んでしまっても、わざと踏みつけたわけではないので（急ブレーキという状況が、自分だけでなく隣の人も分かっているので）「すいません」と謝れば、相手も多少痛くても「大丈夫です」と答えるでしょう。このとき、「わざとか、わざとでないか」は、あなたにとっては絶対に間違いないことだと断言できることです。

簡単にいうと、絶対にわざとではないとあなたがいえるその根拠は「足が先に動いてしまい、そのことにその後に気づいた」と自分で実感できているからです。そしてこの実感が、「すいません」

という言葉として表現され、この実感を共有する隣の人も「大丈夫です」という言葉を返し、まさに「わざとやったのではない」ということが、2人に共有されているのです。

一瞬の出来事ですが、「動きが先でそれに気づいたのが後」ということは、絶対に間違いありません。わざとやった故意の場合、「踏みつけよう」という思いが先に立ち、足の動きの感じは後になります。意識が先に立ち、動きはそれに続くのです。しかし、過失の場合は逆です。動きが先立ちそれに後で気づく（意識する）のです。

2 言葉だけの世界が病的な倒錯した世界に導く

さて、ここで、少なくとも「足が動いてしまった」と実感しているからこそ、そういい切れるのですが、逆に、実感を「装おう」とするまさにそのとき、錯綜し、転倒した病的な悪夢の世界が始まります。実感をともなわない、実感をうらぎる言葉だけの世界です。裁判になって、自分の責任を免れようとして「わざとではありません」と、断言し、偽証した場合、仮に証拠不十分ということで無罪と裁決されたとしても、自分の実感そのものを裏切ることはできません。本当はわざとやったのにそうではないと偽証しても、「わざとだった」という実感は残りつづけ「良心の呵責」としてその人を苦しめ、苛むことになります。この苦しみから逃れようとして、「本当にわざとではなかったのだ」と自分に思い込ませようするとき、まさに「心の病」が始まり、倒錯した世界に陥るのです。

ここで挙げられた「電車の急ブレーキ」の実例で「わざとかわざとでないか」は自分にとって、

絶対に間違いない、直接感じ分けていることでした。それは、分からないことに満ち溢れた日常生活でも、読者の皆さんと共有できる絶対的な確信の1つといえるのではないでしょうか。

3 私たちはお互いに「主観」であり「客観」であること

そもそも、「故意か過失か」という区別は、私自身には絶対に確実といえます。この「私自身の心」は、「私自身の主観」とも呼ばれます。この「主観」という用語は「客観」という用語と対になってよく使われます。ここで「主観と客観」という哲学用語の説明をしておきましょう。

本当のところ、この「故意か過失か」の区別は自分にしか直接には実感できていません。足を踏まれた隣の人にとって「電車の急ブレーキ」という状況から、「わざとではない」と「思った」わけで、直接「わざとではない」と実感できているわけではありません。また、「故意か過失か」をめぐって、自分の実感に嘘をついたことに良心の呵責を感じて苦悩するのも、その嘘をついた当の本人(自分)です。この自分がいつも同じ自分であるからこそ、人は悩みもし、喜びもするのです。

この同じ自分を「主観」と呼ぶとき、主観の「主」は主人の主であり、「観」は、「よく見る」という意味です。一方、「客観」という場合の「客」は客人の客で、見られる側という意味です。それで、見る側と見られる側、「主観と客観」という対になった用語として使われるのです。主観は、客人が入れ替わり立ち替わり変わり続けても、いつも同じ「主観」であり続けます。

一方で、「私たちは互いに主観であり、互いに客観である」ということもできます。この自分である主観は、他の人々を客観と見ますが、その人の「身になって」とか、「立場に立てば」というように、他の人の主観から見れば、この自分はその人にとっての客観になるからです。このように「主観と客観」は、それぞれの自分が主観になったり、客観になったりします。お互いに立ち位置を交換し合うことで主観や客観になるのです。

4 デカルトによる各自の主観の立場の確立

「故意にしろ、過失にしろ」その行動の責任をとる主観（私）の立場を、哲学上、「本当の一人の自分」として明確に確立し、誰もが納得いくように根拠づけたのが、西洋近代哲学の祖といわれるデカルトです。デカルトの「我思うゆえに我あり」という命題について、聞いたことがある人もいることでしょう。

「我思う」というとき、デカルトの場合「感じること」も、この「思う」に含まれています。なので、「わざとかわざとでないか」を間違いなく感じ分けることも、「我思う」に含まれます。この「我思うゆえに我あり」というのは、「感じたり考えている私が間違いなく存在する」ということを意味します。そんなことといわれなくても「分かりきった」ことで「それで悩みが解消するわけじゃない」と思われるかもしれません。それでは、デカルトは、いったいここで何をいいたいのでしょうか。

ノイローゼになりかけたデカルトにとっての「我思うゆえに我あり」という命題のもつ意味は、デカルトの体験を追体験することで初めて明らかになります。この体験は、デカルトが、その当時のありとあらゆる学問（神学、自然学、数学、論理学、法学、医学等々）を学び、軍隊生活の経験もへて、1619年にドイツのウルムに駐屯していたとき、「絶対に確実なものが何であるかまったく分からなくなり、懐疑のどん底に沈んでノイローゼになった」ときのことといわれます。

デカルトは、その懐疑のただなかで、「我思うゆえに我あり」という確信にいたった経過を、後に振り返り『方法序説』（1637年）で詳しく述べています。そのさい、デカルトは、まず「絶対に確実なもの（絶対的真理）」にいたるために、「少しでも疑わしいものは、真理ではないとして除外する」という原則、いわば厳格な消去法の原則をたてました。

たとえば、私たちは、よく現実を「見間違えたり」、言葉を「聞き違えたり」するので、五感といわれる「視・聴・嗅・味・触覚の五つの感覚」は当てにならず、まず除外されます。次に、観測や実験による自然科学の知識も、それが数学の真理を前提にしており、その真理に間違いが含まれている可能性もあるので、絶対的真理から除外されます。

そして、この数学の真理さえ絶対確実とはいえない、とデカルトがいい切る理由は、絶対者である神が存在するかもしれず、その全知全能の神が、有限である人間（数学者）の脳裏を操作して、虚偽の数理を真の数理と思わせているのかもしれない、と考えたからです。

となれば、この世の中で、絶対に間違いない確実なものなど、どこを探しても見つかりそうもありません。デカルトは、こうして、疑わしく思われるものをすべて疑い、確かなものが何もない、いわば真っ暗闇の懐疑のただなかに突き落とされたのです。会社のなかで、上司も部下も同僚も誰も信頼できず、完全に孤立し、自分の感覚さえ当てにならず、人間不信のどん底に陥ったという状況を想像してみてください。

そのとき、デカルトに訪れたのが、そうやって、次から次へと疑いに疑いを重ねているそのつど（その瞬間、瞬間に）、そうやって「疑っているこの自分がいることそのものは、何があっても疑い得ない」という洞察でした。

たとえば、「あの人のいったことは、本当だろうか、嘘だろうか」と考えはじめます。考えても考えても、答えはでません。あるときは「本当だ」と思い、あるときは、「嘘だ」と思います。考えても考えても「本当か、嘘か」結論がでないとき、少なくとも、絶対間違いないことが1つあります。それは、「本当だ」と思っているときのそう思っている自分と「本当だ」という「その思い」、そして「嘘だ」と思っているときのそう思っている自分と「嘘だ」という「その思い」は、そのつど、絶対確実にそこに存在する、それは絶対に間違いないということです。

5　絶対に間違いない瞬時の現在の自分とその思い：現象学の出発点

ただし、ここで重要なことは、ここで「そのつど（その瞬間）」といっているように、「本当だ」と思った瞬間の自分は絶対に確実でも、次の瞬間に「嘘だ」と思う自分がいるとき、一瞬前の「本当だと思った自分」は、もう過去の自分ですので、絶対に確実だとはいえない、ということでもあるのです。絶対に確実であるのは、一瞬、一瞬の現在（いま）において「何かを思っているその瞬間の自分とその思い」に限られるということです。

現象学は、このデカルトの「我思う」という各自の主観における絶対的確信から出発します。この出発点を同じくしつつ、一瞬の「我思う」の絶対的確実さそのものの内容（何を感じ、思っているのか）を詳細に分析して、その分析をとおして、すべての人々、会社のなかの人間関係に悩みどうしていいか分からなくなったあなたにも、次のように、あなた自身の現象学を生みだすように励ますのです。

「あなたがそう感じている、疑っている、考えている、悩んでいるそのままでいい。その一瞬、一瞬に感じていること、疑っていること、考えていること、悩んでいることは、絶対に確実だということを出発点にできる」というのです。

あなた自身の感じと考えを出発点にするということは、一瞬、一瞬の自分の感じと考えに正面から向き合う、それが苦しくても向き合う覚悟を決めるということを意味します。これが苦悩からの脱却の決定的な第一歩であるというのです。

それと同時に明白であるのは、「他の人の主観における、その一瞬の感じや考えは、直接、体験し、実感することはできない」という厳しい現実です。

となれば、他の人の気持ちが分からずに、どうやって人間関係の悩みを解決できるのかについて当然の疑問（批判）が現象学に突きつけられることになります。この「他の人の気持ちはどう分かるのか」という問題は、この第1部の中心問題の一つとして、第5章、第6章、第7章で詳しく解説していきます。

6　一瞬先（未来）は闇、一瞬後（過去）も闇、明るく確実なのは、今の一瞬だけ？

デカルトのように「各人にとって絶対間違いないとされる一瞬一瞬の自分の感じと思い」から始

めるとして、このとき気づくのは、絶対間違いない自分の感じと考えが、それぞれの瞬間、瞬間に限られているのでは、「薬を飲んで痛みが治まった」というときの「薬を飲んだ時（瞬間）」と「痛みが治まった時（瞬間）」とを結びつけることはできなくなります。痛くなくなった今は絶対確実でも、痛かった過去はもはや絶対確実とはいえないからです。

それどころか、急ブレーキで隣の人の足を踏んでしまったその今は、絶対確実とはいえても、急ブレーキが生じた瞬間はもう過去のことであり、もはや確実とはいえません。同様に、急ブレーキで自分の足が動いた今は、過去になっていて、絶対に確実とはいえないのですから、その自分の動いた足が、隣の人の足を踏んだ足と同じ足であるかどうかさえ、確実にはいえないことになってしまいます。絶対に確実であるのは、今の瞬間の自分とその思いだけであるなら、「自分が電車の急ブレーキで隣の人の足を踏んだ」ということも、確実とはいい切れなくなってしまうのです。

いったい、そもそも、各自の主観における、絶対間違いなく確実であるとされる「思う（感じたり、考えたりする）」瞬間というのは、時間の幅としてどのぐらいと考えればよいのでしょうか。一瞬、一瞬の想いや感じと「時が経つこと」とはどのように結びつくのでしょうか（この問いは第3章で解明されます）。

7　現象学が問う「何」の問いと「どのように」の問い

現象学は、先に述べたように、確かに、デカルトの「我思う」という各自の主観における絶対的確信を出発点にします。しかし、それはあくまでも「出発点」であり、この出発点に留まることなく、その「一瞬一瞬の自分の感じと思いに正面から向き合おう」とします。このとき、「向き合う」というのは、2種類の問いを立てることを意味します。第一の問いは、その一瞬の「我思う」そのものの内容（いったい何を感じ思っているのか）についてです。第二の問いは、「いったいどのように感じ思っているのか」という問いです。

電車の急ブレーキの例でいえば、「自分の足が動いたという感覚」がその「何」に当たり、「どのように」が「先に足が動き、それに後で気づいた」に当たります。この「何」は、自分の感じや思いの内容ですので比較的分かりやすいと思いますが、この「どのように」という問いは、日常生活のなかであまり注意していないことでしょう。しかし、この「どのように」について感じ分ける敏感さこそ「故意と過失」の区別が問われる人間関係において、非常に重要な能力となります。

というのも、「故意と過失」の区別は、自分の主観においては絶対間違いなく区別できていますが、他者の主観において「どのように」感じ分けられているのか、自分には間接的にしか伝わってこないからです。

8 自分はどのように「自分」になり、あなたはどのように「あなた」になったのか：相互主観性の問い

電車の急ブレーキで、踏まれた相手が、実際に「何を、どのように感じ、思った」のか、自分のことではありませんので、「大丈夫です」という相手の返答で間接的に確かめる他ありません。ですから、現象学の立てる「何」と「どのように」という2つの問いは、相手である「あなた」の場

合、「本当のこと（本当は何をどのように感じ、思っているのか）」を確かめるうえで、重要な問いになります。

こと人間関係の場合、自分の主観と相手（他者）の主観とのかかわり合いは複雑です。仮に、この電車の急ブレーキのさい、たまたま隣り合わせたのが、「自分を嫌っている（と思っている）会社の先輩」だったとして、電車の急ブレーキを利用して、わざと先輩の足を強く踏みつけたとします。このとき、相手の痛そうな顔を見て、「ちょっと悪かったかな」と思ったとしても、「先輩が自分のことを嫌っているから」と「わざと踏んだ」言い訳をするかもしれません。

自分（の主観）がわざと踏んだのは、相手（の主観）が自分を嫌っているからだ、という理由であれば、「自分を嫌っている（と思われる）」他の主観のせいで自分自身の随意運動（わざとやった）をおこしていることになり、意図的にやった自分の主観は、じつのところ、自分をそうさせている他人の主観であることになってしまいます。幼児の喧嘩と同じで、「～ちゃんがぶったから」、「～ちゃんが悪口いったから」になってしまい、どこまでが自分（の主観）で、どこから他人（の主観）か、分からなくなってしまうのです。

人間関係の悩みは、お互いの他者の主観の「何」と「どのように」についての、無自覚な「思い込み」からおこる場合が多いものです。たまたまおこったことをわざとやったように思い込むという誤解です。

このような、初めから他の人々の主観が複雑に絡み合った人間関係にあって、特定の人々とのかかわり方に悩み始めるとき、そういった問題に対して現象学が提唱する根本的な解決法があります。

それは「お互いが故意か過失かを間違いなく感じ分けているそれぞれ個人の主観であること」を、いったいどのようにして、絶対間違いないこととして、それぞれが確信できるようになったのか、誰もが納得のいくように説明してみるという解決法です（それぞれが相互に主観であることを、現象学では人間の「相互主観性」と呼びます）。

つまり、自分は、いつどのように意図をもった故意の随意運動ができる自分になったのかを、自分と他者の区別がつくようになる根源を問うことで、人間関係の問題の本質的な理解に迫ろうというのです。

第2章 日本社会での人間関係の特質

さて、自分と他人の区別がどのようにつくようになったのかを考える前に、私たちが日常生活で普通だと思っている人間関係の現実に近づいてみて、そこで感じられ、考えられている「人間関係の悩み」の実態を明らかにしてみましょう。

1 「自分の痛み」と相手の〝痛み〟、自分の思いと相手の思い

ある本のなかで、中学生の男子生徒が同級生の複数の男子生徒にいじめられる体験が語られていました。2、3日おきに、殴る蹴るのいじめが繰り返されるなかで、いじめられる生徒が、いじめる生徒達に、「今日は、これぐらいでいいんじゃない?」と冷ややかにいいます。すると、いじめる側は「これぐらいにしとこうか」といって、その日のいじめは、それで終わるというのです。いったいここで何がおこっているのでしょうか。

いじめられる側が、いじめる側に立って、自分の痛みの程度を決めているように聞こえます。自分の痛みを外からながめ、いじめる側の殴る蹴るの手足になって、受けて生じる痛みの程度を判断しているかのようです。

人間は、外からの暴力に晒されるという受け入れがたい状況に陥るとき、自分の身体から心が遊

離し、その状況を外から眺める、生き残るための方策をとる、といわれることがあります。いずれにしても、「いじめられること」と「いじめること」が反転してしまうというのは、いったいどういうことなのでしょうか。

いじめで受ける「痛み」の表現だけではありません。「こんなことをいったら、相手はどう思うだろうか」という相手に対する配慮や憶測は、「自分の感じたことや自分の意見」を相手に向けて表現する以前に、それを抑制し、制限してしまいます。そして、最終的には、そもそも「何を感じ、何を思ったのか」さえ分からなくなり、何もいえずにだまってしまう、といったことがおこります。最近よく使われる「忖度」という言葉も、もともとは悪い意味で使われる言葉ではなく、相手の気持ちや状況を配慮することを意味しました。しかし、それが行きすぎることで、相手の気持ちや状況を過剰に配慮し（誤解することで）、間違った意思決定をしてしまうという意味で使われているようです。

2　子供の頃、クラスのみんなで「いじめ」についてどこまで話せたか？

相手や周囲に配慮するあまり、自分の気持ちに蓋をしてしまうことはよくあることです。先に、会議の場でお互いの意見を交換することや、対話をとおしてアイデアをだし合うのにも、それなりの経験やトレーニングが必要とされるということについて述べました。

日本の学校教育の現場では、長きにわたって、さまざまな科目の知識を吸収し、暗記することに追われてきました。受験対策としての勉強です。そのため、学んだ知識を使って、人間関係にかかわる問題について（たとえば、「いじめ」がおきないようにするには、どうすればよいかなどについて）クラス全員で徹底的に話し合い、みんなで打開策を見つける、といった授業はあまりなされていないのが実情です。

「いじめ」に限らず、クラスのみんなにとって切実で深刻な問題についてさえ、十分に時間をとって、自分の感じていることを口にして、納得いくまで話し合う時間はありませんでした。子供の頃、みんなでじっくり話し合える時間がもてれば、「告げ口すれば、相手が叱られ、いじめがもっとひどくなる」といった自分の思いが語られたり、「ふざけているだけじゃん」といじめている相手にいわれても、「ふざけられるのは嫌なんだ！」と自分の思いをはっきり口にすることもできたはずです。

ところが「いじめられているのは恥ずかしい」とか「（周りに心配をかけるから）いじめられていることを周囲に知られることが怖い」といった思いから、「自分の痛さや苦しさ」を直接訴えるより「この程度の痛みなら、自分が我慢しさえすればいい」と考えて、その思いは言葉にされずに蓋をされてしまうのです。

3　周囲の目を気にしすぎる日本人

大学の講義で質問の時間をつくりますが、その時間に質問を受けることはめったにありません。そして、授業の直後に、個人的に質問しにきたりします。教員が「どうして、質問の時間にしなかったの」と聞いても困った顔をするばかり。学生たちは、あまりに周りのことを気にしすぎて、みんなの前で質問することが苦手のようです。

「こんな当たり前の質問をすれば、時間をとって他の学生の迷惑になるんじゃないか」とか、「先生は、こんな質問を期待しているはずだ」とか、「自分の質問が自分の質問」である以前に、「他の学生からみた質問」、「先生にとっての質問」というように、他の人にとっての質問内容が先立ってしまうのです。

こういうことは職場でもよくおきます。上司に「アイデアをだせ」といわれても、顧客の視点に立った自分のアイデアである前に、上司から見たときにどう見えるかが頭をかすめ、「(上司にとって)実現しやすい」とか、「他部署に負担がかからないように(上司に迷惑がかからないように)」とか、「自分の感じや考え(アイデア)」のなかに、「上司から見たアイデア」という視点が始めから簡単に入り込んでしまうのです。

4　自分(私)とは「あなたから見た〝あなた〟」なのか?[*7]

*7　先に言及された森有正『経験と思想』の二項関係の解明が基礎になっています。

自分のアイデアである前に、上司から見た上司にとってのアイデアであること、自分の質問である前に、先生から見た先生にとっての質問であること、自分の意見やアイデアが、誰かから見た誰かにとって(良いと思われる)アイデアや意見にすり替わってしまうことはよくあります。自分が「自分の感じと思い」をもつ以前に、あなた(相手)の見た「あなたにとっての〝自分の感じや思い〟」になってしまうということです。

どうも、私たちは「本当の一人の自分の感じや思い」が確信できる以前に、子供のときから「あなた（両親や友達）にとってふさわしい〝あなた〟であろうとしてきたのだと思われます。

物心つきはじめ、自分ということを自覚しはじめてからこのかた、自分は「母親にとっての自分」、「父親にとっての自分」、「兄弟にとっての自分」、「友達にとっての自分」、「学校の先生にとっての自分」というように、「あなたに合わせた〝あなた〟としての自分」であり続けています（図2参照）。

そして、会社に入ってからは、「先輩にとっての後輩」、「課長にとっての平社員」、結婚してからは「妻にとっての夫、夫にとっての妻」、「子供にとっての父親や母親」、一歩外国に行けば「外国人にとっての日本人」というように、「日本社会にとっての（〝あなた〟としての）自分」、「社会で一定の役割を果たす（〝あなた〟としての）自分」なのです。

このとき重要であるのは、「～にとっての（〝あ

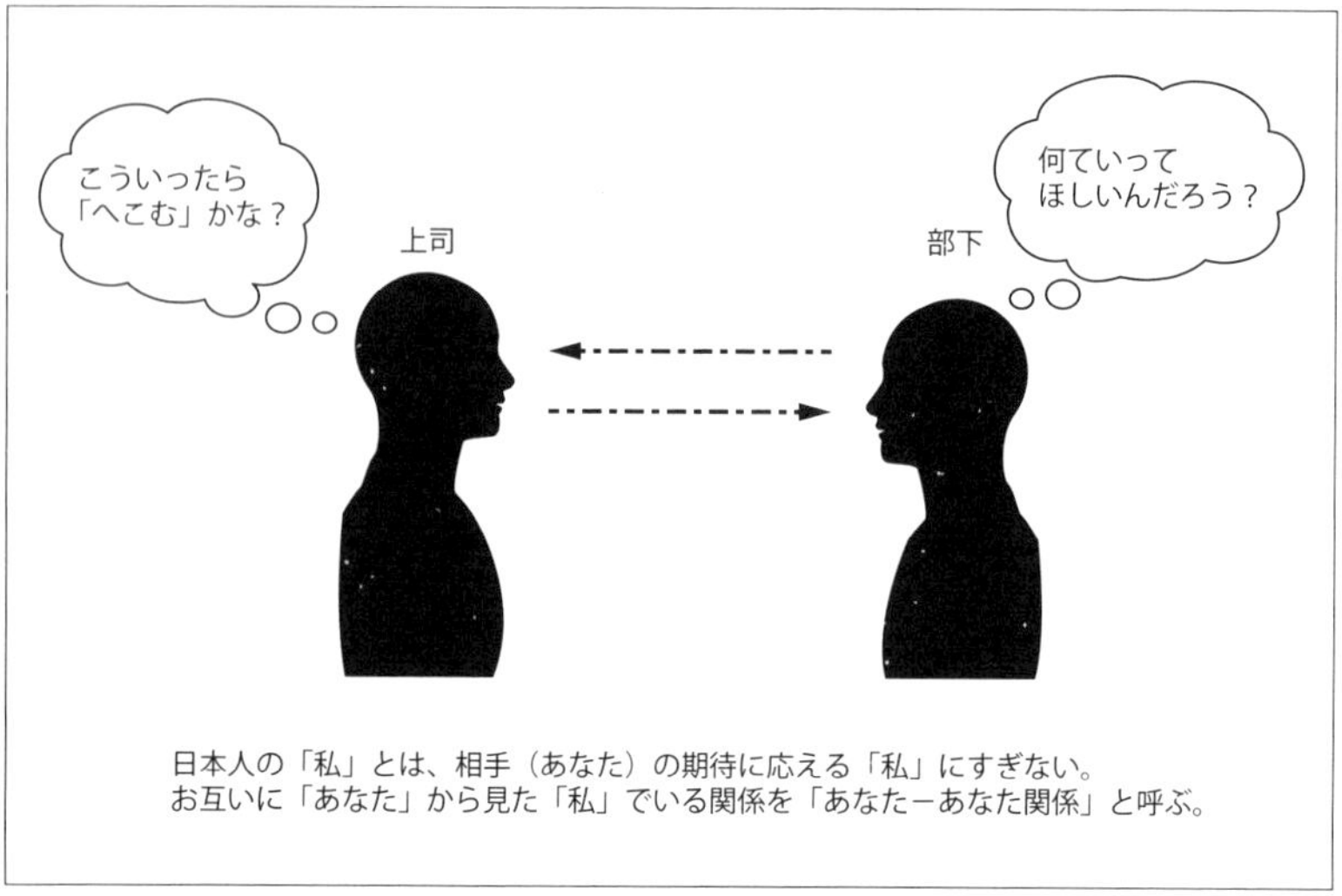

図2／あなた–あなた関係

いているかしていないかは別にして、「～にとってふさわしい」という価値観（価値づけ）とそれを基準にした評価が、いつも働いていることです。これを役割期待と呼ぶこともできます。

「先輩に／後輩にふさわしい」とか、「夫／妻にとっての妻／夫にふさわしい」とか、「日本人にふさわしい」というときの「ふさわしさ」とは、じつは、自分の勝手な思い込みかもしれないのに、価値と評価の内容がはっきり理解されないまま、期待されていると想定される価値と評価に上手に適応し、対応して生きることが、いつも暗黙の了解とされているのです。この価値と評価が、先の章でとりあげた、一体「何」感じているかという問いの「何」に当たり、暗黙の了解として対応されていることが「どのように」に当たります。

この曖昧な価値基準が、曖昧なままで揺らぎはじめ、その根底からぐらつき、そもそも、「自分が当たり前と思ってきた価値基準っていったい何なのか」ということがはっきりしなければ、一歩も先に進めなくなるのが「職業人になっての危機的状況」です。

自分の能力の限界を意識せざるを得なくなったとき、あるいは、自分の言動が誰にも理解されていないと感じたとき、きっとついてきてくれると信じていた部下たちが、振り向いたら誰もいなかったことに気づいたとき、さらには「そもそも私は何をしたいのか」といった本質的な問いに直面したとき、曖昧なままだった自分の価値基準がどこから来ているのかが、問われることになります。

「両親のために」というとき、果たしてそれは本当に両親の思いなのか、「カネのため」というとき、本当にカネが目的での話なのか、「仕事がつまらないから」というとき、「仕事のおもしろさがどこからきているのか」分かっているのか。すべての「～にふさわしく」というとき、「自分、他人、夫、妻、子供、友達、先輩、後輩、会社、社会、日本人、人間…」、そもそも、それらがいったい何を意味しているのか（「何」であるかの問い）、少なくともあなた自身がしっかり納得のいく確信ができるものになっているでしょうか。

会社の人間関係に悩むとき、少し飛躍しているように聞こえるかもしれませんが、「何のために生きる自分か」、「本当の自分とは何か」を見いだすことをとおしてしか、その答は与えられないのです。

第3章 人は自分に嘘はつけないこと

第1章で、現象学は「絶対に確実である瞬時の自分とその思い」から出発するという話をしました。そのさい、問題になったのは、絶対確実とされるのが本当に「瞬間、瞬間の現在（今）に限られた自分とその思い」であるならば、「（一瞬前に）隣の人の足を踏んだ自分の足が、同じ自分の足であるかどうか」さえいい切れなくなるということでした。

この章では、この問題に正面から取り組み、じつはその時その時の一瞬の現在（今）が、「一瞬前の過去と一瞬後の未来」を、その一瞬の現在の内に含み込んでいることを、分かりやすく説明したいと思います。

1 瞬間、瞬間は、いつも踏み越えられていること

職場の雰囲気は、そこで働く人々、上司や部下や同僚たちの動作や顔つきから生まれているように思えます。他人の動作や顔の表情は、それが見えるだけで、自分の動作や表情に直接影響を与えているようです。穏やかな声に心がなごむように、怒ったような相手の口ぶりには、ついこちらも、怒気を含んだ応対になってしまっています。そんな気はないのに、気づいたときには、売り言葉に買い言葉で思ってもいないひどいことをいってしまい、人間関係がこじれたり、壊れたりします。

悪かったなと思ってもタイミングを逃して謝ることもできない。そうなってしまえば、もう後の祭りです。

この「気づいたときには、もうことがおこってしまっている」例として、第1章で「電車の急ブレーキ」の例を挙げました。もちろん意図的に、わざと隣の人の足を踏みつけたのではありません。突然の急ブレーキに、足が先に動いてしまい、動いたことに後で気づいたのです。

このとき、「瞬間、瞬間の感じや考えは絶対確実である」というときの「瞬間の気づき」が、じつは、瞬間の幅を乗り越えていることが分かります。気づくのは、その気づいた瞬間であり、それは絶対に確実なのですが、それだけでなく、気づく直前（足が先に動いたこと）も絶対に確実と実感されないと、「わざと踏んだのでない」といい切れないからです。自分に絶対に確実だと実感できているのは、足が動いた先の瞬間とそれに気づいた後の瞬間との前後関係、つまり2つの瞬間の関係性が絶対間違いないと峻別できているからです。この峻別は、現象学はこう考えるとかいった考え方とか、判断の仕方とか、理屈ということではありません。あなたの実感、あなたがどう感じるかという感覚の感じ分けのことをいっているのです。あなたが「わざと踏んだのではない」と実感できるためには、前後する2つの瞬間が区別されると同時に、前後関係として結びつけられていなければならないからです。このように2つの瞬間が前後関係として感じ分けられて初めて「わざと踏んだのではない」という絶対間違いない実感が実感として成り立つのです。このあなたの実感の説明に納得できない読者がいるでしょうか。

2　自分に嘘をつけば、自分を失うこと

この「気づいたときと気づく以前」がそれぞれの瞬間を越えてつながっているのは絶対に確実だということは、ただ、「そういわれればそうだ」といったどうでもいい問題ではありません。それがつながっていて絶対に間違いないといえるからこそ、「故意の行為」と「不本意な過失（意図せずにことがおこってしまったこと）」が峻別されるのです。それは、「自由意志による行動とそれに対する責任」という私たちの日常生活の根幹にかかわっています。各自の行動の責任が問題にされるとき、それが意図的であったのか、そうではなかったのかが争点になるからです。

そのとき、他人に嘘をつこうとつくまいと、「わざとかそうでないか」は、少なくとも自分自身には、はっきりと意識されています。分かりきっているからこそ、嘘をついた場合、良心の呵責としてその後の人生に残り続けるのです。自分に嘘をつくことはできません。第1章でも述べたように、自分がわざとやったことを「じつは過失だった」と自分自身に思い込ませようとすることが、「心の病」につながり、最終的には本当の自分を失うことになるのです。

3　聞かずに〝聞こえていた〟クーラーの運転音

気づく前の一瞬と気づいたときの一瞬が、それぞれの瞬間を越えて広がっていることについて、聞かずに〝聞こえていた〟クーラーの運転音を例に挙げて説明しましょう。

たとえば、仕事中「急に静かになったな」と思ったら、（クーラーが止まっていて）「それまでクー

ラーがついていたことに気づいた」とか、「読書に夢中になってふと気づくと手元が暗くなっていて、日が暮れてきたことに気づいた」とか、あるいは、「話している相手の表情が急に険しく（あるいは穏やかに）なったのに気づいた」といったような日常生活での経験があります。*8

それまで気づかれなかった「クーラーの音」とか、それまで気にならなかった「部屋のうす暗さ」や「相手の表情の変化」に気づくことはよくあることですが、そもそも、どうして（どのようにして）私たちはそのような「感覚や感情の変化」に気づけるのでしょうか。

そのとき、「音がしなくなったから」、「部屋が暗くなり冷えてきたから」、「表情が険しく（穏やかに）なったから」ということで、「どうして」という問いにこたえたことになるでしょうか。

いままで、一瞬一瞬の気づき（意識）の確実性から出発するのが現象学である、と繰り返し述べてきました。だとすると、そもそもクーラーの音が鳴っていても気づかなかったのに、音が止んでどうして（どのように）「止んだ」と気づけるのでしょうか。

普通、大きさにしろ、重さにしろ、AとBとの違いは、AとBを比較して初めて違いが違いとしてはっきりします。ところがこの場合、気づかれていなかった（聞こえていなかった）クーラーの音と、止んで聞こえないクーラーの音とは、比較しようにも、比較できるはずはありません。この摩訶不思議で、しかも当たり前によくある「気づいていなかったことに気づけること」を、現象学では次のように説明します。

気づかなかったクーラーの音は、「クーラーの音」として気づかれず、意識にのぼらないままにじつは聞こえていたというのです。そして、気づかずに聞こえていただけでなく、同時に、このクー

*8　フッサールは仕事中に、ふと、それとして意識して聞いていなかったメロディーが流れていたことに気づいた例を示しています。E・フッサール『受動的綜合の分析』国文社1997年邦訳224頁以降を参照。

ラーの音が続いていくことが、気づかれないまま予測されていたというのです。いわば、未来を先取りしながら気づかずに聞いていたということです。

そして、そのクーラーの音がしなくなることで、続いていくと感じられていた無意識の予測が外れ、その「予測外れ」が意外さや驚きとして働き、自分の注意を引きつけ、「止まった」、「暗くなった」、「表情が変わった」という気づきにもたらされたのだ、というのです。

4　考え事をしながら歩いていて転びそうになること

意識にのぼることなく未来を先取りしている別の例として、考え事をしながら歩いていて転びそうになる場面を想定してみましょう。普段歩き慣れている道を歩くとき、考え事をしながら歩くことは簡単です。しかし、道の端が木の根っ子で盛りあがっていたことに気づかず、躓いて転びそうになることもあります。

このとき、どうして転びそうになるのでしょうか。いつも歩いている歩道の表面の形状や硬さは、いちいち意識せずともいつもどおり同じに感じられています。現に、躓く直前までは、意識にのぼらずにその「歩道の表面」が感じられていました。そして、まさにこの意識にのぼらないその「歩道の表面」を感じ分けつつ、（意識にのぼらないままに）予測して歩を進めていたからこそ、予期しない歩道の出っ張りに足を取られ、転びそうになったといわれなければなりません。同じような平たんな表面が続くという意識しない予測が外れたから、盛りあがった木の根っ子に引っかかってしまったのです。

5　相手の表情の変化に気づくこと

相手の表情の変化の場合も同じです。気づいたのは「険しくなった表情」です。相手と話しているとき、普通、話の内容に注意が向いていますので、話すとき表情が特にいつもと違わなければ、特にそれに注意を払うことなく、その人の話の内容を理解しようとしています。

ところが、急に相手の表情が険しくなったのに気づいたとき、じつは、特に注意を払わなくても、相手の表情が意識せずとも見えていたからこそ、つまり、険しくなる直前の気にしていなかった相手の表情がそこに残っていたからこそ、「険しい表情」と〝比べられ〟、〝穏やかだった〟表情から「険しい」表情への変化が、変化として感じ分けられたわけです。

「急ブレーキで人の足を踏んでしまった」例も、同じ説明が可能です。急ブレーキがかかったとき、つり革につかまって本を読んでいました。本のストーリーを追っていたので足の位置にはまったく注意を向けていませんでした。そこに急ブレーキがかかって自然と足が動くのは、転ばないように本能的に身体の姿勢を保とうとするためです。しかし、急ブレーキがかかる前は「身体の姿勢を保つ」ことに注意はまったく向けられておらず、気づかれていませんでした。急ブレーキがかかって気づいたら、倒れないように立った姿勢を保とうと、足が動いて他の人の足を踏んでしまったのです。

6　身体が動くときの「運動感覚（キネステーゼ）」

現象学では、この身体が動くときに身体内部でおこっている動きの感覚を「運動感覚（キネステーゼ）」と呼びます。自分の身体の「動きの感覚」ですので「運動感覚」と呼ぶのです。普通、運動感覚は、自分の身体が動いているときには直接感じるものですが、他の人の動き（運動）を外から見た場合でも、その人がじっと座っているのか、立って歩いているのか、間接的ではありますが、その人の運動感覚を感じることはできます。

ですから、電車のなかでの急ブレーキといった状況で、意識しないでおこってしまった本能的な運動としての足の動きの「運動感覚」を、その電車に乗り合わせた乗客は「共有」できるのです。

この運動感覚には、動かないで静止しているときの身体がもつ感覚も含まれます。静止も運動の一部と考えるのです。急ブレーキがかかる前、立っているときの運動感覚には、自分の注意は向けられていませんでした。しかし、意識はしていませんでしたが、電車のなかで立っている運動感覚はずっと感じられていました。そして、急ブレーキがかかり足が動いて初めて、無意識に動いた足の運動感覚に気づいたのでした。

7　気づかずに〝感じ分けている〟ことが気づいた感覚に先立つこと

さて、「聞かずに〝聞こえていた〟クーラーの音」や「注意せずに〝感じていた〟部屋の明るさ」、「見ずに〝見えていた〟その人の表情」などの実例をとおして、確実にいえることがあります。

それは、一瞬一瞬の感覚や感情の間違いなさは、そう感じる直前までの「気づかれずに感じられていた当の感じ」が前提にあるということです。それが、背景となることなくして、間違いない感覚や感情としておこりえないからです。

電車の急ブレーキで人の足を踏んで「すいません」と謝れるのも、「気づかずに足が動いたこと」を自分の意図しない行動として確信できているからです。ふと「静かになった」とか、「暗くなった」とかが間違いないものとして感じられるのも、その直前までの「静かでないこと」、「暗くないこと」といった意識にのぼらない（無意識の）「〝比較ないし対比〟」がされているからです。その対比をとおしてこそ、初めて「静かであること、暗いこと、険しいこと」が実感できるのです。ということは、さまざまな感覚の「持続と変化」には、必ず、それ以前の感じ分けが先行していることになります。

8　悲しさを乗り越えようとする作り笑い

たとえば、会社の同僚と話していて、たまたま同僚におこった悲しい出来事が語られるとき、その悲しげな表情が作り笑いに変わっていったとします。その時、悲しさを押し殺して作り笑いをうかべる相手の心の動きが、じかに伝わってくることもあります。相手の微妙な表情の変化が、直接自分に伝わってくるのは、いったいどうしてなのでしょうか。

このとき、まず確認できるのは、自分の眼に映っている相手の表情の変化は、変化以前の状態と以後の状態のあいだに違いがなければ、分からないということです。ただし、この表情の変化の場合と、先に挙げた電車の急ブレーキで他の人の足を踏んでしまった場合とは、状況が異なっています。というのも、急ブレーキ以前の立つ姿勢は気づかれないままで、急ブレーキの直後にその変化に気づいたのに対して、相手の表情の変化の場合、変化の以前と変化の以後は、瞬間、瞬間でしっかり気づかれ、意識され続けているからです。

この場合、悲しげな表情が目に見えなくても、何らかの在り方でそこに残っていなければ、その表情が作り笑い顔に変わって「自分の心を（作り笑いで）奮い立たせている相手の心の動き」は伝わりません。では、「作り笑いの笑顔」が見えるとき、前に見えていた「悲しげな表情」はどこに、どんなふうに残っているのでしょうか。

9　「過ぎ去りつつ残りゆく」と同時に「予測されている」相手の心の流れ

相手の心の変化が、相手の表情の変化として自分の心に映っている様子について述べてきました。ここで確認しておきたいのは、今まで何回も繰り返し強調してきた、特に注意しなくても働いている「感覚が残っていく働き」と「感覚が予測される働き」です。

この感覚が残っていく働きは、現象学では、「過ぎ去りつつ残ること＝過去把持（かこはじ）」と呼ばれます。そして、特に注意しなくても無意識に「感覚が予測される働き」は、「未来予持（みらいよじ）」と呼ばれます。この過去把持と未来予持という用語は、もともと、私たちの感じや考えが持続したり変化したりして、たえず流れていくように感じられるときの「時の流れ」を表現する重要な用語です。[*9] これから何度もでてくる言葉ですので、意味をよく理解しておいてください。

＊9　過去把持と未来予持の作図による分かりやすい説明として野中郁次郎・山口一郎『直観の経営　共感の哲学で読み解く動態経営論』KADOKAWA　2019年第1部第5章を参照。

先の例に照らして考えれば、相手の悲しそうな顔つきが晴れやかな表情に変化するとき、その悲しそうな顔つきは過去把持をとおして残っていき、同時にずっと継続していくであろう〝悲しそうな顔つき〟という一瞬先の未来予持が外れて、その代わりに「晴れやかにみえる表情」がそこに見えたから、変化を変化として感じることができたのです。

ところで、デカルトのところで述べたように、絶対に確かなのは、まずは瞬間、瞬間の「自分の感じや考え」でした。次に「電車の急ブレーキ」の例から、この絶対に確かと実感できるのは、この気づいた瞬間の「感じや考え」より以前の瞬間（先に足が動いた瞬間）にまで拡張されていることが実感によって確かめられました。これらは、「自分の感覚」が一瞬の点としての時間（幅のない今）にではなく、一瞬と一瞬をまたぐ過ぎ去りつつ残る過去把持と、未来の予測である未来予持が生じている幅がある感覚である、ということでした。自分の感覚が、前後に幅がある感覚としてつながっているからこそ、その前後の違いが感じ分けられるのです。

10　意識の有無にかかわらず働いている「意味づけと価値づけ（志向性）」

ここで述べられている「過去把持」と「未来予持」の働きは、現象学の重要な概念である「志向性」という用語で説明されています。

そのさい、電車の急ブレーキの例や、気づかずに聞こえていたクーラーの音の例にあるような「意識にのぼらない過去把持と未来予持」と、相手の表情の変化に注意を向けて話を聞いている場合の「意識され続けているときの過去把持と未来予持」の働き方の違いについて、述べることにします。

「意識にのぼらない過去把持と未来予持」の場合ですが、「聞かずに聞こえていたクーラーの音」は、意識にのぼらなくても、まさに音が、色や香りの感覚としてではなく、まさに音として感じ分けられています。また、「考え事をしながら歩いているときの運動感覚」の場合、まさに身体が動いている感覚が、他の感覚（視覚や聴覚）としてではなく、運動感覚として感じ分けられています。このように、それぞれ「音」や「運動感覚」という感じ分けられる感覚の意味が、意識にのぼらないにもかかわらず、感覚の意味の違いとしてすなわち、その感覚は他の感覚と区別されて、意味づけられているのです。

このとき、意識にのぼらずおこっているのは、感覚の意味だけでなく、感覚の快／不快にともなう価値づけです。というのも、感覚の変化は、いつも快／不快の変化をともなうからです。本の読める明るさと部屋の温度の暖かさが、ふと気づいたら、日暮れになった暗さと冷たさに変化していた場合、明るくて暖かい快適さから、暗くて冷たい不快さに変化していることに気づくからです。ということは、意識にのぼらずとも快／不快の価値づけをしていたことになるのです。

また、「意識されているときの過去把持と未来予持」の場合ですが、「相手の表情が険しくなったのにふと気づいた」といったとき、相手の顔の表情の変化をとおして、気持ち（感情）の変化に気づいたわけです。険しさというのは、普通、「受け入れがたいと非難する」といったように否定的な「不快さ」を表現しています。逆に、明るい表情は、肯定的な「快感」を表現するものです。また、相手が悲しみをこらえて「作り笑い」をしているのが分かる（「作り笑い」の意味が分かる）とき、その態度に自分の感情を抑える克己心という道徳的な価値を見いだすかもしれません。フッサールは、このように、同じ価値づけでも、感情のレベルの「快／不快」の価値の区別と、道徳的な価値である「善／悪」の区別を大きく2つに区分しています。

このような意識をしているか、いないかにかかわらず、生じている「意味づけと価値づけ」のことをフッサールは、「志向性 Intentionalität」と名づけます。ここで「志向」というのは、もともと「何かに向かっていること」を意味しています。ですから、志向性とは、「何かに向かって意味づけたり、価値づけたりしているという性質」を意味します。何かに向かっているというとき、その何かとは、「音や運動感覚といった感覚」や「相手の快／不快の感情の変化」、また、相手の「作り笑い」や「克己心」などです。

11 志向性と志向分析

この「意味と価値」そして「意味づけと価値づけ」という言葉を、志向性の働きとして表現し整理しておきましょう。「意味づけと価値づけ」は、「意味を与える、価値を与える」という動詞の働きを含む「志向の働き」と呼ぶことができます。一方、「意味と価値」は、名詞の表現として「志向内容」と呼ぶことができます。

現象学において、この「意味づけていることと価値づけていること」である志向性の分析（略して「志向分析」）は、意味づけと価値づけの「志向の働き」と意味と価値の「志向内容」とに区別されて分析されます。この志向の働きと志向内容との区別が役立つのは、これまで挙げた「聞かずに聞こえていたクーラーの音」の例を、先に説明した「過去把持」と「未来予持」の志向性について、次のように説明できるからです。

クーラーが停止する以前に、その〝クーラーの音（志向内容）〟は、意識にのぼらずに過去把持され、未来予持され続けていました。その時は、その未来予持の志向内容である〝クーラーの音〟への志向が働き、その意識にのぼらない〝クーラーの音（志向内容）〟によって充実されていました。意識的に聞いてはいなくても、その音は過去把持をとおして残り続け、そのつど未来予持をとおして充実されていたのです。これを志向の働きの志向内容による充実と呼びます。

しかし、志向はいつも充実されるわけではありません。ある時間になってクーラーが自動的に停止したとき、〝クーラーの音（志向内容）〟への志向は、その音によって満たされる（充実される）ことなく、その意識にのぼっていなかった未来予持の予測（志向）が外れ、意外な驚きとして「急に静かになった」と意識されました。この場合、未来予持の志向が充実されなかったから、クーラーが止まったと気づけたというわけです。

12 受動的志向性と能動的志向性の区別

さて、「意識しているか、いないかの違い」について述べられてきたように、ここで「意味づけていることと価値づけていること」を意味する志向性に、重要な区別が必要になってきます。それは、意図的でない運動のさい気づかずに感じ分けている運動感覚の志向性と意図的な意識された運動のさいに感じる運動感覚の志向性との区別です。

意図的でない不随意運動（急ブレーキで足が勝手に動いた）のさい、意識にのぼらない身体を支える運動志向の働きが充実され、それが身体が動いた後に意識にもたらされました。足が動いてからその後に、人の足を踏んでしまったと気がつく（意識する）のです。しかし、意図的な随意運動（わざと踏みつける）のさいには、足を動かすという意識された「志向」が先に働き、それが充実される（実際に人の足を踏む）ことでその動きにともなう運動感覚が意識されます。

フッサールは、前者のように「意識にのぼらない志向」を、「自分が」という自我の意識をともなわない、ただおこったことを受け止めるだけの志向として「受動的志向」、そしてその志向性を「受動的志向性」と名づけます。そして、後者のように「意識をともなう志向」を、「自分が」という自我の意識をともなう「能動的志向」、そしてその志向性を「能動的志向性」と名づけるのです。この受動的志向性と能動的志向性という2つの志向性の区別こそ、志向性の理解にとって欠くことのできないもっとも重要な区別とされねばなりません。

このとき特に注意しなければならないのは、受動的志向性の「受動」には、文法で習う「能動態を受動態にする」というときの「受動」の意味は含まれていないことです。不随意運動のとき、特定の行為者（自分や他の人）の意図はおこっていません。特定の自我の意識が生じていないのですから、「行為者と行為を受ける者」というときの自我（主体である誰か）が前提にされていないのです。[*10]

繰り返しになりますが、不随意運動のさいに意識にのぼらずに過去把持されていた身体の運動感覚は、意識にのぼっていない以上、自我の意識がともなっておらず、おこったことをその後に受け止めているから受動的志向性と呼ばれるのです。

*10 この受動的志向性の「受動」の意味については、山口一郎『現象学ことはじめ』124頁から127頁を参照。

*11　図3については、露木（2003）および露木（2014）53頁の図3－1「場の理論モデル」を元に作成。

他方、能動的志向性の典型的な例は、随意運動の志向性です。「考え事をしながら歩道を歩く」場合とちがって、凍った雪道を歩くときは足元をしっかり確かめながら歩きます。随意運動という自分の運動を自分でコントロールする、しっかり自覚された能動的志向性が働き、一歩、一歩、その志向が充実されていきます。

考え事をしながら歩いているとき、自分の関心が向かう意味づけと価値づけである能動的志向性は、まさに考え事の内容に向かっていて、歩くことは、歩くことにかかわる意味づけと価値づけである受動的志向性として働いてはいても、それは意識にはのぼらず、いわば意識の背景に退いているのです。

これらの例にみられるように、私たちの日常生活は、そのつどのさまざまな主要な関心事をめぐる能動的志向性と、その背景に働く周りの雰囲気など、意識の背景において感じ分けてはいても意識にのぼっていない受動的志向性という志向性の二重構造から成り立っています。つまり、意識している能動的志向性を支えるように、常に意識にのぼらない受動的志向性が働いているということなのです。

13　受動的志向性と能動的志向性による人間関係の二重構造

現象学では、私たちの日常生活は、普段そこで生活が繰り広げられるという意味で「生活世界Lebenswelt」と呼ばれます。ここに描かれている図3[*11]では、この生活世界における私たちの人間関係が、受動的志向性の下層部と能動的志向性の上層部という二重構造によって成り立っていることが表現されています。

　ここで、生活世界での人間関係として「職場の人間関係」を考えてみましょう。受動的志向性とは、「職場」で上司や同僚と仕事について話をしているとき、意識にのぼることなく働いている志向性（意味づけや価値づけ）のことです。話をしているときは、お互いの関心は仕事の内容に向けられていますが、同時に、お互いに相手の顔の表情をとおして相手の気分や気持ち（元気そうとか、落ち込んでいるとか）が自然に伝わってきます。

　「今月の売り上げ目標」を伝えるとき、目標となる数値そのものより、どのような表情で伝えられるのかによって、相手の受け止め方はまったく異なります。たとえば、叱責するような厳しい口調なのか、「がんばればいけるな」といった励ますような口

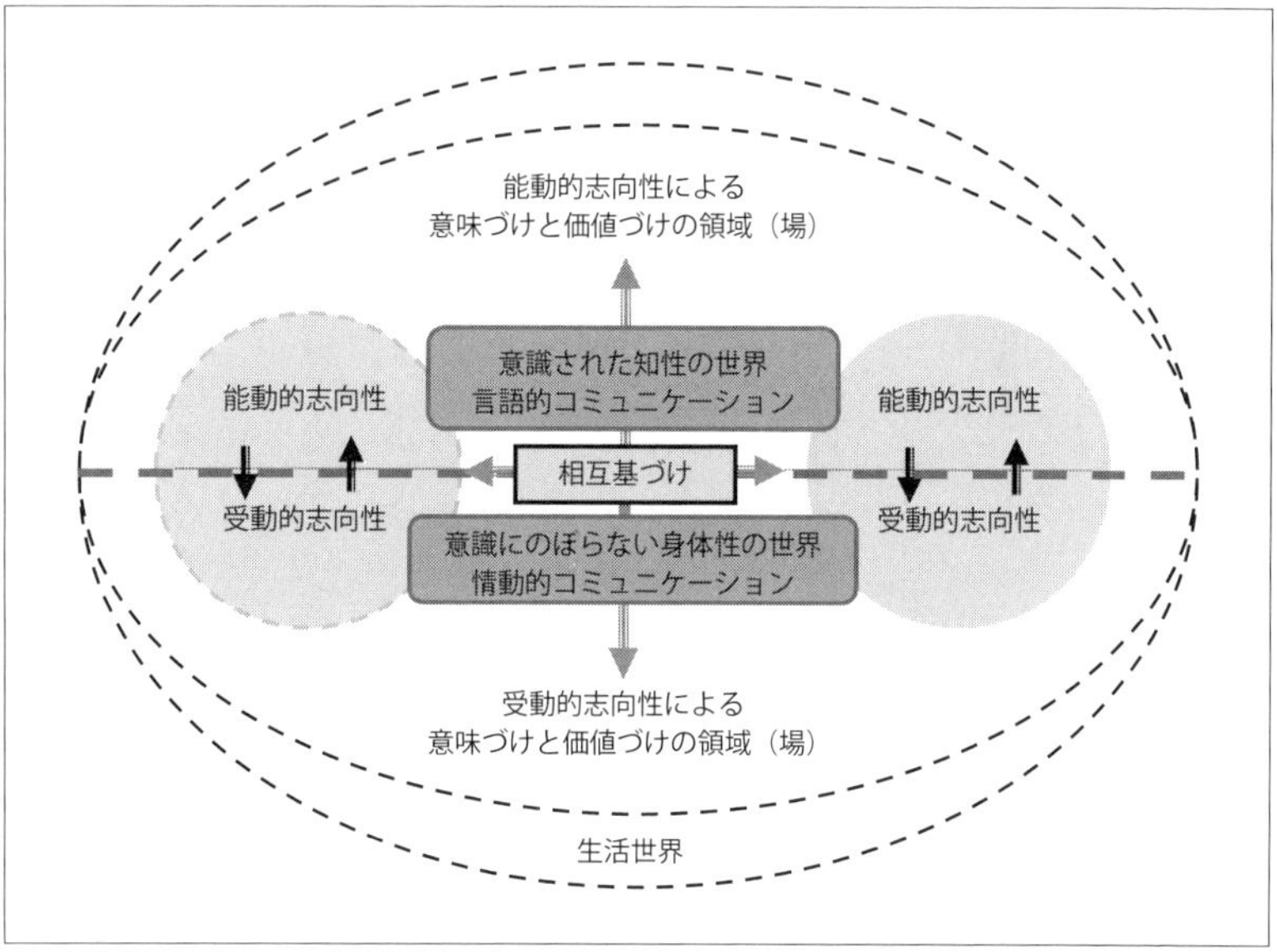

図3／生活世界における一般的な人間関係の図式
（出典：露木（2003）および露木（2014）53頁の図3-1、「場の理論モデル」を元に作成）

調なのか、言葉を色づける表情や感情の力が、職場で働く人々のコミュニケーションに大きな影響を与えています。この受動的志向性による情動的コミュニケーションによる人間関係の下層部こそ、良くも悪くも、職場全体の雰囲気を決めているのです。

学校や職場での「いじめ」がはびこるのも、表情で気持ちを察し合う、言葉になる手前で伝わってくる感じや、言葉の表現の仕方そのものにかかわるこの情動的コミュニケーション（交流）の領域においてです。いじめは数値化できません。証拠を挙げることもできません。

しかし、いじめに限らず、人間の情動表現は「明るさ、風とおしがいい、元気で溌剌としている、なんでもいえる」といったポジティブな面と、「ねたみ、嫉妬、うらやみ、抑圧感、劣等感、自信のなさ」などネガティブな面によって成り立っています。そして、この職場全体の雰囲気を決めている情動的コミュニケーションによる人間関係こそ、職場内のコミュニケーションの基盤となっているのです。

この言葉になる手前のコミュニケーションの働きを、「情動的コミュニケーション」と呼ぶのは、「情動」という言葉が、意識にのぼってくることのない「その日の体調」といったように、血圧とか、呼吸とか、食べ物の消化とか、生理的機能などを含めたすべての身体の活動を含んでいるからです。この情動に対して、漠然とではあっても意識にのぼってくる「感覚や感情や気分や雰囲気」などは、このような情動を担う人々の身体のあいだでいつも伝播しあっています。これを身体と身体とのあいだに働くという意味で、間身体的な「情動的コミュニケーション」の働きというのです。

一方で、能動的志向性は、職場における話し合いのときのように、直接、仕事の内容にかかわる言語的コミュニケーションで働いている、言語使用能力、データの収集能力、判断能力にかかわる志向性（意味づけと価値づけ）を意味しています。プレゼンテーションがうまくできているとか、よく調べられたよい報告書であるとか、説明する言葉の使い方がうまいとか、普通、コミュニケーションといえば、この言語的コミュニケーションのことを意味すると考えがちです。しかし、誰しもが「仕事で能力を発揮する」ということが、いかに職場の情動的コミュニケーションに左右されるか、骨身にしみて経験しているはずです。

何ヶ月もかけてつくった提案資料を社内で報告するとき、誰も一言も口を開きません。「あれ、何かおかしいな」とは思っても、何がどうおかしいのか分かりません。結局、最後まで「よい」とも「悪い」ともいわれずに、会議は終わってしまいます。そんな光景を、誰しもが思い浮かべられるでしょう。職場の問題の多くは、言語的コミュニケーションが働く以前に、気を使ったり、察しなければならない情動的コミュニケーションの領域でおこっています。誰しもがそれで右往左往したり、悩んだりしているわけです。

14 物事に徹すること：誰がでなく何が話されているかが大事であること

こんなとき、この職場の情動的コミュニケーションに絡めとられたり、吸いあげられたりすることなく、たとえ「いじめられている」ことを薄々感じていたとしても、それは放っておいて、言語的コミュニケーションのレベルで仕事に徹するのが、まずもって、大事なことだといえます。

ドイツ語には、sachlich（物事にかかわる）とpersönlich（人にかかわる）という区別があります。日本人同士の話し合いや議論の場面で、往々にしてこじれてしまって生産的な議論ができないのは、話し合われている「物事」と、誰がそのことを話しているかという「その人、当事者」とがしっかり区別されていないからです。言語的コミュニケーションの領域での理想は、物事がはっきりしてくることであり、極端にいえば、誰がそれを語ろうとそれはどうでもいいことなのです。

それを「さすが部長だ、いうことが違う」とか、「下っ端のくせになまいきいうな」とか、職場での上下関係をその人の意見と結びつけてしまったり、「あの人に反論すると後が面倒くさい」と議論を避けてしまったりすることはよくあることです。「誰であるか」という人に結びつけて物事を判断しているので、問題の本質からはほど遠い話し合いになってしまいます。物事について距離をとって客観的に語る能力が言語的コミュニケーション能力です。物事が明らかになればそれでよいのであり、誰が話すかは関係ないという態度に徹する必要があるのです。

実際には、ベテラン社員でも成功体験にとらわれて現場でおこっていることがよく見えないこともありますし、新入社員であっても、その新鮮な目に映ることが、トラブルの予兆を察知していたり、顧客の変化の芽につながっていることもあるのです。

先に挙げた提案資料を発表したのに、誰も何のコメントもくれない場合、その場で何がどういいのか悪いのかを誰かが言葉にしてくれたら、状況はまったく変わるでしょう。少なくとも、どういう方向で修正すればいいのかヒントにはなるはずです。それを黙って何もいわないとか、ダメだというだけで理由をいわないということであれば、そこで話されている物事に徹しているとはいえません。

職場でお互いに仕事に徹する環境が整うことは、共に創り合う「共創する職場」の実現を意味しています。職場が、この情動的コミュニケーションと言語的コミュニケーションの二重構造からできていることを理解することだけでも、共創する職場への大きな一歩になるのです。

この二重構造が実際にどのように関係し合っているかを明らかにするのが、今後の議論の中心的な課題となります。図3で情動的コミュニケーションと言語的コミュニケーションのあいだに描かれている上向きと下向きの矢印は、それらがお互いに関係し合っていることを表現しています。図3の中心に記されている「相互基づけ」という言葉は、この二重構造の相互の関係性と同時に、人と人とのあいだの関係性をも意味しているのです。この「相互基づけ」の関係がどのような関係であるか、第4章以降に進みましょう。

第4章 自然科学の方法と現象学の方法の違い

前章で、自分の身体が動くときの運動感覚と、相手が感じているはずの相手の運動感覚の違いが確認されました。この絶対間違いない自分と相手の身体の区別が事実としてそこにあるのに、いったい、どのように自分の心に感じていることが相手に届き、相手の心に感じていることが自分に届くのでしょうか。本章では、「相手の気持ちが自分に映っている」というとき、どんなふうに映っているのかを説明できる現象学の方法を紹介します。

1　「どのように」についての自然科学と現象学の説明の違い

「電車の急ブレーキ」のさい、「自分の身体が先に動いたのか、意図的に自分の身体を動かしたのか」、まさに急ブレーキがかかっている最中に、とっさに区別できていることは、当たり前のようにみえて、すばらしい人間の能力といえます。「何（自分の身体）が、どのように（はっきり時間の前後関係を区別して）おこった」のか、瞬時に感じ分けているのです。

一方で、「どのように」という問いに、自然法則によってすべて説明できるとするのが、物理学をはじめとする自然科学です。人間の心の働きを研究する心理学も、「観察―実験―検証」という自然科学の方法にそくして人間の心を「心という物（自然）として」探求する限り、自然科学に属することになります。近年、注目されている脳神経科学でも方法論にかんしては同じことです。

そこでは、意識にのぼらない刺激に本能的に反応してしまうことを利用する「閾値下」の刺激による「サブリミナル効果」とか、気づきようのない刺激を脳神経に加えて、人間の購買意欲をコントロールできるようにして経済効果の獲得をめざす「ニューロ・エコノミー」といった試みもみられます。

2　ミラーニューロンの発見

20世紀最大の脳科学の発見ともいわれる「ミラー（鏡の）ニューロン（神経）」の発見は、この人間関係の「どうして」に答えを与えてくれるものとして、大きな注目をあびました。[*12] 相手の気持ちが分かることが、特定の脳細胞の働きで説明できるのであれば、その細胞を強化したり、補強すれば、コミュニケーション能力が高まるということになります。脳科学があれば、哲学の説明は不要ということです。

このミラーニューロンの発見は、サルの脳内活動を、計測装置をつけて映像で観察していたときに、偶然見つかったといわれます。たまたま観察の休憩時間に、実験を担当していた助手の一人がコーヒーを飲みながらピーナツをつまんでいたとき、サルはその様子を少し離れたところから眺めていました。ちょうどそのとき、映像のスイッチがはいったままで、サルがその様子を眺めているときの脳内活動が画面に映しだされていたのです。

どんな映像かというと、サルが自分でピーナツをつまんで食べるときに活動する神経細胞群が活

*12　「ミラーニューロン」については、リゾラッティ・G、『ミラーニューロン』邦訳、紀伊國屋書店、2009年を参照。

性化している映像だったというのです。ということは、助手のピーナツをつまむ動作を見て、〝自分〟が「ピーナツをつまんで食べる」という動作を反映する神経細胞がそこで活動していたわけです。このことから、他の生命体の行動の意図を、その生命体が行動するのを見るだけで、写しだすことのできる鏡（ミラー）のような脳神経細胞群（ニューロン）が働いていて、それをミラーニューロンと名づけました。このミラーニューロンは、他の生命体の動作の「視覚データ」と自分の「身体の動き」の調整をする機能を仲介し、結びつけているというのです。

そして、このミラーニューロンは、人間にも働いていることが実証され、テレビを見ながらドラマの主人公と同じ気持ちになっている「共感の体験」のさいに、このミラーニューロンが働いていることが確かめられたのです。

さて、このミラーニューロンによる「共感がどのようにおこるか」についての説明に皆さんは、納得できますか。ここで、このミラーニューロンの発見の事例をとおして、脳神経科学などの自然科学研究の方法論のもつ限界を明確にしておきたいと思います。

3　自然科学研究の方法論の限界

（1）自然科学では、ちょうど、何グラムのビリヤードの玉が、どのぐらいの速度で別の玉にぶつかれば、どの方向にどれぐらいの速度で動くというように、質量と速度による物の運動の因果関係によって、すべての自然現象だけでなく、私たちの意識（心の）現象をも説明できるとします。

（2）「ピーナツをつまんで食べる」という生命体の摂食活動がおこっているときに、脳内活動はどうなっているかを説明するのが脳科学です。見ているとき、話しているとき、考えているときとか、あらゆる人間の行動が、それに相応した脳内活動に反映しているとされるのです。ただし、ここで見落とされてならないもっとも大事なことは、脳内活動というデータ上の結果として記録される「摂食活動」が、そもそも「どうして生じるのか」というその理由を、つまり、どうしてサルは摂食の欲求をもつのかについて、脳科学は、説明できないし、説明しようとはしないことです。その原因をさぐって「摂食本能」にたどり着いたとして、そもそもどうして「摂食本能」が生じるのか。脳科学は、生命体の「生きる動機」そのものの説明はできませんし、説明しようともしていないのです。

（3）サルの摂食活動がミラーニューロンの活動に反映されていても、助手が食べているのを見ているだけでは、明らかにサル自身が食べているのではありません。サル自身が食べているのか、助手が食べているのかの、生命体にとって決定的な違いを、ミラーニューロンの活動を記述することで区別することはできないのです。ミラーニューロンが、他の生命体の身体の動きの意図を写しだしているとしても、先の章までに述べてきた自分自身の運動感覚のあるなしについて、何のデータも提供できないのです。

（4）これまで例として挙げられてきた「わざと意図的におこした随意運動」と「意図せずにおこった不随意運動」の区別は、当の本人にとって、絶対間違いなく区別できています。しかし、機械でそれを計測することはできません。1980年代、アメリカで最盛期を迎えたといわれる

「嘘発見器」という脳計測機器は、故意か過失かをめぐる重要な判決のさい、これまで証拠として活用されたことはないといわれています。嘘発見器と同様、ミラーニューロンの計測値に、いったいどの生命体が実際に摂食しているかの区別は表れないのです。

4 「口喧嘩の反省」――自分のその場の判断をカッコに入れること（判断の一時停止）

このように外から観察する自然科学の研究方法には限界があります。現象学の研究方法は、「意味づけと価値づけ」という志向の働き方を分析することで、自然科学では分析できない「生命の生きる動機」の洞察に接近する方法であるといえるのです。

それを踏まえて、「何」と「どのように」を区別して、その「どのように」を明らかにすることは、現象学による志向分析をとおすことによっても、そう簡単ではないことに気づきます。たとえば、日常生活では、何がどのようにがはっきり分からないうち、つい「口喧嘩」になってしまい、後で気まずい思いをすることがあります。

それでも「相手がきついいい方をしたので、ついこちらもカッとなっていい返した」ことが分かれば、次に話すときは、相手のいい方に飲みこまれないようにしよう、相手が何をいっているのか、その内容について、冷静に判断して、冷静に応対しよう、と反省することもできます。じつは、この「口喧嘩の反省」の例が、現象学の「何」と「どのように」を区別しながら、「相手の心」に到達する方法を分かりやすく示してくれるのです。

私たちは、日常生活で、相手が自分に話しかけているとき、いちいち「何をどういっているか」

を考えることもなく、それに即応しているのが普通です。「何を」にかかわる「知性的判断」と、「どんなふうに」にかかわる「感性的判断」が矢継ぎ早に、２人のあいだを往復しています。現象学はこのとき口喧嘩の最中に、あるいは口喧嘩になりかけるときに、「口喧嘩の後の反省」の態度をもてるようにしようと提案します。

ここで「（事後の）反省」といっているのは、「自分の悪かった点を批判する」という意味ではなく、むしろ、ことのおこりを距離をもって観察し、どうしてそうなったかを分析しようとする中立的な自己観察を意味しています。しかし、ことがおこっている最中に、このような反省の態度を取ることは簡単ではありませんし、そんなことをしていたら、いつも自分で自分を見張っているようで、相手へのスムーズな対応ができず、コミュニケーション能力を発揮するどころか、コミュニケーションが成り立たなくなってしまいます。

そこで現象学が提案するのは、まずは、「事後の反省」から始めて、途切れることなく連続している判断の流れに「区切りをつけ」、区切られた場面をひとくくりにして「カッコに入れてみる」という方法です。たとえば「相手との話」がどのように進展したのかを振り返り、状況が急変した場面を中心に「何がどのように急変したのか」を立ち止まって考えてみる。いってみれば、連続しておこっている判断の流れを止めて、一時停止させるのです。現象学ではこの「場面をひとくくりにする方法」を「判断（の一時）停止」の方法と呼びます。これによって、カッコに入れられた「判断の内容（何）」と「判断の表現のされ方（どのように）」に注意を向けることができるようになるのです。

5　苦手な相手にどう応対するのか

ここで、「口喧嘩」になったのは、自分にとって話すのが苦手と感じている職場の同僚とのあいだでのことでした。職場の同僚ですし、仕事でのかかわりもあるので話さないと仕事になりません。でも、どうにか仕事に支障がないように応対はしてはいるものの、つい「気が合わないちぐはぐな感じ」が言葉の端々にでてしまい、いわなくてもいいことをついいってしまってしこりが残るといった具合です。

この人との応対の仕方について、あえて、その応対の経過を一コマ一コマ、カッコに入れてみる、判断を一時停止して、「何」と「どのように」に分けて、どうしてそうなったのか考えてみるのです。どんなふうに相手の反応を「嫌だ」と感じたのか、「嫌なのはなぜなのか」「嫌になっているのはどんなふうにか」、それをあえて自分に問うてみるのです。

6　極端な例から、極端な例をたどること

このとき役立つのが、「極端から極端へとさまざまな事例をたどってみる」方法です。その「いやな相手（会社の同僚）」がなんとなく自分を見下すようないい方をするときの嫌な顔つきから、その当人が他の人に、にっこり笑っているときの顔つき、ふと表れる穏やかな顔つきまで、不快な表情から、好ましい表情まで、その人の表情の極端から極端をたどってみて、「どんなときに嫌だと感じるのか」、さまざまな状況を設定して正面から向き合ってみるのです。

そのとき「考えるのも嫌だ」と漠然と思っていた「その人」が、自分のなかでその漠然としたイメージを突き破り、実際に「豊かな表情をもつ人」として自分に映りだすことに驚くかもしれません。「考えたくもない」として、目を背けていたその当の自分が「その人の表情を正面に見据え、さまざまな状況でのその人の表情をそのまま感じ直しはじめる」のです。

とはいっても、「感じ直す」ということは、「見下すにはそれだけの理由がある」といった知的な評価ではなく、いつも顔をみれば「勉強ができない」と叱られていた頃の両親の顔つき（目を背けたい顔つき）が迫ってくるといった感覚体験の問題なのです。そして、いつも苦手と思っていた人の表情に、昔の両親の面影を見ていた自分に気がつくかもしれません。

それを改めて「感じ直す」のは、多くの場合、その人にとってとてもつらい体験になります。しかし、ただそれをそのまま感じることで、自分を見下すその人が、どんなときにどんな表情をするのか、そのありのままが自分にとって次第に馴染んだものになってくることもあり得るのです。

このような変化のあと、同じような状況で、その同じ人に「なんとなく人を見下すようないい方」をされたとしても、自分の対応の仕方が、それ以前とは違っていることに気づきます。その人の嫌な顔つきだけでなく、その人の穏やかな顔つきも含まれた全体の人柄が、感じられるようになるからです。

7　他の人々の経験を共にする（共有する）こと

色々な機会に、自分にとって苦手な「その人」との応対をカッコに入れることを繰り返すなかで、気が合う別の同僚についても、「何（どんな人）」と「自分がどう対応しているか」についての反省が加わってくることもあるかもしれません。他の複数の同僚の人となりが分かるにつれ、苦手としていた人の全体像がよりはっきりしてくることにもなります。

じつは、別の同僚との比較といったとき、先ほど挙げた「極端な例から、極端な例をたどる」という方法が自然に活用されているともいえます。

またそれだけでなく、久しぶりに会った学生時代の友達の会社の様子を聞くにつれ、その人の職場での激しい競争や、上司と部下との対立やいさかいなどについて、想像もつかないような話を聞くということもあるでしょう。それとは逆に、仕事に本当に打ち込んで生き生きとしている友人の職場の話を聞くうちに、自分も文句ばっかりいってないで、もっと頑張らないといけないという気持ちになることもあります。多様な実例に接すれば接するほど、「そもそも会社の同僚とは」とか、「上司と部下の関係は」とか、「自分が職場に何をもとめていたのか」とか、おおざっぱでもしっかりした判断ができあがってくるかもしれません。

また、学生時代の友人との雑談のなかでも、「人間関係の心理学」とか「ミラーニューロン」といった話がもちあがることもあります。このような心理学、脳科学、生物学、医学などで展開される「人間関係」についての自然科学の成果は、単に本を読んで知っただけであれ、人から聞いただけの「耳学問」であれ、職場での人間関係に悩む人にとって、とても興味深いモノの見方を提供してくれることでしょう。極端から極端、いろいろな事例を知り、さまざまなモノの見方があることを知ることは、じつは、これから説明する現象学の「本質直観の方法の第一段階（事例収集の段階）」に当たるのです。

8　仕事に向き合う態度が共振すること

第3章の最後で、職場の人間関係が「情動的コミュニケーションと言語的コミュニケーションという二重構造」で成り立っていることを説明しました。人間関係の悩みの根底にあるのは、信頼関係という情動的コミュニケーションの土台が危機に陥っているということなのです。「誰も自分の話をまともに聞いてくれない、上司も同僚も自分を無視している」という思いが浮かぶとき、その判断を一旦カッコに入れ、逆に言語的コミュニケーションに徹して、「物事（仕事）に徹することで、周りがどう思っていようが構わない」という態度をとることもできます。そのようにして、仕事を介して物事に徹するとき、「同じ仕事に集中する態度が共鳴しあう」ということもおこり得ます。あの人の人柄は気に入らないが仕事は信頼できるとか、自分の仕事をやり遂げようとするその態度は尊敬する、ということがはっきりしてくるとき、「危うい」と感じていた信頼関係（情動的コミュニケーション）が、仕事に対する態度を共有できていると確信されることで、改めてできあがってくる場合もあるのです。

9　ものごとの「本質直観」のための「自由変更」の方法

さて、ここで、すべてのものごとの本質を明らかにする方法として「本質直観」ついて、説明してみましょう。ものごとの本質とは、時代と場所にかかわらず変化することのない、それが「何であるか」について、誰にでも普遍的に妥当する真実を意味しています。そのものごとの本質がすべての人々の直観にもたらされる方法が「本質直観の方法」と呼ばれるのです。

この本質直観の方法には、先に挙げた「判断の一時停止」や「他の人々の経験や専門家の知識」を集めることも含まれています。

この本質直観の方法は、二段階に分かれています。ここで人間関係の本質直観が問われるとき、その第一段階は、先に挙げた「他の人々の経験や専門家の知識」を集めること、つまり「人間関係」についての自分の経験の幅を広げ、それにかんする心理学や社会学など多様な学問研究の成果（事例やデータ）をできるだけ多く収集する段階であり、このことから「事例収集」の段階と呼ばれます。脳科学による「ミラーニューロン」の発見などの自然科学の研究成果も、この事例収集のさい「人間関係」の本質を理解するために積極的に取り入れるのです。

この第一段階の事例収集に加えて、第二段階として「自由変更」という方法が加わります。事例収集の場合、現実に生じている事例や自分の経験や他の人々の実際の経験談が中心になるのに対して、自由変更の場合、それらの具体的事例をもとに、自由で積極的な人間の想像力を最大限に活用して、ものごとの本質に迫ろうとするのです。ここで「変更」と呼ぶのは、バリエーションをつけ、極端から極端へ意図的にさまざまな変化や変更を加えてみるという意味です。

もともとこの「自由変更」の方法は、フッサールが数学研究に没頭したように、ありとあらゆる理論的可能性を考え尽くし、想像力も最大限に活用してやっと解答が見つかる、あるいはそれでも答えが見つからないといった「数学理論」の発見や創造のプロセスがモデルになっています。事例収集による経験と知識の洪水のまっただなかで「感じ考え想像する極限」を尽くすことで、学問上の新たな理論が発見されたり、芸術作品が創造されたりするように、理想的な「共創し合える職場の人間関係の本質」も明らかになるのです。

10　共創的人間関係の本質直観を求めて

さて、職場において「共創的人間関係とは何か」、「どのようにしてそれを実現できるのか」、まずもって、この共創的人間関係の本質直観がどのようにして獲得されうるのか、具体的なプロセスを描いてみることにしましょう。

まずは、第3章の図3で「生活世界における人間関係」が「受動的志向性による情動的コミュニケーション」と「能動的志向性による言語的コミュニケーション」による二重構造によって成り立っていることが示されました。この下層部と上層部との相互の関係は「相互基づけ」と呼ばれます。

この「相互基づけ」という関係について考えるとき、赤ちゃんの成長を考えれば分かるように、言葉は話せなくても、泣きだした赤ちゃんを抱いてあやしている母親のように、子と母のあいだの快／不快をめぐる情動的コミュニケーションは、すでにしっかり成立しています。情動的コミュニケーションが、言語的コミュニケーションに先立ち、前者がしっかりできあがって初めて、その基礎の上に後者が成り立つのです。このことを、前者の情動的コミュニケーションが、後者の言語的コミュニケーションを基（基礎）づけるといい、図3で情動的コミュニケーションから言語的コミュニケーションに向かう、上への矢印が、相互基づけの一方の基づけを意味しているのです。

とはいえ、ほとんどの育児にみられるように、母親や父親は赤ちゃんに優しく話しかけながら子育てをします。養育者の言葉による語りかけがあって初めて赤ちゃんは言葉を覚え、話せるようになります。ということは養育者の話しかけという言語的コミュニケーションによる、まだ言葉を話せない情動的コミュニケーションだけを生きる赤ちゃんへの働きかけが、相互基づけの言語的コミュニケーションから情動的コミュニケーションへ向けた下への矢印として図3で描かれているのです。

人間関係が、情動的コミュニケーションと言語的コミュニケーションとの「相互の基づけ」によって成立していることが確認されましたが、まずはここで現象学による人間関係の本質直観の理論的根拠づけを、次のように略述しておきましょう。

（1）本章の冒頭で指摘したように、自然科学は、元来、人間が生きることにかかわる「意味づけと価値づけ」をその研究対象にしていません。他方、脳科学研究によって観測すらできない「故意と過失」の区別が、現象学の志向分析により、無意識に働く受動的志向性による「意味づけと価値づけ」として感じ分けられていることが、誰にでも納得できるように説明されるのです。電車の急ブレーキで、無意識に（気づかずに）「自分の足が動いて隣の人の足を踏みつけてしまったこと」を私たちは、「わざとではない」と感じ分けること（意味づけ、価値づけること）ができています。脳科学研究は、この人間の「自由と責任」の根拠（根源）にまったく無縁であり、無縁であろうとするからこそ、研究として成り立っているのです。

（2）情動的コミュニケーションにおける受動的志向性による「意味づけと価値づけ」の全体が明らかにされることで、人間関係の基盤が解明されます。また、人間関係の上層部に位置する言語的コミュニケーションは、随意運動や言語使用、知的判断などの能動的志向性によって担われています。この言語的コミュニケーションを可能にしている能動的志向性の全体と、この言語的コミュニケーションに先立つ情動的コミュニケーションの全体が明らかにされて初めて、人間関係の上層部／下層部を踏まえた、全体としての人間関係の本質直観に到達することができるのです。

（3）この「相互基づけ」にとって重要なのは、幼児がどのようにして言葉を覚え、使用できるようになるのかということです。言語的コミュニケーションのなかを生きている養育者に育てられることで、情動的コミュニケーションのなかを生きる幼児が、能動的志向性による言語的コミュニケーションの能力をどのように獲得していくのか、その能力が獲得されていくプロセスは第5章以降で説明されます。

（4）しかも、興味深いのは、この言語的コミュニケーション能力が獲得されるプロセスだけでなく、「はじめに」で述べられているように、情動的コミュニケーションでさえ、「共感」や「感情移入」の能力として、大人になっても再獲得され、能力の向上が可能であることです。ということは「共創し合う職場の人間関係の本質」を解明するには、言語的コミュニケーションにおける能動的志向性の生成だけでなく、情動的コミュニケーションにおける受動的志向性の生成も同様に問われ、明らかにされる必要があるということです。それによってはじめて、能動的志向性と受動的志向性の「相互基づけ」の関係が完全に解明されるといえるのです。

第5章 赤ちゃんだった自分に戻ってみよう

この章でテーマとなる「赤ちゃんだった自分に戻ってみよう」というのは、情動的コミュケーションが形成される現場に立ち戻り、「共感や感情移入」の能力がどのように形成されてくるのかを追体験してみようということです。このような試みがなされる理由は、第4章で述べたように、人間関係の本質直観に達するためには、言語的コミュニケーションの生成だけでなく、情動的コミュニケーションの生成が明らかにされねばならないからです。

この情動的コミュニケーションの生成を明らかにするために、「はじめに」で紹介されたスウェーデンの男性社員が「育休」をとおして「共感」と「感情移入」の能力を再獲得できた事例から始めることができます。ただし、「育休の追体験」とはいっても、その「体験談」を追ってみようというのではなく、現象学による志向分析をとおして、誰もが納得できるような理論的説明を展開しようというのです。[*13]

*13　フッサールは、このようなすべての志向性の生成（ないし発生、および形成）を問う現象学の研究領域を「発生的現象学」の研究領域と名づけました。受動的綜合の概念を中軸にしたフッサールの発生的現象学の最新の研究として山口一郎『発生の起源と目的』知泉書館2018年を参照。

1　「赤ちゃんだった私」に戻る発生的現象学の「脱構築」の方法

さて、「育休の追体験などどうやってできるのか」という、その方法の問いから始めましょう。その方法は、簡単にいえば、「崩してみる解体、あるいは脱構築 Abbau の方法」といわれます。

崩すものとは、大人の自分が備えている「意味づけと価値づけの能力」、つまり大人の自分に属する志向性（受動的志向性と能動的志向性）の全体です。

この自分の志向性の全体から、赤ちゃんにはいまだ備わっていないと思える能動的志向性（たとえば、意識的に身体を動かすときに働く能動的志向性や、言葉を話すさいの能動的志向性）を、まだ働いていないものとして、この大人の志向性の全体から取り除き、崩してみるのです。

この方法は、一見すると前章で説明した「本質直観のさいの自由変更」に似ていて、自分が立って歩けない、言葉を話せない赤ちゃんだったときの世界を自由に想像してみることだと思うかもしれませんが、そうではありません。育児をするときは毎日が大忙しです。そういった自由に想像をする暇もなく、目の前で泣きだした赤ちゃんをあやしたり、ミルクをあげたり、オムツを替えたりしなければなりません。その時、まずは母親のあやし方とか、ミルクのあげ方を真似てみるのです。じつは、この母親の動作を真似るというとき、その身体の動かし方にともなう「運動感覚」を共に感じて「共感し、感情移入する」ことで動作を真似ることができるのですが、みなさんはこのことにお気づきでしょうか。

何十冊もの育児書を読んで知識を集めたところで、言葉による知識は、赤ちゃんを腕に抱くときの赤ちゃんと自分のあいだを現実に行き来する相互の身体感覚にとって「絵に描いた餅」にすぎません。育児とは、まさに実感の世界の出来事なのです。

また、このとき注意しなければならないのは、赤ちゃんは「泣きたくて泣いている」のではないことです。乳幼児は本能的に授乳や睡眠へと「意味づけられ、価値づけられた」受動的志向性にそくして生きているのであり、「お母さんを困らせようとしてわざと泣いている」わけではありません。赤ちゃんに「赤ちゃんのもっていない意図」を知らずに映し込んでしまってはいけません。それでは、大人の自分がつね日ごろ無意識に使っている「意味づけと価値づけ」を崩すどころか、そこに当てはめて自分の思いを赤ちゃんに被せてしまうことになります。

職場で、「ハラスメントを受けているかもしれない」と思い込んで落ち込むとき、「いじめる」という意図を相手に映し込んでいる（そう思い込んでしまう）場合もあるのです。現象学の脱構築の方法は、このとき、随意性をもたない受動的志向性と随意性をもつ能動的志向性を明確に区別して、赤ちゃんに向かうときには、能動的志向性を脱構築せねばならないと明確な指針を与えます。赤ちゃんに向かうときは、自分の勝手な思い込みを捨てなければならないのです。

2 自／他の身体の区別がつかない赤ちゃんの感覚の世界（伝染泣きの例）

発達心理学の研究成果として、生後3ヶ月半から4ヶ月ぐらいの赤ちゃんにおこる「伝染泣き」という現象が報告されています。この頃までの赤ちゃんは、その赤ちゃんがおきているときも、すやすや眠っていても、そばにいる他の赤ちゃんが泣きだすと、その赤ちゃんも一緒に泣きだしてしまいます。泣いていることが伝染してしまうのです。

このように、この頃までの赤ちゃんは、「他の赤ちゃんが泣いているときに聞こえる泣き声」と「実際に自分が泣いていること」とが一つになっていて、〝自分〟が泣いているのか、〝他の赤ちゃん〟が泣いているのか、区別がつかないといわれます。

どのようにこの伝染泣きがおこるのかについて、最近の脳科学研究の実験をとおして明らかになったことがあります。この頃の赤ちゃんに何らかの感覚刺激が与えられると、どの感覚も、その赤ちゃんの脳内のすべての感覚野に伝達され、活性化されるというのです。具体的には、外からの刺激である音や光、内からの刺激である身体の位置や動きの感覚などが、大脳皮質上に区分される視覚野、聴覚野、体性感覚野などのすべての感覚野に伝達されている様子が、脳の機能を映しだす画像として検証されるというのです。[*14]

ということは、赤ちゃんに「泣き声」が聞こえると、その刺激は、音が聞こえる聴覚野に伝達されるだけでなく、実際に泣いているときの「身体の動き」として受けとめられる運動感覚野にも伝達されているということです。泣き声を聞く感覚と泣くときの運動感覚が、一体になって感じられるので、この頃の赤ちゃんは、〝自／他〟の身体の区別がなく、共に一つの世界を生きているのです。

このような事実を、読者のみなさんは、すんなりと受け入れることができますか。たぶん、「自分と他人の区別がつかないという感覚はまったく分からない」とか「それはちょっと気持ちが悪い」とか、もっといえば「個人の尊厳はどうなるのか！」といった感想をもつ人もいるでしょう。それはそれでかまいません。もうしばらく議論を追ってみてください。

筆者である私は、このような乳幼児における感覚の仕方を「原共感覚」と呼んでいます。「原」がついているのは、通常、心理学の研究対象とされる大人の感覚の世界の「共感覚」と区別するためです。大人はすでにできあがっている五感を前提にして、たとえば、音に色がついて見えるとい

*14 小西行郎『赤ちゃんと脳科学』集英社2003年40頁を参照。

うように、聴覚と視覚が共に感じられることを「共感覚」と呼びます。それとは違って、乳幼児の場合、すべての感覚野が区別されずに「共に感じられている」ので、原共感覚と呼ばれるわけです。[*15]

*15 乳幼児の「原共感覚」については、特に山口一郎『人を生かす倫理』知泉書館2008年214頁から220頁まで、また山口一郎『感覚の記憶』知泉書館2011年218頁から236頁までを参照。

3 添い寝で共に生きられる「同時性」の共有体験

赤ちゃんの感覚の世界に接近するために、よくみられる母親と赤ちゃんとの「添い寝」の例をとりあげてみましょう。

赤ちゃんに寝てほしくて、母親が添い寝をしています。赤ちゃんが寝入ったと感じたらベッドに移すのです。はじめはぐずっていた赤ちゃんも、呼吸が穏やかに長めになってきて、寝入りそうになります。時には、お母さんも一緒に寝入ってしまうこともあります。このように二人の呼吸が寝入りの呼吸になっていくとき、その過程で「引き込み現象」ということが生じます。

「引き込み現象」というのは、二人の呼吸のリズムが、それぞれ引き込まれるように同調し合って、短かかった呼吸が次第に長くなっていくことを意味します。この引き込み現象がおきているとき、お母さんと赤ちゃんには何がおこっているでしょうか。

「長くなる」という事実からして、「吐いて吸って、吐いて吸って…」のリズムの長短が感じ分けられているのでなければなりません。短い呼吸の始まりと終わりと、長い呼吸の始まりと終わりは、間隔が違っています。この少し短めと少し長めの呼吸との違いが感じ分けられないと、短めの呼吸が長めの呼吸に合うようにはなりません。短い呼吸と長い呼吸のズレをズレとして感じて、そのズレを解消するように合わせることができるから同調した同じリズムの呼吸になるのです。

　そして、ここで重要なのは、そもそもズレがズレとして感じられているということです。一定の呼吸の長さが過去把持に残るからこそ、それよりも長い呼吸が長いと感じられるわけです。それと同時に、その呼吸の長さが未来予持され、それが充実されるからこそ、その長さより少し長い呼吸とのズレがズレとして感じ分けられるのです。

　こうして短めの呼吸のリズムの持続と長めの呼吸のリズムの持続とが混じり合いながら、次第により長い呼吸のリズムへと、一つのリズムができあがってきます。この同じリズムで呼吸されている二つの身体の一つのリズムが身体のなかを流れる持続の共有体験こそ、生命体同士のあいだに生じる「同じ現在」という時間の生成を意味します。

　まさに同じリズムの一つの呼吸が、二人で一つの同じ身体のなかを流れることで、共有体験の「同時性」が成立し、共有された現在という時間（共有現在）が成立するのです。

　この共有体験の共有現在が、赤ちゃんに確実に実感されていることは、寝入った赤ちゃんを母親が「ベッドに移そう」と思って母親の呼吸が乱れた瞬間にはっきりします。それまで一つの長めの呼吸が過去把持と未来予持をとおしてできあがっていたのが、お母さんが赤ちゃんから身体を離そうと思った途端、母親の呼吸のリズムが乱れ、赤ちゃんにとってそれまで続いていた長めの呼吸のリズムの未来予持が充実せず、「予想外の驚き」として体験されます。赤ちゃんは「ビクッ」と驚き、目を覚ましてしまうのです。

　このとき「それまでの共有現在」が、驚きという変化とその過去把持をとおして、もはや現在として共有されることのない「過去の体験」になり、過ぎ去るという過去の意味が二人に同時に体験されるのです。

4　共に生きられる時間の同時性と計測される時間の同時性の違い

さてここで、添い寝の時の一つの呼吸を生きるという「共有体験による同時性の体験」と、時計で計測される「同時」とは、まったく違うものであることを指摘しておきたいと思います。

たとえば、北京オリンピックの100メートル背泳ぎの決勝戦で、二人の選手が52秒78で「同時金メダル」を獲得しました。しかし、正確には一方の選手は、52秒780123…であり、他方の選手は、52秒78678…という数値だったのかもしれません。それを、52秒78以下は、切り捨てて「同時金メダル」にしたのでしょう。

しかし、正確に数値上の同時というのであれば、本当は、両者ともに52秒7800000…でなければなりません。とはいえ、現実にそんなことはありえないので、52秒78以下を切り捨て同時とみなしたわけです。つまり、「同時とみなしている（同時という意味を与えている）」のは、まさに審判団の主観的な判断に他なりません。それに対して、先に描かれた添い寝の例で、母子間の「共有体験の同時性」は、時計で計る数値上の同時性とはまったく性質が異なっています。

仮に、脳科学者が、母親が赤ちゃんをベッドに移そうとして呼吸が乱れた時と、赤ちゃんがそれに驚いて「ビクッ」とした時が、正確に数値上の同時であるかどうか、脳波を計測したとします。そして、数値上は同時ではない（少しずれている）という計測結果を得たとします。これによって、主観的に同時と感じられている「共有体験の同時性」は、客観的に証明できないことになります。*16

他方、オリンピックの審判団は、客観的数値の違いを無視して小数点3ケタ以下を切り捨て、私たちが日常的に使っている「同時」という言葉の意味にそくして、「同時とみなし」ました。このとき、審判団のあいだで了解されているのは、「同時という言葉の意味」です。その元を辿るなら、言葉を話せなかった赤ちゃんであった審判団の一人一人が、どのように言葉を話せるようになり、「同時」という言葉の意味を獲得したのか、それを追体験してみなければならないことになります。

この現在の同時性だけでなく、過去の意味と未来の意味も同じことです。同じ過去把持を生きることが同じ過去の意味の体験であり、同じ未来予持を生きることが同じ未来の意味の体験なのです。

このように、「同時、過去、未来」といった時間の意味は、計測される時間の数値上の一致で決めることはできません。時間の意味の起源は、人と人のあいだの共有体験における共有時間の体験にあるからです。*17

このことを別のいい方をすれば、次のように表現されるでしょう。まず、時計で測られる客観的時間の数値に、「同時という現在、過ぎ去る過去、まだ来ない未来」という時間の意味を見いだすことは原理的に不可能であるということです。数値に時間の意味を与えているのは、人間の主観だからです。そして、この時計で計られる客観的時間は、赤ちゃんの頃に共有された共に生きられた相互主観的時間に基づけられているのです。

時間の前後関係は、電車の急ブレーキの例にみられる「気づかずに過去把持されていた運動感覚」や考えごとをしながら歩いていて転びそうになる例にみられる「気づかずに未来予持していた運動

*16　D・N・スターンは、「相互交流的同時性（inter-actional synchorony）」の説が肯定されていないことに言及しています。D・N・スターン『乳児の対人関係　理論編』99頁および次頁参照。

*17　この同時性の成立の記述について、フッサールによる「生き生きした現在」が本能的な衝動志向性の充実によって成立するとする論述を参照してください。「その衝動志向性は、あらゆる本源的な現在を、立ちとどまる時間化として統一し、具体的な現在から現在へと…押し流す」E・フッサール『間主観性の現象学Ⅲその行方』ちくま学芸文庫２０１５年邦訳５４７頁。

感覚」に疑いなく実感されています。このような大人が意識できている過去把持され、未来予持されている運動感覚の源泉は、添い寝などの睡眠に関わる本能志向性の充実／不充実をとおして人間のあいだで共に生きられる、一つになった無意識の運動感覚の共有体験にあります。それは、共に生きられる根源的な「共同主観的時間にある」ということなのです。

5 〝自分の身体〟に初めて気づく赤ちゃん―喃語（なんご）の母子間の模倣

この原共感覚の世界からしばらく経つと、乳幼児にとって「自分の身体が自分の身体として」自覚されてくる時期が到来します。

伝染泣きをしなくなる4ヶ月ごろから、生後8ヶ月ごろにかけて、赤ちゃんは言葉になる以前のリズミカルで流暢な発声を繰り返します。喃語（なんご）といわれるものです。喃語はとても可愛らしく、多くの場合、母親や父親などの養育者も、ついその喃語を真似することになり、その真似を赤ちゃんはとても喜びます。赤ちゃんと養育者の喃語の行き来は、まるで楽器の共演者との変奏を交えた絶え間ないこだまのようです。

変奏というのは、たとえば、赤ちゃんが発した喃語の語尾の音を、母親が少し変えて、高めにして真似てあげると、赤ちゃんはとくに喜び、その変奏（バリエーション）をそっくり上手に真似て母親に返します。それだけでなく、少し声を大きくしたり、小さくしたり、早めにしたり、遅めにしたり、リズムを変えたりというように、さまざまな変化に合わせて、それをそのまま赤ちゃんが真似たり、養育者が真似たりするのです。

このとき重要なことは、喃語の模倣の交換は、言語以前の「情動的コミュニケーション」の原型であるということです。情動というのは、「喜怒哀楽」といった比較的はっきりした性格づけができる「感情」に対して、「快／不快」を基盤にした身体の生理的状態と深く結びついた、そのときどきの強い心身の変化を意味します。

ここで喃語のやりとりが情動的コミュンケーションであるというのは、声の高さや低さ、強さや弱さ、ゆっくりや早めといったリズムなど、喃語の発声の仕方には、それにぴったり相応した情動の変化が、いつも伴っているからです。喃語を発声するときの楽しさ、明るさ、強さ、高揚感、暗さ、弱さ、消失感、すべての感覚（情動）体験が、赤ちゃんと養育者のあいだで模倣され、共に体験されているのです。

このように共に喃語を発しているうちに、赤ちゃんの側に突然、不意の出来事が生じます。赤ちゃんは何に驚いたのか、「キョトン」とした顔つきを見せ、母親の顔をまじまじと見つめたり、母親の唇に指で触れようとしたりします。この驚きは、母親の驚いた顔の真似ではありません。赤ちゃんの側に生じてくる内発的な「キョトン」です。この「キョトン」とした顔つきは、赤ちゃんが、何かを予測していて、予想外で驚いたのだとすると、いったい何を予測し、何に驚いたというのでしょうか。

赤ちゃんが喃語を発するときはいつも、〝自分〟で発した喃語が、声として聞こえていると同時に身体の内部で感じる運動感覚（キネステーゼ）[*18]としても感じています（この時、まだはっきりした自分についての意識はないので、カッコづきの〝自分〟とします）。〝自分〟の声の音と、のど

*18　「キネステーゼ」というのは、ドイツ語 Kinästhese の音読みで、運動感覚と訳されています。運動感覚とキネステーゼは同じ意味をもっていますので、文脈によって、キネステーゼと運動感覚を適度に使い分けしますが、意味上の違いはありません。

を中心に身体が動く感じを同時に感じているのです。

しかし、母親が、その喃語にそっくりの喃語を繰り返してくれたとき、その声ははっきり聞こえるのですが、のどが動く感じがありません。〝自分〟が喃語を発する場合には、両方あった声の音とのどの動きの運動感覚を同時に感じないことに〝あれ、おかしいな（仮に言葉を話せたとしたら）〟と気づいて驚くというのです。

〝自分〟が発する喃語の場合、聞こえる喃語の声と声を発するときの運動感覚がセットになって両方とも直接、〝自分〟に感じられています。しかし、聞こえている母親の喃語の声には〝自分〟が声を発するときの運動感覚が感じられないのです。ですから、母親の発するまったく同じように聞こえる喃語の声にセットになって感じられるはずの（つまり、気づかずに未来予持されている）運動感覚が感じられなくて、赤ちゃんは（予想がはずれたから）「キョトン」とした驚きの表情を見せるのだ、とフッサールは説明します[*19]。

このとき、赤ちゃんは、「声と運動感覚のセット（あるいは、ペア（対））」の片方が「ないこと」、あるいは「欠けていること」に気づくわけです。このことを、フッサールは、そこに「ない」という意味で「ゼロ」の運動感覚、つまり「ゼロのキネステーゼ」を意識したというのです。

6　自我と他我の区別に先立つ自／他の身体の区別の意識

この赤ちゃんの体験する「ゼロの運動感覚」は、一回だけではありません。この原体験の後、赤ちゃんは〝自分〟の発する声が聞こえることと、そのときに感じる運動感覚が、いつも一緒にセッ

*19　E・フッサール『間主観性の現象学　その方法』邦訳、501頁以降を参照。

ト（対）になって与えられる「ここで感じるこの身体」の場合と、声が聞こえても「ゼロの運動感覚」、つまり運動感覚がセット（対）になって与えられない場合があることを、何度も経験します。その経験をとおして「ここで感じるこの身体」と「声のでどころである（が運動感覚がない）〝そこ〟の身体」との区別が意識されるようになるのです。

直接、運動感覚を感じる自分の身体と、運動感覚を直接感じることのできない他人（たとえば母親）の身体との断絶の体験、それが自／他の身体が区別される切実な体験なのです。

自分が手を伸ばしても届かない哺乳ビンを取って渡してくれてもいいはずの母親の手を、自分の思いのままに伸ばすことはできません。この自／他の「身体の区別」は、「自分と他人」、「自我と他我」の区別に先立ち、この区別の根底にいつでも働いているのです。

この自／他の身体の区別なしに「自分」と「他人」の区別は成立しません。赤ちゃんにとって、自分と他者の区別は、生まれたときから備わっている区別ではありません。人は、養育者との関係をとおして、生まれてからしばらくして自／他の身体の区別ができるようになるのです。そして、この自／他の身体の区別を前提にしてはじめて、自我の意識、つまり他人とは違う「自分」という意識をもつようになるのです。

第6章 原共感覚からの五感の形成[*20]

前章で、伝染泣きで、外からくる外部感覚と内からくる内部感覚の区別がつかなかった赤ちゃんが、「ゼロの運動感覚（キネステーゼ）」に気づき、いつも「運動感覚」を感じている〝自分〟の身体と、直接「運動感覚」を感じることのできない〝他の人〟の身体との区別を自覚する経過が説明されました。

この自／他の身体の区別とともに始まるのが、内部感覚と外部感覚の区別です。原共感覚から身体の内部で感じる運動感覚が属する内部感覚と、身体の外から聞こえる音に対する聴覚やそばに見える母親の顔などの視覚が属する外部感覚へと、内と外への分割が生じるのです。

1　運動感覚と聴覚の感覚形態（感覚質＝クオリア[*21]）の形成

赤ちゃんが「ゼロの運動感覚（キネステーゼ）」を意識するとき、赤ちゃんは〝自分〟が発する喃語のさいに直接感じられている運動感覚と、〝自分〟にとって感じられない「ゼロの運動感覚」が区別できています。喃語の発声が、原共感覚として「声と運動感覚が区別されない全体」だったのに、その全体に「直接聞こえ感じられる声」と「欠けて感じられない運動感覚」とを区分けする境界線が走るのです。

*20　この論点の詳細な研究は、山口一郎『感覚の記憶』知泉書館２０１１年第Ⅱ部第二章を参照。

*21　脳科学研究にあって、感じ分けられる感覚の意味である感覚質のことをクオリア（qualia）と呼びます。脳内の活動電位と直接実感できる感覚質（クオリア）との対応関係は、解けない「クオリア問題」とされています。

それは、ちょうど、ゲシュタルト心理学[*22]で事例としてよくだされる「ルビンの杯」（図4参照）の杯と対面する横顔の関係と似ています。杯が見えるとき杯は「図」になり、対面する横顔が見えるとき、杯は背景に退いて「地」となり、対面する横顔が図になります。どちらに視点を合わせるかで、杯は図になったり地になったりします。この図と地の変換のさい、2つを分かつ同一の境界線ができあがります。

ということは、欠けたゼロの運動感覚が図になって際立つときは、声は背景の地として退きますが、意識される声（聴覚）が図になって際立つときは、ゼロの運動感覚が地として退くということになります。ただし、運動感覚と声（聴覚）の境界線は、ルビンの杯の場合の境界線とは性質がことなります。ルビンの杯の「杯と対面する横顔」の場合の境界線は、目に見える境界線であるのに対して、運動感覚と声（聴覚）の境界線というのは、それぞれの感覚質の違いである「感じ分け」の境界線であり、目に見えるものではないのです。

こうして、この喃語の模倣の例は、「声（聴覚）と運動感覚」とが区別されない一つの全体的感覚として感じられていた体験が、「ゼロの運動感覚（キネステーゼ）」の意識をとおして、運動感覚の感覚質と、声（聴覚）の感覚質という異なったものとして区別され、別々に感じ

図4／ルビンの杯

＊22　ゲシュタルト心理学とは、ドイツ語のGestalt（形態）という概念によって、知覚の対象を「部分の要素」を取り集めて一つの全体として（たとえば「杯」や「対面する横顔」として）知覚するのではなく、形態としての全体が、全体としてそのまま知覚されることに重点をおき、その形態として知覚のされ方を「近接、類同、閉合」などの規則性をとおして解明する心理学を意味します。

分けられるようになったプロセスを描きだしているのです。これは脳科学では解明できないといわれている「クオリア（感覚質）」が生成している現場を捉えたことになるのです。

2　「図」として現れる顕在的志向性と「地」として隠れる潜在的志向性

では、赤ちゃんにとって、母親が喃語を発するときの「ゼロの運動感覚」を意識したときの意識の仕方と、はっきり声として聞こえている聴覚（音）を感じているという意識の仕方との違いを、あらためて、「ルビンの杯」の図と地の転換の場合と対比してみましょう。

杯が図になり、横顔が地になることを、母親が喃語を発するとき、声が聞こえて（図になり）、運動感覚が感じない（地になる）こととしてみるのです。次に図と地の転換がおこり、横顔が図になり、杯が地になるとき、つまり母親ではなく、赤ちゃんが喃語を発するとき、運動感覚が感じられ（図になり）、声は聞こえてはいてもそれに注意（意識）を向けずに地になっているということができます。

このような「図と地の転換」の仕方を、意識の仕方の違いとして、図になることを「前景意識」という図として際立つ顕在的意識（顕在的志向性）に与えられるとし、地になることを「背景意識」という背景に退く潜在的意識（潜在的志向性）に与えられるとしてみるのです。

杯が図である前景意識としての顕在的志向性に与えられているとき、横顔は地である背景意識として潜在的志向性に与えられており、逆に前景意識としての顕在的志向性にあった杯が地である背景意識としての潜在的志向性になるとき、地である背景意識としての潜在的志向性における横顔が図として際立つことで前景意識としての顕在的志向性になるのです。

3　運動感覚と動く視覚（像）の感覚質の感じ分けの成立

他の事例として次に示すのは、「運動感覚と視覚像の結びつき（セット）」の事例です。これは乳幼児精神医学者D・N・スターン（1934-2012）[*23]が、3ヶ月の乳児をベッドに仰向けに寝かせ、乳児の足の親指に目に見えないビニールの糸を結びつけ、乳児が足を動かせばベッドの上に天井からぶら下がったモビール（バランスをとって動くおもちゃ）が動いて見えるようにしておいた実験例です。

2、3日もすれば、乳児は足を動かせばモビールが動くことを「学習（発達心理学の用語）」して、同じような状況におかれると足を動かし、動くモビールを見て喜ぶようになります。その学習後、同じ状況で、今度は足に括りつけられているビニールの糸を切ります。すると乳児は同じように足を動かしてモビールが動くのを見ようとするのですが、繰り返し足を動かしても、糸が切れているので動くモビールを見ることはできません。

このとき、まず確認しておきたいことは、この時期の乳児は、原共感覚といわれる無様式感覚（発達心理学の用語）の世界を生きていますので、いまだ身体の運動感覚と外界に見える視覚像の運動の変化が、はっきり区別されてはいません。つまり、この時期の赤ちゃんは「運動感覚」と「視覚（モビールの視覚像）の変化」の区別がないのですから、それらを結びつける、スターンのいう「学習」をすることもないのです。二つを結びつけようにも、そもそも二つが別々のものとして感じら

*23　D・スターン『乳児の対人関係　理論編』岩崎学術出版社1989年を参照。

れていないのですから、結びつけようがありません。

むしろ、赤ちゃんが、足の運動感覚とモビールの動きの区別がつかない「一つの面白いこと」として生じるのを発見して、同じ状況でそれが再現できることに気づけた、というのが的確な描写といえるでしょう。この「同じ一つの面白いこと」が、ビニールの糸が切られて再現できないとき、この「足の運動感覚とモビールの動き」の、すでにそこに「できあがっていた統一」に亀裂が走ります。一つのこととしておこっていた「足の運動感覚と見えるモビールの動き」に異変が生じ、「動くモビールが見えない」のです。

ここで、一つのこととしておこっていた記憶の全体から欠けたものが際立ってきます。この欠けたものとは、「ゼロの運動感覚（キネステーゼ）」といういい方に合わせていえば、「ゼロの視覚（像）の変化」です。こうして視覚に与えられない、感じられないもの（動くモビールの視覚像）に気づくことは、同時に、感じられている運動感覚に気づくことでもあるのです。動かないモビールをみて、視覚と運動感覚が別々のものであることに気づけるということです。

4 発生的現象学と発達心理学の考察方法の違い

こうして、原共感覚という全体の統一的感覚から「ゼロの運動感覚」や「ゼロの視覚像の変化」など、全体的な受動的志向性の一部が欠ける（充実しない）ことをとおして、充実する部分と充実しない部分との区別ができるようになってきます。つまり感じ分けが意識されてくることになります。

この感じ分けは、お母さんの声は聞こえても（聴覚の充実）、顔が見えない（視覚の不充実）「いない、いないバー」をしたり、「手にとりたいおもちゃに手が届かない」場合の「見えるおもちゃ」の視覚と「手を伸ばすとき」の運動感覚の充実と、「手にとれない」触覚の不充実などをとおして、次第に原共感覚に諸感覚の充実と不充実のあいだに境界線が引かれ、いわゆる五感や運動感覚といった個別的な感覚野が形成されてくるのです。

この発生的現象学による感覚野の形成の記述とスターンの発達心理学の研究とを比較していえることをこの章のまとめとしましょう。「育休のための発達心理学」と「育休のための現象学」を対比させてみるのです。

(1) スターンの「赤ちゃんの足の運動とモビールの動き」の実験と観察に典型的に見られるように、発達心理学の研究は、あくまでも外からの客観的観察に徹することで、赤ちゃんの主観的意味づけや価値づけである「志向性」の働きを研究から排除します。発達心理学は、赤ちゃんとの共感や赤ちゃんへの感情移入をただ主観的にすぎないとして、学問の客観性を欠くと断定するのです。

(2) このときの発達心理学の「学習」の内容は、足の動きによる「運動感覚」とモビールの「視覚像の変化」を結びつけることを意味し、その「結びつき」が記憶に残ることを、「運動記憶」と呼びます。この学習のさい、「無様式感覚（知覚）」を認めながらも、すでに運動感覚と視覚とがそれぞれ独立して機能しており、それを結びつけるのが学習であり、その学習の成果が記憶として残るとしますが、どうやって結びつけるのか、またどのように記憶するのかについては、それ以上の説明はまったくなされていません。

（3）それに対して、発生的現象学は、運動感覚と視覚は、原共感覚において初めから統一され、結びついて（「連合」して）いて、生存本能による本能志向性の「意味づけと価値づけ」に方向づけられ、その充実に向けて働いており、その全体としての本能志向性の部分的不充実をとおして、運動感覚と視覚という個別的感覚の区別が生成してくると説明します。

（4）発生的現象学による「伝染泣きや添い寝や喃語の模倣」などについての志向分析は、赤ちゃんと養育者とのあいだに生じる本能志向性の充実と不充実による言葉以前の情動的コミュニケーションこそ、「共感と感情移入」の源泉であることを明らかにしています。この源泉と土壌においてこそ、五感や運動感覚など、個々の個別的感覚野の感覚質（脳科学でいわれる「クオリア」）が生成してくることが示されたのです。

こうして発生的現象学は、スウェーデンの企業の男性社員が「育休」にあたって、赤ちゃんと共感していること、赤ちゃんの快／不快、喜びや悲しみを共に生きることができることを理論化できているのです。しかも、この「共感と感情移入」の能力の向上は、育休をとって育児を経験した男性社員によって直接、体験されるだけでなく、企業もその向上を「客観的に」評価して昇給や昇格させたりしているのです。

第7章 人と人のあいだに響き合う間身体性

この章の主題は「間身体性」です。現象学では、自分の身体と相手の身体のあいだ（間）に、快／不快の情動が伝わりあっていることを、身体と身体とのあいだにおこっているという意味で「間身体的」、そのような出来事の性質を「間身体性」と呼びます。現象学にとって、とても重要な用語です。

私たちは、すでにこのような「間身体性」にかかわる多くの具体例に出会っています。電車の急ブレーキで、無意識に倒れないように身体が動いたことを足を踏んでしまった相手と共有できていました。また、赤ちゃんと母親のあいだの添い寝において、意識にのぼらない受動的志向性としての過去把持と未来予持をとおして、自／他の身体の区別のない身体のゆっくりした一つの呼吸のリズムによる安らかな情動がともに体験されていたのです。

1　赤ちゃんの周りに広がる空間と客観的事物の成立

自／他の身体の区別がついてきた赤ちゃんは、次第に自分で自分の身体が動かせるようになり、自分の随意運動によって「寝返りをうったり」、「ハイハイ」したり、「つかまり立ち」をするようになります。転がしたボールがソファーの後ろに隠れると、ハイハイしていって、それを見つけては、嬉々として遊べるようになります。

こうして赤ちゃんは、ハイハイするときの身体が動く感覚がどのぐらい続けば、隠れてそこにあるはずのボールの場所まで行けるのか、身の回りの空間の広がりが予測できるようになります。それだけでなく、ソファーの後ろに隠れたボールが、自分が投げたボールと同じだと分かることは、記憶の幅の広がりを意味するだけでなく、ボールとしての同一性（物の同一性）の認識が成立してくることも意味しています。

また、この頃の乳児は、取りたいものに腕を伸ばす「リーチング」や、指差しの動作ができるようにもなります。たとえば、椅子に座っている乳児が、テーブルのうえに乗っているクマのぬいぐるみ「プーさん」の方向に「アー」といいながら、手を伸ばすといったこともおこります。そこで、母親がプーさんに手を伸ばして取ってあげようとすると、幼児は、一段と大きな「アー」の声をだしながら、不満げに同じ方向に手を伸ばしたままといったこともあります。

その幼児が取りたかったのは、プーさんではなく、プーさんの隣にあったウサギの「ピョン太」でした。母親は、幼児がほしいのがプーさんではなくピョン太であることに気づいて、「ピョン太ね」といいながらピョン太を取ってあげ、乳児はキャッキャと笑いながらピョン太をつかんで遊びます。

2　情動表現が共感されること（情動一致）

この実例でもっとも大切なのは、「プーさん」でなくて「ピョン太」が欲しかったことは、赤ちゃんの快／不快の情動表現によって、母親には即座に感じ分けられた、ということです。

添い寝のさい、寝入ったと思って赤ちゃんをベッドに移そうとして、「ビクッ」と目を覚ましそうになる赤ちゃんの情動の変化に気づかないお母さんはいません。母と子のあいだの情動の一致は「情動交換」ともいわれ、人間関係の基礎になっています。人と人とのあいだに生じる穏やかな間身体的な情動が共有体験されるのです。

さらに、前章で述べた赤ちゃんと養育者のあいだで繰り返される喃語の模倣の例も、情動交換の良い例になります。このとき喃語の抑揚やリズムや強度の変化は、そのまま高揚感や衰退感、明るさや暗さ、強さや弱さなどの情動の変化に即応しています。喃語の模倣とは、単なる声を模倣しているのではなく情動の模倣でもあるのです。

このように母子間の情動の一致（情動交換）の経験は、豊かに蓄積していきます。母親にとっては、子供のもっとも基本的な快／不快の区別を感じ分けることが当たり前におこっているのです。ということは、「プーさん」は「プーさん」であり、「ピョン太」ではないこと、また「ピョン太」は「ピョン太」であり、「プーさん」ではないことは、二人にとってしっかりと区別されています。すなわち、「プーさん」の同一性と「ピョン太」の同一性は、じつは、母と子のあいだの快／不快の感じ分けが一致している情動の一致によって、二人のあいだに成り立っているのです。情動一致という二人が共有できる基準によって、二人にとって同じ物が同じ物とされるのです。二人のあいだに二人で間違いなく確かめ合うことのできる、客観的に与えられる同一物が成立してくるのです。それは単に二人の心に別々に主観的に与えられているのではありません。

3　眼差しによる問いと答え

母と子の情動の一致が、二人のあいだの空間を超えて、二人の行動を決めるといった事例もあります[*24]。ハイハイして座ることができるようになった幼児に、その幼児にとって初めての、音をたてて近づくおもちゃのロボットが見えたとします。その子は初めてのおもちゃに戸惑い、後ろにいる母親の顔を振り返ります。母親が「大丈夫よ！」といった肯定的な表情でニコッと笑ってその子に見返してあげると、その子はそのおもちゃに向かってハイハイして近づき手にしようとします。

この「眼差し」による応答には、じつに多くのことが含まれています。まず、その子が母親の顔を見やるとき、母親は「どうして自分の顔を見るのか」分かっているということです。言葉にすれば、「これ！どうすればいいの？」の「これ」にあたるものが、その子に近づくおもちゃのロボットであることは当然のことなのです。

脳科学的にみれば、その子の脳裏に映るロボットの動く視覚像と、母親の脳裏に映るそのロボットの動く視覚像は、角度も違えば、大きさも違っており、見え方は大きく異なっているはずです。したがって二人が見ているそのロボットが、同一のロボットの視覚像である保証はどこにもありません。

ところが、母親はその子が何を見て自分に問いかけているのか、その子の眼差しが何に向かっているのか、その子の戸惑いの表情が何に向かっているのかは、はっきりしています。幼児の戸惑いの気持ち（情動の動き）の情動の一致をとおして、そのおもちゃのロボットの同一性は、二人にとっ

＊24　この事例は、スターンが挙げている事例です。D・N・スターン『乳児の対人関係　理論編』107頁及び次頁を参照。

て疑うまでもなく明らかなのです。

もちろん、それだけではなく、母親の表情に現れた「大丈夫！」というそのロボットに対する肯定的情動表現が、幼児に伝わり、幼児の行動を方向づけたことも同じように明らかです。これが情動の一致、いい換えれば情動交換の現実です。こうして、言葉を介さないでも眼差しを交わすだけで成立する情動的コミュニケーションの能力は、すでに幼児期に形成されているわけです。

4 こう動かせば、こう見える―随意運動と視覚の繋がり

赤ちゃんがほしい物に手を伸ばす「リーチング」という動作に戻って、母親がいる前で哺乳ビンに手を伸ばす場合を想定してみましょう。母親は赤ちゃんが哺乳ビンを取りたいことが見てすぐ分かり、それを取って赤ちゃんに渡してあげます。赤ちゃんはそれを手にして、満足気です。

この全体のプロセスに関していえることは、まずは、この間、赤ちゃんにとっての哺乳ビンと母親にとっての哺乳ビンが同じ同一の哺乳ビンであることが、一貫して両者にとって確認されつづけていることとです。

手を伸ばすとき、どのぐらい手を伸ばせば、哺乳ビンに届くかという、運動感覚の持続（A）と、見える手の位置の変化（B）との関係が、そのつながり（A－Bの「連合」といいます）として体験されています。また、手を伸ばすとき、手を速く動かせば、速く動いているように見え、ゆっくり動かせば、ゆっくり動いているように見えることも、この頃の乳幼児は体験できています。幼児は、自分の両手を動かして、合わせたり、ずらしたり、拍手をするようにパンパンと重ねたりしな

がら、じっと集中して眺め入っていることもあります。動かしている手に感じる運動感覚の変化と、自分の手を動かすときに自分に与えられるその視覚像の変化が、その両方の変化に相応しているのです。「こう動かせば、こう見える」を何回となく繰り返すことで、「こう見えることとこう動かすことにつながりがある」、「こう見えるにはこう動かす」、といった運動感覚（A）と視覚像（B）の変化の密接なつながりが、しっかりと身について（身体記憶に残って）くるのです。

5　運動感覚と視覚との連合（受動的綜合）

ここでいう「こう動かせばこう見える」というときの「運動感覚と視覚」とのつながりを、現象学では運動感覚と視覚の「連合」と呼びます。「こう動かす」というのは、意識された随意運動ですので、意識された志向性である能動的志向性です。だとすれば、この「運動感覚と視覚」とのつながりは、意識して「動かす」ことと「見る」ことを繋げることのように思えるかもしれませんが、そうではありません。

それは、ちょうど、〝自分で〟発する喃語のときのように、「運動感覚」と「聴覚」ははじめからつながっていました。声の音とのどの動きはいつも一緒に感じられていました。つまり、すでにできあがっていたつながり（連合）であり、意図的につなげたわけではないのです。

それと同じように、自分で手を動かすときの運動感覚と視覚像の変化も、すでにできあがっていたつながりに気づくこと、つながっていると確認することと理解されねばならないのです。

なぜなら、「こう動かせばこう見える」というとき、動かすことと見えることを、自分の好きなように結びつけることはできないからです。手を速く動かせば、手は速く動くように見えますが、遅く動くようには見えません。また、遅く動かせば、遅く動いているように見え、速く動いているようにはどうやっても見えないのです。

この「運動感覚と視覚（像）」の連合は、そのようにできあがっていることを、自分で手を動かすことで確かめることができます。まさにこのようにして、それぞれの感覚野のあいだの連合が実感され、確認されているのです。

さて、このように運動感覚、視覚、聴覚、触覚等々、それぞれの感覚野のあいだに連合が成り立っていることは、そもそもどこからきているのでしょうか。その発生の起源を問うとき、第5章で説明した「伝染泣き」の事例のように、もともと生後3ヶ月ぐらいまでの乳幼児は、内部感覚と外部感覚との区別がつかない原共感覚を生きていたということに辿りつきます。乳幼児の場合、すべての感覚野が区別されずに「共に感じられている」ので、原共感覚と呼ばれたわけです。この原共感覚においては、すべての感覚刺激が同時にすべての〝感覚野〟を活性化することで、すべての〝感覚野〟のあいだに連合が生じていたのです。

それが次第に、「ゼロの運動感覚」や「ゼロの視覚」などと呼ばれるように、特定の結びつきのうち片方が欠けている（志向の不充実）経験をとおして、結びつきがある場合と結びつきがない場合との違いが区別されてきます。それらが意識されることで、原共感覚の基盤のうえに、「運動感覚－聴覚」、「運動感覚－視覚」、「視覚－聴覚」、「視覚－触覚」等々、すべての感覚野間の連合関係が、ちょうど彫刻で掘りだされるレリーフのように浮き彫りになり、際立ちを見せることになるのです。

したがって、ここでいわれる感覚野のあいだの連合は、意識にのぼる以前に「受動的志向性による統一化（受動的綜合と呼びます）」としてすでにできあがっているものです。赤ちゃんが、手を動かしてみることができるとき、受動的綜合である連合によってすでにできあがっているつながりを確認しているのだ、といわれなければならないのです。

6　受動的綜合は過去地平における身体記憶としてすべての現在に臨在していること

これまで示された「こう動かせばこう見える」というときの「運動感覚（A）と視覚像（B）」の連合や、「こう声をだせばこう聞こえる」というときの「運動感覚（A）と聴覚（C）」の連合は、一回おこれば、そのつどその結びつきが解消し、またゼロから連合しなければならないのではありません。

ちょうど、母親との喃語のやりとりのときの「ゼロの運動感覚」と、「伝染泣き」のとき実感する運動感覚との違いは、自／他の身体の区別の基準として、消えることのない「原体験」としてずっと残っていきます。それは、赤ちゃんにとってだけでなく、人が人として生きていくあいだ変化することなく、いつでもそこにある恒常的な「身体記憶」として保たれ続けていくのです。

このような身体記憶に属するのは、「ゼロの運動感覚（動いていることを感じないこと）」だけでなく、先に挙げた「運動感覚（A）と視覚像（B）」の連合だったり、「運動感覚（A）と聴覚（C）」の連合だったり、乳幼児が自分の両手を合わせて動かして見ているときの「運動感覚（A）と触覚

（D）と視覚（B）」との連合だったりします。こうして、原共感覚を基盤として生成してくる個々の個別の感覚野（視覚野、聴覚野、触覚野等々）の相互の繋がり（連合）が、網の目（ネットワーク）のように地平上に形成されてきます。個々の感覚野のあいだの連合のネットワークです。この連合のネットワークは、意識にのぼる以前に、それぞれ異なった感覚の「意味と価値」が連合をとおして結びついて広がっているという意味で、現象学では「（連合の意味と価値の）地平Horizont」という用語で呼ばれています。

とりわけ、第6章で説明した「顕在的志向性と潜在的志向性」という「ルビンの杯」の図と地の変換のさいの「前景意識と背景意識」の区別を、この「地平」の概念と組み合わせると、幼児の生き生きした現在における感覚野全体の流れを、特定の感覚が顕在的志向性として感覚されるときは常に、他のすべての感覚が潜在的志向性の意味と価値の地平において充実されたり、されなかったりしていると理解することができるのです。つまり、顕在的志向性の背後には、つねに潜在的志向性が働いているということなのです。

第8章

共感が言葉になるとき

本章では、共感と感情移入による情動的コミュニケーションを土台にして、どのようにして「言語的コミュニケーション」が形成されてくるのかが説明されます。そのさい、まず、前章で説明した「言葉以前の情動一致」の段階で何が準備されているのか確認されます。そして情動が一致することで共有された言葉が、どのように客観性をもつようになるのか、明らかにされるのです。

1 言葉以前にすでに身についていること：クマのプーさんの手渡し

この準備段階でもっとも重要といえるのは、言葉以前に交わされる情動の一致によって、母と子のあいだに共に生きられる情動的コミュニケーションの世界ができあがってくることです。しかも、この情動的コミュニケーションは、じつは、私たち大人の社会生活においても、眼差しを交わすだけで事態を了解し合うときに、たえず生じていることなのです。電車で目の前の席が空いて「横に立っている隣の人と席を譲り合う」とき、相手の目を見るまでもなくその雰囲気で速断できます。「図々しい」とか「親切な人だ」とか、言葉はなくてもお互い同士の評価はその場ではっきりします。

この動作とか、仕草とか、眼差しに込められた身体感覚が、直接その場で感じ分けられる能力は、幼児期に周りの人々との関係性をとおして形成されてきたものです。そして、その原型は、赤ちゃんが手を伸ばして、母親が手渡してくれるクマの「プーさん」を手にするときにある、といえます。

母親は、赤ちゃんの伸ばしている手にプーさんを渡します。位置は正確でなければならず、手渡すとき、早すぎても遅すぎてもいけません。この適度な時間と空間がそのときできあがるのは、まるで、自分の右手でもっているブーさんを自分の左手に渡すときのようです。

自分で右手に握ったボールを左手にもち換えるとき、左手にボールを渡したとき右手はボールを離していなければなりません。このときには、ボールを手にもっているときと離すときの触覚もかかわっており、手の運動感覚、手とボールの視覚像、ボールに触れる触覚とが、相互に結びつきあい（連合し）ながら右手のボールが左手に渡されていることになります。

ただし、ここで重要なのは、自分の手は自分で動かせても、母親の手は自分では動かせないことです。ですから、お母さんから渡されるプーさんをちゃんと受け取れないときもあります。自分の右手で左手にボールを移動させるとき、ちゃんと左手がボールが触れたとき右手を離せるのですが、母親の手は自分の手ではありませんので、つかむタイミングがズレてしまうときもあります。

お母さんの手にもたれたプーさんは、お母さんが渡してくれるまでは、自分の手にしたプーさんではありません。遊びでプーさんを取り合うとき、自分がゆっくりしていれば、お母さんに取られてしまいます。このようにして客観的事物としてのプーさんや哺乳瓶などは、幼児が言葉を話せるようになる以前に、すでに人と人のあいだ、すなわち物をやりとりする自分の身体と他の人の身体のあいだで、しっかりとできあがっているのです。

2　物に名前がつけられるとき

赤ちゃんが「アー」といいながら何かに手を伸ばしています。母親は「プーさん?」、「ミルク?」といいながら赤ちゃんに手渡ししてしてあげます。そのとき、母親はクマのおもちゃには「プーさん」、哺乳瓶には「ミルク」という名前を呼びながら渡してあげています。言葉が話せるようになる前に、クマのおもちゃや哺乳瓶やボールなど、赤ちゃんの身近にある客観的事物には、言葉（名前）がつけられているのです。

母親が、「プーさん?」とか「ミルク?」とかいいながら、赤ちゃんにそれを手渡すとき、喃語の模倣し合う体験を経ている赤ちゃんには、母親の「プーさん?」や「ミルク?」の発声の音は聞こえても、それを発声するときの「運動感覚」は、感じられません。赤ちゃんが喃語を発するとき、自分が発した喃語が「運動感覚－聴覚」の連合として赤ちゃんの過去把持に残っていくのですが、その喃語を母親が真似るとき、赤ちゃんは、過去把持に残っている「運動感覚－聴覚」の連合と、母親の発する喃語の「運動感覚」が欠けた「ゼロの運動感覚－聴覚」という連合との違いに気づけているのです。

3　音声（聴覚）が発声のときの「運動感覚」を呼びおこす（覚起する）こと

しかし、この喃語の模倣のときおこっているのは、それだけではありません。母親は赤ちゃんが喜ぶので、「タ、タ、タ⤴」というように語尾を少し高く上げてみます。すると、赤ちゃんは自分に過去把持されている「タ、タ、タ」と一番終わりの「タ⤴」のところが違ってと聞こえ、その聞こえたままに変化した語尾の「タ⤴」を真似て、母親に向けてその真似た「タ、タ、タ⤴」を自分で発することができるのです。

このとき、母親の「タ、タ、タ⤴」が聞こえたとき、「タ⤴」という「聴覚」と連合した「運動感覚」が、母親の「タ⤴」を聞くだけで、自分でその同じ「タ⤴」を発する準備が前もって整うということです。

では、この「タ⤴」を発する準備が整う、とはいったいどういうことでしょうか。喃語の模倣の場合、同じ「タ」の「運動感覚$_{タ}$－聴覚$_{タ}$」という連合の繰り返しです。赤ちゃんにとって、「タ」の「運動感覚$_{タ}$－聴覚$_{タ}$」という対になっている連合の繰り返しですので、母親の「タ、タ、タ」の場合に「運動感覚$_{タ}$」が直接感じられなくても、自分の「タ」のときの「聴覚$_{タ}$」と対になっている「運動感覚$_{タ}$」が自分の過去把持に潜在的志向性として残っていますから、その結びつき（連合）のおかげで、もう一度「タ、タ、タ」と言い直すことは、容易です。

しかし、母親が「タ、タ、タ⤴」と「タ」の語尾を上げて発するときはどうでしょうか。まず赤ちゃんの側におこっていることは、「タ」と「タ⤴」との音声としての違いが、直前に続いていた「タ」の過去把持といま聞こえた「タ⤴」との違いとして聞き分けられるということです。そして音声（聴覚）としての「タ」と「タ⤴」との違いが聞き分けられとき、母親の喃語の場合の「［運動感覚$_{タ}$］－聴覚$_{タ}$」（ここで［　］は実際に感じていない潜在的志向性として働いていることを意味する）と「［運動感覚$_{タ⤴}$］－聴覚$_{タ⤴}$」との違いが聞き分けられていることを意味します。

つまり、聴覚「タ」と「タ⤴」は、それぞれ潜在的志向性である〔運動感覚タ〕と〔運動感覚タ⤴〕とが対になった「〔運動感覚タ〕－聴覚タ」と「〔運動感覚タ⤴〕－聴覚タ⤴」との違いとして聞き分けられているのです。

母親が喃語を発するとき、赤ちゃんにとって、音声の聴覚としての「タ」が顕在志向性として与えられ、それと対になった運動感覚が潜在的志向性としての〔運動感覚タ〕が呼びおこされるように、音声のとしての聴覚「タ⤴」が顕在的志向性として与えられるとき、対になっている潜在的志向性としての〔運動感覚タ⤴〕が呼びおこされます。このように、対になった顕在志向性としての聴覚によって、潜在志向性としての運動感覚が呼びおこされることを、現象学では「覚起される」と呼びます。

まさにこの潜在的志向性としての〔運動感覚タ⤴〕が連合をとおして覚起されることこそ、先に述べた「準備が整う」ということに他なりません。

人の声を聞くだけで、自分の側に発声のための「運動感覚」が準備がされてしまうことに関連して、オペラ歌手は演奏会の前の数日間は、他の人の声をなるべく聞かないように過ごす、という話があります。人の声が聞こえただけで、それが声帯の活動につながるため、それを回避するというのです。運動感覚と聴覚の連合はそれだけ強固であるということです。

ということは、喃語の模倣のときと同じように、赤ちゃんが「プーさん」という言葉を聞くとき、自分で発したことのない「プーさん」という言葉の発語のさいの運動感覚が、少しずつ準備されることになると考えられます。母親が「はい、プーさん」といいながら繰り返し、渡してくれるとき、あるいは、おもちゃ箱から取りだされるとき、また、プーさんを探すとき、母親の「プーさん?」とか「プーさんね」とか、いつも「プーさん」という言葉が一緒です。そして、この「プーさん」という言葉を聞くたびに、「プーさん」という言葉に含まれる「〔運動感覚〕－聴覚」の連合が繰り返し覚起され、次第に自分で発する準備が整っていくのです。

4　具体的で豊かな感覚と抽象的で客観的な言語

母と子のあいだに客観的事物として確かめられ合っているクマのおもちゃが、「プーさん」という名前で呼ばれることで、赤ちゃんの感覚の世界に言語の世界が加わってきます。母と子に見えているプーさんが、母によって「プーさん」と呼ばれるとき、母が見て「プーさん」と呼んでいるプーさんと、子が見て「プーさん」と呼ばれるのを聞いているプーさんとは、二人にとって同じプーさんです。

他方、赤ちゃんが手にしているプーさんは、見えるプーさんであるだけでなく、掴んだり放ったり、しゃぶったり、押せば「プー」と鳴るプーさんであり、五感のすべてに与えられている「プーさん」です。しかも、五感を中心にした幼児の感じ分けの能力は、とても豊かに発展する可能性を秘めています。このように、赤ちゃんの五感に与えられているプーさんには、大変豊かな五感の感覚質の意味が蓄積されてくることになります。

しかも、この五感の感覚質の意味の蓄積は、一つ一つの感覚領域において豊かな深まりを見せてきます。たとえば、視覚の場合、明暗の違い、形の違い、色彩の違いなど、その多様性と繊細さの感度は徐々に高まっていきます。同じように、聴覚、触覚、味覚、嗅覚なども、幼児が接しうる周囲世界の多様性に応じて、それらの感覚それぞれに豊かさが形成されていくのです。この豊かな感覚の経験の蓄積にあって、「プーさん」という言葉が発せられるようになった幼児の世界にどんな変化があらわれてくるのでしょうか。重要なポイントを以下にまとめておきましょう。

（1）重要なことは、幼児はプーさんがそこにないとき、「プーさん」といって「プーさん」を探せることです。プーさんがそこにないとき、直接、幼児の感覚には与えられていません。このことを、プーさんが感覚に与えられている具体性に対して、プーさんという言葉の意味のもつ抽象性と名づけましょう。このプーさんが「プーさん」と呼ばれることで、感覚の具体性から解き放たれ抽象な意味をもつ言葉になります。「ママ」とか「パパ」といった言葉が、言葉の意味という抽象性をもつことと同じです。その場に実際に居合わせていなくても「ママ」は母親を意味し、「パパ」は父親を意味しているのです。

（2）感覚に与えられるプーさんに感情移入するのに、言葉はいりません。触って、見つめながら、手で押して「プー」となる音を聞きながら、どんなふうに感じるのか、その変化や持続を、自分一人でずっとそのまま感じ入って楽しむことができます。それに対して「プーさん」という言葉は、抽象的ではあっても、身の回りの人の誰にでも通じるという客観性をもつことになります。その証拠に「プーさん」といわれて、母親が自動車の「ブーブー」を手渡しても、幼児が承知するはずはありません。プーさんが手渡されるまで、「プーさん」といい続けます。つまり、言葉の同一性とそのモノの客観性は、母と子のあいだでできあがっている事物の同一性と客観性を前提にしているのです。

（3）言葉の意味による同一性は、感覚に直接与えられている「この時間」と「この空間」を超えて通用するようになります。「プーさん」という言葉の意味の同一性は、さらに言葉として記憶に残っていき、言葉を自分で使えるようになった幼児は、「プーさん！」ということで、見えない「プーさん」を探したり、母親にもってきてくれるよう頼んだりできるのです。こうして、幼児は、さまざまに見えたり、さまざまな感触で与えられる「プーさん」や「ブーブー」を、それぞれ同一の対象として知覚できるようになります。この知覚された対象とその名称（言語表現）との結びつきは、記憶に残り、成長するにつれて文字によって記述され、さらには学問の対象としての高次の客観性が獲得されることになるのです。

5　擬声語と擬態語―感覚と言語の架け橋

クマの「プーさん」は、「プー」と鳴るから「プーさん」だし、うさぎの「ピョン太」は、「ピョンピョン」跳ねるから「ピョン太」と呼ばれます。動植物や自然の音声を模倣してできる擬声語と、動植物や自然の状態変化を描写する擬態語の特徴として、それを使う人々のあいだの共感のしやすさがあります。

たとえば、幼児が一人で自動車のおもちゃで「ブーブー」といいながら遊んでいるとき、ブーブーの見え（視覚）と、自分の手で動かすときの運動感覚と、「ブーブー」といっているときの「発声の運動感覚と自分の声（聴覚）」が連合しながら感じられています。幼児が遊び終わったあと、母親がおもちゃをおもちゃ箱に片づけるのを手伝って、「ブーブーどこかな？」とたずねるとき、幼児はソファーの後ろにあったブーブーを見つけだすことができます。母親のいう「ブーブー」の音声（聴覚）と連合しているブーブーの見え（視覚像）を求めて、それを探せるからです。自分の発語する「ブーブー」と母親の発語する「ブーブー」が、同じ「ブーブー」であると分かるから、自分が「ブーブー」といっているときに必ず一緒になって与えられているブーブーの視覚像にしたがって、ブーブーを探すことができるのです。

ということは、音声が仲立ちになって、同じ事物の視覚像だけでなく、異質の感覚のあいだの連合をも共有できるということになります。つまり、その連合を共感できているのです。

喃語の模倣のときの発声の正確さとは対照的に、犬の「ワンワン」も車の「ブーブー」も、実際に聞こえている音の細かな違いに注意を払わない、様式化した音声になっています。本当は「ブーブー」ではなく、「ブギューン、ブギューン」あるいは「ブジーン、ブジーン」でもいいのです。しかし、幼児とその養育者とのあいだでは、そのおもちゃの車は「ブーブー」ですし、どんなときも「ブーブー」で通用し、共有できているのです。

この様式化ということは、視覚の領域でもおこっています。遠くにあるプーさんを母親が幼児に手渡してあげるとき、プーさんは、いつも、2人にとって違ったふうに見えています。先の例にあった、初めて目にするおもちゃのロボットが幼児に近づいてくるとき、母親に振り向いて、対応の仕方をたずねるときと同じです。

聴覚の様式化と視覚の様式化を比べた場合、視覚の様式化より聴覚の様式化の方が確かめやすいという特徴があります。どのように聞こえているか、だした声がどのように聞こえているのか、喃語の模倣のときと同じように、運動感覚と聴覚、そして、発声にともなう情動表現との調和（連合）の仕方が、自分で確かめられるだけでなく、相手も確かめてくれているのです。言葉が分からなくても音楽はあらゆる人に伝わります。歌曲のメロディーが、人々の心に直に響き、共感をつくり上げる力強さは、聴覚の様式化による共有する力（連合して触発する力）にあるといえるでしょう。

視覚を模写する擬態語には、「キラキラ、ギラギラ、ピカピカ」などが挙げられます。また、人間関係において重要な意味をもつ「眼差し」にかんする擬態語として「じろじろ、じっーと、きょろきょろ、まじまじ、ちらちら、ぼんやり」などが挙げられます。

これら擬態語も、擬声語のときと同じように、すでに擬態語として様式化されて表現され、共感されています。人によっては、他の人を何の遠慮もなく「じろじろ」眺め尽くすような人も入れば、本当は関心があるくせにわざと関心がないように「ちらっと」眺めるような人もいます。日本語が分かれば、「遠慮もなく」という説明がなくても「じろじろ」というだけでその人の態度を理解できますし、「関心がないように」という説明がなくても「ちらっ」ということで、その人の態度が推測できます。

他方、この様式化で鮮明になってくることは、現実の眼差しの多様性は、幼児期に経験される対人関係における現実の情動的コミュニケーションによって深くて強い影響を受けているということです。上司や同僚の眼差しに、両親や兄弟、幼友達、学校の先生の表情や眼差しが、意図せずに同じように「見えてしまっていて」も決して不思議ではありません。なぜなら、幼児期に形成された情動的コミュニケーションの生じ方は、いつまでも身体記憶に残り続けているからです。

ここで大切なことは、現実に身体記憶として残っている「対人関係」にかかわる態度のとり方は、様式化された「じろじろ、きょろきょろ、ちらっ」という擬態語による感じ方のままでは、その態度の現実には届かないということです。擬態語で共有されているその態度の内実、つまり、どんなふうに「じろじろ」だったのか、どんなふうに「ちらっ」とだったのかは、その本当の感じ方に立ち戻ることで、その態度の現実がありありと思いだされます。ありのままに与えられていた「対面する人の眼差し」と「その眼差しに向けて生きていた自分」を改めて体験し直すことで、初めてそれが見えてくるといえるのです。

第9章 情動的コミュニケーションと言語的コミュニケーション

1　数えることを学ぶこと─数値で計る世界の成立

幼児は、小学校に入る前から、その生活のさまざまな機会に、数えることを学んでいくことになります。親に手を引かれ、一緒に数えながら階段をあがるとか、お風呂にはいって10まで数えるとか、兄弟でおやつを一つ二つと数えながら公平に分け合うとか、ラジオ体操で、「1、2、3、4、…」と数えながら動作をくりかえすなどをしながら、次第に数えることが身についていきます。

数えるときに大事なことは、そもそも「何を数えるのか」分かっているということです。おやつにお饅頭とお団子が10個ずつあるとして全部で20個です。この20という数は、お菓子の総数です。そして、お饅頭が10個、お団子が10個と区別されています。子供が10人いたら、1人2個ずつ分けてもらえます。この数える物や出来事が何であるかという、数える対象を決めることは、数えることの前提です。「何であるか」の知覚と判断が決まってないと、数えることはできません。骨董品の場合も同様、本物か偽物か専門家の判断をとおして初めて、物の値段（数値としての金額）が決まります。

それとともに、値段がつくものと、お金では買えないものの区別がついてくることになります。

自分の「プーさん」や「ブーブー」は、初めて手にしてから、それまで遊んだ経験とその記憶がしっかり沁み込んでいて、他のクマのおもちゃがどんなに可愛かったり、他の車がどんなにかっこ良くみえても、「プーさん」と「ブーブー」を他のおもちゃと取り替えることはできません。意味づけと価値づけをとおしてでき上がってきている自分の周りの世界と、そのかかわりの歴史と記憶は、たんなる「物」としての値段や数値で計測できるものではないからです。思い出に値段はつけられないのです。

数を学ぶようになった子供に、数で限界を決められない無限に広がる空間や時間の問いが迫ってくることがあります。宇宙の広がりは限界づけられません。宇宙が始まったとされる138億年より以前の時間を問うこともできるのです。学校で円周率（π）を学び、数で表せば、3・14159…というように少数が無限に続くことに関連して、無限小とか無限大ということに何ともいいがたい数の不思議さに驚くかもしれません。

時間の意味（「過去や現在や未来」という意味）と数値の関係については、これまで十分に述べていますので、ここで、空間の意味（左右、前後、内外、上下などの意味）と数値の関係について述べておきましょう。

数を覚えるようになった幼児は、当然、自分と他人の身体の区別はついています。そして、自分にとっての「右と左」は、自分と向かい合っている人にとっては逆に「左と右」であり、空間の意味は、それぞれの個人の身体の中心を基準にして決まっていることにも気づきます。

したがって、どこにも身体の中心が位置づけられることのない、空の入れ物のように、その広がりが計測される客観的空間そのものには「左右」「上下」といった空間の意味は見つからないのです。ちょうど計測される客観的時間がそれ自体には何の意味もないのと同じです。同時金メダルの例のように、実際には厳密に同時ということはあり得ません。それを同時としたの審判団の主観でした。審判団が、同時と意味づけたから同時とされたのです。空間も同様です。数値で表現される距離や間隔そのものにはじつは何の意味もありません。昔の人は、身体の一部の長さ（たとえば手のひらの長さ）で、ものを測る単位として決めていました。それも、人間が生きる身体を基準に空間に意味を与え、価値を与えたということです。人と人とのあいだの、それぞれの場所に生活する人々による意味づけや価値づけによって、数値の意味と価値が理解され、そこで初めて意味と価値をもつことになるのです。

2　コミュニケーションの観点からする「いじめ」

第2章でとりあげた「いじめ」を情動的コミュニケーションと言語的コミュニケーションとの関係において考えてみましょう。このとき、運動や芸術の科目を除いた学力の向上は、もっぱら言語的コミュニケーション能力に方向づけられていますが、その言語的コミュニケーション能力を下支えする情動的コミュニケーションの土台としての役割の重要性がより一層明らかになります。

言語的コミュニケーションの能力とは、本来、自分の感じや思いを言葉にできることです。相手にその言葉がどのように受け取られるのか、言葉のやりとりをとおして、相手の感じや思いが理解できることを意味します。現にいじめがおこっているとき大切なことは、教師がどのように、生徒同士のあいだで自己表現と理解の能力が育ってくるかを、生徒一人一人の能力にそくして、見守ることができるかどうかです。

情動的コミュニケーションと言語的コミュニケーションとの関係を考えるさい、重要な視点となるのは、いじめの一種である「無視」です。そのいじめを受ける生徒がいじめるグループに属する生徒に話しかけても「無視」され、その生徒が話しかけられないだけでなく、そもそもその生徒の存在がまるで「いないもの」のように無視されるのです。しかし、この無視は、じつは、言語的コミュニケーションの段階で生じていることではありません。

このとき、無視がどうしていじめになるのかといえば、その生徒と無視する生徒たちのあいだにすでにできあがっている情動的なかかわり合いが、いじめる側によってあえて拒絶されているからです。そこにその生徒が居合わせていることは、すでに感じられています。お互いにその場に居合わせていること自体は、「無視する側も無視される側も」分かりきっているのです。

無視される生徒は、「自分が居ること」は分かっているのに相手が無視していることを実感しています。まるで自分が無視するかのように、その無視するという行為の意味を直接感じているのです。同時に、「無視されることがつらい」と無視する側にも感じられるからこそ、無視がいじめになるのです。ですから「無視」は、言語的コミュニケーション以前の情動的コミュニケーションの拒絶といういじめなのです。

ここでは分かりやすい事例として、学校におけるいじめの問題をとりあげましたが、職場においても、同様なことは、いつでもどこでもおこりえます。過度な売り上げ主義によって上から押し付けられたノルマをこなすことが第一義的な目的とされる職場では、その数字を達成できない者は居たたまれない状況に追いやられます。そういう職場では、情動的コミュニケーションという、言葉で表現されないプレッシャーによって、常にノルマを達成するよう要求されています。言葉にされていなくても、みんなそれを感じて汲々としているのです。

そのときに、なぜその数字が達成できないのかを言葉にする、あるいは、その数字を達成するには、それぞれが何をどうすればよいのかを真剣に話し合う場があれば、その対策を立てることができます。情動的コミュニケーションを「無視のいじめ」のように、プレッシャーの道具として使うのであれば、「何」が問題であるが共有されるはずもないのです。

3　自分の「感じと思い」を自分の言葉にすること

この自分の思いを言葉にすることは、言語的コミュニケーション能力の養成にとってもっとも重要なことです。このとき、金森俊朗[*25]の指摘する「自分の気持ちを綴る」練習は、興味深い示唆を与えています。金森は、この練習のために、次のような文章の書きだしを提案します。生徒に「今、私が気になっていること」とか「ちょっぴり困ったり悲しかったりしていることがあるんだ」とか、あるいは、「いいにくいこと恥ずかしいことなんだけどやっぱりいってみる」というように、書きだしやすい文章を与えて、「ドラマ風に書く」練習を促すのです。

このとき、書きやすい文章が初めに与えられるということに、大きな意味があります。この書きだしが、生徒を書きやすい気持ちにさせるのは、「気になっている」とか、「困ったり、悲しい」あ

＊25　金森俊朗『いのちの教科書』角川文庫２００７年参照。

るいは、「恥ずかしい」といった気持ちの表現が、呼び水になって、生徒の情動的コミュニケーションの世界に注意を向けやすくするからです。

しかも、生徒にとって学校生活で中心になるのは、友達とか、仲間とか、他の生徒たちとの気持ちの上でのつながりですし、そのことはいつも「気になっている」ことです。ところが、その情動的つながりが、とても大事であるにもかかわらず、それに対応することだけで毎日が過ぎていき、あえて、そこで何を感じてどう思ったかを言葉にし、「書くことをとおして対象化し、自覚したり伝えたりすること」は行われていません。書くことをとおしての客観化と自覚とは、まさに、自分の心の生活を内省してみる試みであり、「自分が生きることの自覚」という現象学の始まりを意味するのです。

ここで「書きやすい短い文章」を呼び水にするのは、感じていることを引きだすためです。現に感じていることが山のようにあるのに、それが自覚されないのはどうしてでしょうか。それは、感情に対して感情で即応することに終始しているからです。感情に対して言葉で対応していると自分では思っていても、じつは、相手の感情に対しての感情による対応が、言語表現に先立っていることを自覚できていないだけなのです。本当は、好きか嫌いかで対応していて、言葉はその表面をかたどっているだけで、どんな言葉でも構わないのです。

改めて考えてみたいのは、自分の「感情、認識、意志」を言葉をとおして書くことが、どうしてそれらの「客観化と自覚」に結びつくことになるのか、という論点です。そのとき役立つのは、先に述べられた「ドラマ風に」書いてみるという工夫です。自分が「気になった」り、「困った、悲しかった」状況を振り返り、状況全体の文脈のなかで生じた自分の気持ちを振り返ることが容易になるからです。つまり、そうすることで、どのような状況でそのような気持ちをもったのか、自分の心の活動を、状況全体のなかで、外から客観的に眺めることにつながるのです。ここでは、第4章で「口喧嘩の後の反省」の例で示された「判断を一時停止してカッコに入れる」という現象学の方法が役立ちます。これは学校生活だけではなく、社会人として働くようになっても、おこったことや、自分が何をどう感じたかをメモに残すことで実践することができるのです。

第10章

現象学の描く人間関係の三層構造

「はじめに」と第2章で、日本人に特有な人間関係が森有正の言葉を借りて「あなたーあなた関係」として説明されました。この第1部の最終章では、この日本人に特有とされる人間関係とこれまで現象学にそくして明らかされてきた人間関係の成り立ちについての説明とが、どのような関係にあるのか考えてみたいと思います。それをとおして、これまでの現象学による人間関係の説明が、人間関係の三層構造としてまとめられます。

最初に、日本社会の人間関係の特質である「あなたーあなた関係」について振り返ってみましょう。これまで述べてきたように、赤ちゃんとして生まれ、学校生活をへて、社会で生きていこうとするとき、第2章で批判的に言及されたように、「私とは、じつは、あなたからみた（あなたにふさわしい）〝あなた〟でしかない」という「あなたーあなた関係」として描かれています。それは、通常は「親子」とか、「夫婦」とか、「上司と部下」といった「役割関係」として描かれるのです。

この第1部で現象学が明らかにしようとしてしてきたのは、人間の役割関係としての人間関係に限られません。「人が人と共に生きるという人間関係の本質はどこにあるのか」という問いに対する解決の方向が求められているのです。それはまさに、家庭での夫婦としての役割、親子としての役割、会社での上司としての役割などの、どちら立たずの板挟みになり、「本当の私」はどこにいるのか分からなくなったあなたに示される解決の方向であり、会社の人間関係に苦悩する毎日のなかで、「本当の自分とは何か」「何のために生きているのか」といった問いに直面したあなたにとっての解決の方向なのでした。

1 「我―汝関係」と「我―それ関係」

現象学と同様、この問いに正面から向き合ってはっきりした答えを与えたのが、対話哲学の代表者であるマルチン・ブーバーです。ブーバーは、1923年に出版された『我と汝（Ich und Du）』[*26]という書物で、人間が生きる態度を、大きく二つに分けました。一つは、世界に対して我を忘れて「汝（Du）」に向かうようなひた向きな態度と、もう一つは世界に対して距離をもって観察するように「それ（Es）」に向かう態度です。

「汝」に向かうかかわり方は「我―汝関係」と呼ばれ、「それ」に向かうかかわり方は「我―それ関係」と呼ばれます。そして、結論を先取りすれば、「本当の自分と本当のあなた」は、「出会い」とも呼ばれる「我―汝関係」をとおして実現し、直接体験できるとされます。

この「我―汝関係」というときの「汝」という言葉は、そのままでは日本語として聞き慣れない言葉です。「我」は、私、自分、自我という意味ですので分かりやすいですが、「汝」という言葉は、日本語として日常、使われることはめったにありません。

それに対して、この日本語で「汝」と訳されるドイツ語のDuは日常語であり、二人称、それも親しい人に向けられた呼び方です。家族内では夫婦同士、親子同士、兄弟同士、お互いをDuで呼

*26 邦訳として、みすず書房にて1967年に出版された『ブーバー著作集1 対話的原理Ⅰ』に収められた『我と汝』をお勧めします。

び合うのが基本です。学校でも子供同士はお互いDuで呼び合い、先生も小中学年の生徒をいつもDuと呼んでいます。大体15才ぐらいから、距離をもった敬称であるSieで呼び始めます。一般的には大人の二人称はSieで呼ばれ、15才ぐらいから大人の人間関係へ組み込まれることがはっきり言葉で表現されるわけです。

この通常の社会人として、お互いをSieと呼び合う人間関係のなかで、大人として知り合った人が親しくなり、友達になる場合、この家族内で使われていたDuがその人々に対して再び使われるようになり、大人同士のあいだで、我－汝（Du）関係ができあがります。それらのDuとの出会いのなかで伴侶との出会いが生じ、家庭を築き、新たな家族内でDuで呼び合うことになるのです。このDu（汝）からSie（あなた）、Sie（あなた）から再びDu（汝）への二人称の変転のなかで、幼児の自我が形成されてくるのと並行して、「それ（Es）」に代表される三人称の世界ができあがってきます。三人称によって人は、人間については「彼、彼女、彼ら、彼女ら」、事物については「これ、それ、あれ、これら、それら、あれら」と呼びます。親しく語りかけ、かかわりをもとうとする二人称に対して、三人称は距離をとって、冷ややかに観察する態度を表現することになります。このように、三人称をとおして人物や事物からなる世界に向かう態度が「我－それ関係」と呼ばれるのです。

「我－それ関係」は、このように人間だけでなく事物を含む世界への客観的なかかわり方を示しています。それと同様に、「我－汝関係」も人間に限らず、世界全体にかかわる態度を意味しています。たとえば、動物や植物などの自然だけでなく、「キリスト教の精神」とか「禅の精神」、あるいは「物事の本質」というときの精神的存在に対しても、我を忘れて「汝」としてひた向きに向かうことができるのです。

2 乳幼児期の「我―汝関係」と「間身体性」

先の「我―汝関係」の説明にあるように、「我―汝関係」は、ドイツ語のDu（汝）が幼児期にDuと呼ばれる時期の「我―汝関係」と、大人になって社会生活を営むときの言語的コミュニケーションにおいて実現する「我―汝関係」に分けて考えられます。この区別は、幼児にどのようにして「自分」という意識（自我意識）が形成されてくるのか、この自我形成期を区別の基準としています。

この自我意識の形成のプロセスは、喃語の模倣をとおして赤ちゃんにとって自覚されてくることが説明されました。フッサール現象学がはっきり示すことのできる人間関係の基礎論は、まさにこの自/他の身体の区別の成り立ちを理論づけていることに[*27]最大の特徴があるといえるのです。

そしてこのとき重要なのは、この自/他の身体の区別によって、それまで生きられていた世界とつながっている感覚の世界が、完全に消滅してしまうのではないということです。伝染泣きの例にもみられたように、自/他の区別がつく前の赤ちゃんは、「身体内部で感じる内部感覚と身体の外からくる外部感覚との区別がつかない宇宙大の広がりをもつ感覚の世界」を生きています。そして、自/他の区別がつくようになって伝染泣きをしなくなっても、その宇宙大の広がりをもつ感覚の世界は生きて働いていています。その身体感覚の世界は、自と他に区別された身体感覚の土台として意識にのぼることはありませんが、大人になってもたえず身体感覚のもっとも下部の層として存続し働

＊27 フッサールの人間関係の基礎論にかんして、山口一郎『現象学ことはじめ』の第八章「他の人の痛みを〝痛む〟こと」を参照してください。

き続けているのです。

このことが疑えない事実であることは、たとえば電車の急ブレーキで気がついたときには、自分の横に座っている子供の上半身を、椅子から落ちないように手で支えていたといった事例からも明らかです。急ブレーキのときに椅子から落ちないように無意識に姿勢を保とうとするとき、意識にのぼらない運動感覚が、隣に座っている子供の身体の動きに無意識に行き渡っているからこそ、倒れないように子供の上半身に手が動いて支えることができたのです。

このように意識にのぼることなく、自他の身体の区別以前に身体感覚の下層部に働き続けているのが、人と人の身体のあいだに共鳴している間身体的な相互のかかわり合いです。この間身体的なかかわり合いは、人間相互の関係性とも呼ぶことができます。人が共感することができるのは、身体と身体のあいだに働く無意識の基盤としてこの下層部がいつも働いているからです。これによって人と人とがそこに居合わせるだけで無意識に生じてしまうその場の雰囲気とか、なんとなく気が合うとか、合わないとかいうことが自然に生じているのであり、それが否定的に働くと、情動的に他人を排除しようとする「いじめ」の原因になったりもするのです。

ここで、自分と他人の身体の区別がなされ、意識的に相手にかかわる能動的綜合の世界（上層部）と、自分の意識にのぼらない下層部において自／他の身体のあいだに行き渡っている受動的綜合の共感の世界とが、「相互基づけ」の関係において働いている人間関係の二重構造があらためて示されることになります。48ページの図3にあるように、下層部が情動的コミュニケーションの領域で、上層部が言語的コミュニケーションの領域に対応することになるのです。

この下層部と上層部は、子供が成長し、教育を受け、社会人になっても、それぞれが発展していきます。下層部は情動的コミュニケーションの無意識の共感能力としてさらに強く豊かに発展してゆき、上層部も言語的コミュニケーション能力として、学問研究や外国語の習得などをとおして異文化理解にさえも発展しうる可能性に開かれているのです。

3 言語的コミュニケーションにおける「我－それ関係」

この上層部の言語的コミュニケーションの領域では、能動的志向性の意味づけと価値づけによる多くのことがすでに前提にされています。また、この言語的コミュニケーションの領域には、直接、言葉と結びつくことのないスポーツや芸術など身体技能も属しています。知識の獲得と並行して、子供の頃からのクラブ活動などをとおして、スポーツや芸術活動の能力が発展しうるのです。この言語的コミュニケーションの領域における学問や芸術および身体技能の発展は、「汝（Du）」である二人称の親称ではなく、少し距離をおいた「あなた（Sie）」と呼び合う人間関係においてなされます。客観的評価（テストの成績や仕事の成果など）によって判断される言語的コミュニケーション能力が問われることになるのです。

この客観的評価をとおしての人と人とのかかわりは「我－それ関係」です。この我－それ関係の「それ」は、これまでの「何」と「どのように」という二つの問いの「何」に属しているといえます。ですから「～とは何か」という問いに属するすべての問いは、「それ」に含まれます。すなわち、「人間とは何か」、「自由と責任とは何か」、「日本人とは、日本文化とは何か」といった学問の研究対象や文化活動の活動内容はすべて「それ」に含まれると考えられるのです。

4 「我－それ関係」のただなかで実現する大人の「我－汝関係」

職場の人間関係は、通常、能動的志向性による言語的コミュニケーションをとおして成立しています。ですから、職場において、理想的には、各自がそれぞれ我を忘れ、無心になって仕事に専心できるということは、いわば言語的コミュニケーションによる我－それ関係のただなかで、我を忘れた我－汝関係が実現すること意味します。しかし、客観的評価（周りから良い評価を得たいとか、給料が上がるとか、昇格したいとか）を求める自我の関心にそくした我－それ関係のただなかで、無心の我－汝関係が実現することは容易なことではありません。

このときの困難さは、たとえば、『弓と禅』[*28]という著作で著名なドイツ人哲学者のオイゲン・ヘリゲル（1884-1955）[*29]の弓の修行の場面によく表れています。ヘリゲルは、修行の途上、どうしても弓につがえた矢を呼吸に集中したままで放つことができなかったとき、師である阿波範士から「赤子の手のように自然に手を開け」と指導されました。

それまで、ヘリゲルは阿波範士の指導により、何も考えずに吐く息と吸う息にだけ集中する練習を繰り返し、「自分が呼吸しているのか、呼吸によって自分が〝呼吸されている〟のか」分からなくなるほど、呼吸と一つになる体験を重ねていました。しかし、呼吸に集中したまま矢を手に弓を張っていると、「もう張っていられない」と感じられたり、「いつ放てばよいのか」といった疑念が生じたりします。

＊28　オイゲン・ヘリゲル『弓と禅』、稲富栄次郎訳、福村出版、1981年参照。

＊29　オイゲン・ヘリゲル、Eugen Herrigel（1884-1955）は、新カント派の哲学者として1924年東北大学に客員教授として招聘され、1929年まで哲学の授業を担当しました。この間、「弓禅一致」を提唱していた阿波研造のもとで弓を学び、五段を習得しました。この間の体験を描いているのが『弓と禅』です。

そして、そう感じたとたんに、きまって、呼吸の乱れがヘリゲルを襲い、腕に力が入ったり、姿勢が崩れて、無心のままに矢を放つことができません。「赤子のように手を開け」という言葉は、そのような行き詰りをみせるヘリゲルへの答えでした。

その阿波範士の答えに対して、ヘリゲルは、正直に「自分はもう大人であり、的を狙っているのはこの私であり、弓を張っているのもこの私です。この私を忘れることはできません」と答えたとされています。大人の自分が、自我（私）の意識を否定して、実際に赤ちゃんに戻ると想像したところで、そんなことはできないというのです。

その後、ヘリゲルは、阿波範士が直接示す「無心の弓」に接し、深い確信に突き動かされ、あらためて呼吸への集中だけを繰り返す練習にあけくれることになりました。そして、ある日、「自分が的を射ているのか、的に自分が射られているのか」分からなくなるばかりでなく、分けてみようとも思わない、無心の弓が実現することになりました。このとき、ヘリゲルは、自分という中心（自己意識）から解放され、まさに「赤子の手」のように、弓を放つことができたのです。これはまさに、自我の形成以前の赤ちゃんの我－汝関係が、いつも「私」がそこにいる自我の関心から解放された、大人になってからの我－汝関係として再現したということができるのです。*30

このことを職場の仕事に関係づけていえば、職位を忘れ、自分の損得を忘れ、我を忘れて仕事そのものに成りきる無心においてしか、「生きる意味」につながる「生き甲斐としての仕事」は実現できないということです。そういう仕事でなければ「本当の自分と本当のあなた」の実現に結びつかないともいえます。*31 このように仕事においてそれだけに集中することで無心が実現する状態を、

*30　この「無心の弓」が実現するまでの経過についての現象学的分析は山口一郎『文化を生きる身体』知泉書館2004年100頁から109頁までを参照。

*31　グループ全体が無心になって共創する仕事が成立することについて、前川正雄・野中郁次郎『前川はなぜ跳ぶのか』178頁および次頁を参照。

社会心理学者のチクセントミハイは「フロー（流れる）体験[*32]」と呼んでいます。となれば、ここで問われてくるのは、お互いに無心になって仕事に集中できる職場、すなわちフロー体験が実現する「共創する職場」ができるための条件は何か[*33]、ということになります。

では、職場において、はたして「仕事に没頭すること」が本当に職場における「我－汝関係」の実現といえるのでしょうか。だとすれば、見方を変えれば、これほど労働者を雇う経営者にとって都合の良い話はありません。しかし、当然ではありますが、「好きな仕事に没頭できること」と「仕事に追われて仕事漬にされる」こととは雲泥の差があります。それだからこそ、労働法があって労働者の権利の擁護が要求されるのです。単純労働による長時間労働や、管理職という職位を与えることで「仕事しか考えられなくなり」過労死に追いやることなどは、無心で仕事が実現するフローの場合とは正反対の関係にあります。「仕事の虫」とか、「仕事中毒」とか、「仕事と心中」というい方で表現されることが、そのまま「無心になって働く我－汝関係」の実現に結びついているわけではないのです。

ここで職場で「我－汝関係」が実現されるための条件について考えたいのですが、その前にM・ポランニーの「暗黙知」と野中郁次郎の「SECIモデル」について言及し、この条件がより厳密で的確な原理的考察をとおして論述できるよう試みるつもりです。

5 暗黙知と形式知

ここで、マイケル・ポランニー（1891－1976）の「暗黙知 tacit kowledge[*34]」の見解を導

*32 M・チクセントミハイ『フロー体験 喜びの現象学』世界思想社1996年参照。

*33 M・チクセントミハイ『クリエイティビティ』世界思想社2016年参照。

*34 M・ポランニー『暗黙知の次元』ちくま学芸文庫邦訳2003年参照。

入するのは、この暗黙知が、成人における、我－それ関係のただなかで実現されうる「我－汝関係」に類似しており、両者を対比させることで、より的確な人間関係の理解につながるからです。

ポランニーは、暗黙知という用語で、「私たちは言葉にできるより多くのことを知ることができる」ことを表現しようとしています。その暗黙知の例として、今まで数えきれない人々の顔を実際に目にしていながら、その顔のなかから特定の知人の顔を見分ける能力であったり、弟子が師匠の身体技能を見て習得する場合に働く能力などを挙げています。たとえば、木工技能である鉋（かんな）の掛け方を習得しようとする場合、師が鉋がけをしている姿をしっかり見つめ、どこにどのように力をいれて、道具をどのように使っているのかを習得しようとします。このとき、弟子は師匠の手になり、足になり、身体全体になれるよう、師匠の身体に「棲み込む dwell in」能力を発揮できなければなりません。師匠の身体そのものになろうとするとき、暗黙知の能力が働いているとされるのです。

ここでポランニーの「暗黙知と形式知の関係」と、これまでの現象学による人間関係の解明とを対応づけることで、次のような興味深い論点が明らかになります。[*35]

まず第一に、ポランニーの挙げた「鉋（かんな）かけ」という暗黙知（身体技能）の伝達は、当然、大人の我－汝関係において我－それ関係をとおして実現しています。このとき、注意すべきは、ポランニーの棲み込み（内在化）という用語は、その暗黙知の働き方そのものの解明には至っていないことです。というのも、棲み込み（内在化）の理論は、どうしてその棲み込みが可能になるかについて、積極的な解明がなされていないからです。

＊35　暗黙知とフッサールの受動的綜合の概念の詳細な対比的考察にかんして、山口一郎『発生の起源と目的』知泉書館２０１８年第II部第三章「暗黙知と受動的綜合」を参照。

次に、身体技能である「鉋（かんな）かけ」やヘリゲルの「無心で射られる弓」といった暗黙知の伝承が実現するとき、大人の言語的コミュニケーション（我ーそれ関係）のただなかで「我ー汝関係」が実現するといえます。そして、このとき「我ー汝関係」としての暗黙知の伝承が可能になるその理論的根拠の中核は、「我ーそれ関係」において働いている「鉋かけを習得したい」とか、「的に矢を的中させたい」とかいった、自分の関心から完全に解放されることにあります。まるで自我が形成される以前の、無心に動く赤ちゃんの身体の動きがふたたび実現しているかのようだ、といえるのです。このとき、指摘せねばならないのは、ポランニーにおいては、この「無心」や「無我」が明確になっていないということです。

とはいえ、上記のポランニーの「暗黙知の次元」の指摘は、すべてが機械論的な自然法則に基づくとする世界観を克服する新たな知の次元を示すことになり、学問研究の方法論や知識論の領域に大きな影響を与えました。しかし、第1部で説明したフッサールの受動的綜合の分析のような、暗黙知の内実にまで踏み込んだ理論化には至っていないのです。

6　SECIモデルにおける暗黙知と形式知の相互作用

経営学の領域において、この暗黙知の見解を積極的に受容し、独自の「知識創造経営論」を展開したのが、経営学者の野中郁次郎です。[*36]

議論の詳細は、第3部で具体的な企業経営の現実に照らし合わせた対談で展開されますが、ここで野中の暗黙知と形式知との相互関係をとおしたSECIモデル（組織的知識創造スパイラルモ

*36　野中郁次郎・竹内弘高『知識創造企業』東洋経済社1996年を参照。なお現象学と経営学との共創的研究として、野中郁次郎・山口一郎『直観の経営　共感の哲学で読み解く動態経営論』KADOKAWA 2019年を参照。

デル）の概略を、現象学の人間関係論と対応づけてみたいと思います（図5参照）。

（1）野中のポランニーの暗黙知の見解に対する独自性の第一は、暗黙知の伝授のされ方を、共同化（Socialization）のプロセスとして明確化していることにあります。そのさい、野中は共同化によって、フッサールの「受動的綜合」やメルロ＝ポンティの「間身体性」に言及しつつ、感情移入や共感の働きとして理論化しました。

（2）「我－それ関係」をへて初めて成立しうる大人の「我－汝関係」に関連して、野中の述べる、暗黙知が形式知化するプロセスとしての「表出化Externalization」が指摘されます。この表出化のプロセスは、ポランニーには見られなかった野中に独自な観点であり、それにより、人間の暗黙知として働く身体技能を、形式知化をとおして自動機械の機能に変換する具体的な道筋が描かれることになり

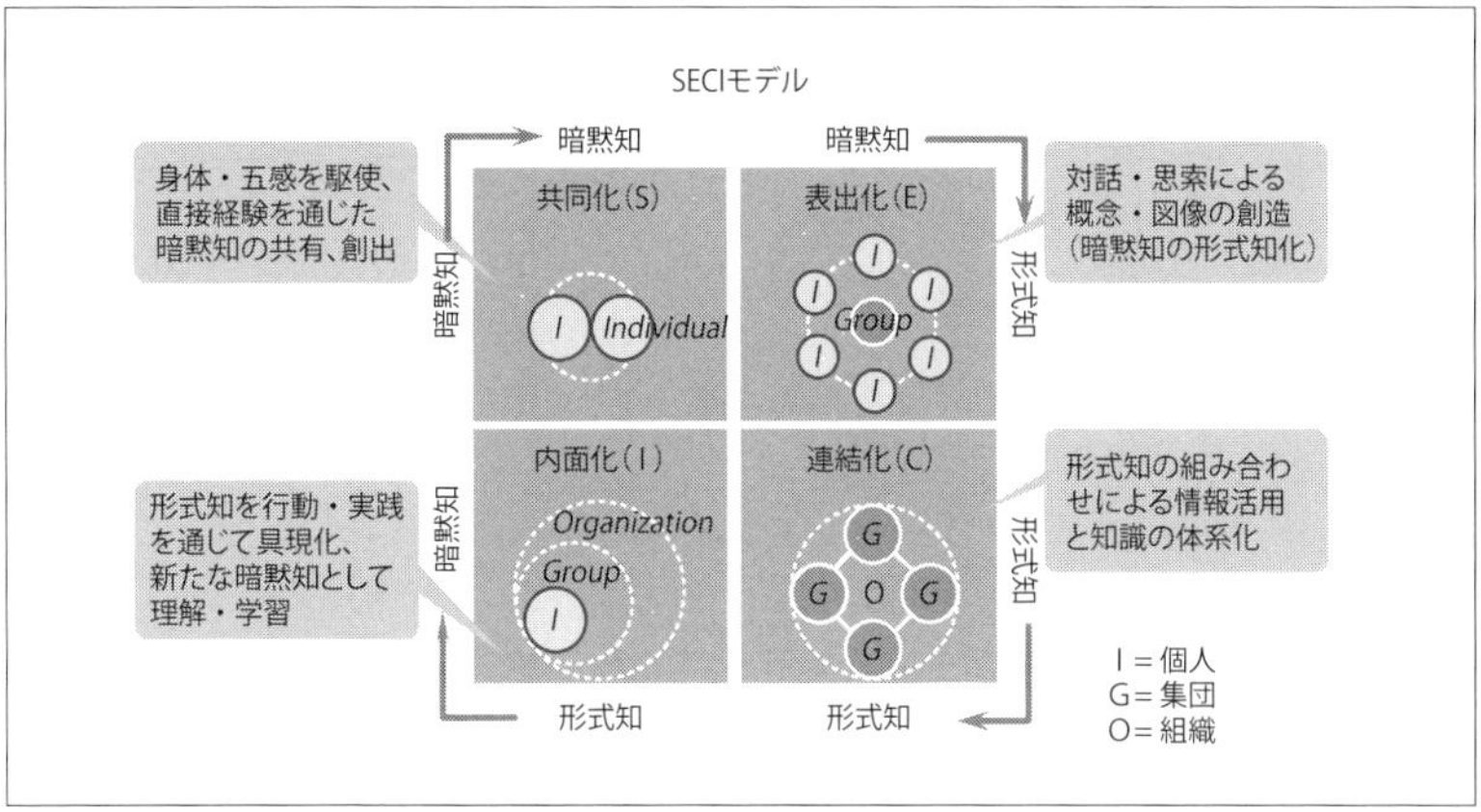

図5／SECIモデル（出典：野中・山口（2019）217頁 図18から引用）

ます。この暗黙知を形式知化する努力は、私たちの身体にかかわる諸経験の成り立ちを言葉にしようとする現象学の解明の営みそのものに通じており、職場における創造性にとって、もっとも重要でもっとも困難な局面であるといえるでしょう。

（3）ある特定の暗黙知は、さまざまな観点から形式知化されることで、諸理論が複数成立することになります。このとき、それらの諸理論間の組み合わせ、ないし連結によって初めてその暗黙知の全体に対応しうる体系的形式知が構築できることになります。このプロセスが諸形式知（理論）の形式知内部での連結化（Combination）と呼ばれます。職場での「我－汝関係」が成立するための条件の一つは、「我－それ関係」の徹底化に属するこの連結化にあるわけです。

（4）内面化（Internalization）というのは、この連結化をとおして体系化され、整合性によって一貫性をもつ完成した理論を、改めて、出発点にとった暗黙知に立ち戻り、その現実と完成した理論とを付き合わせることで、新たなより深まった暗黙知の創造へと展開することを意味します。内面化は、連結化した体系的理論が、暗黙知において隠れて働いている仕組みにたどり着くための手引きの役割を果たすことになります。

（5）このSECIモデルの暗黙知と形式知の相互関係は、この共同化と表出化、そして連結化と内面化をへて、もう一度、暗黙知の共同化へと立ち戻ってきます。そしてさらに、表出化と連結化と内面化というように、このSECIモデルは、螺旋状（スパイラルな）の運動を繰り返すことをとおして、知識創造の動的なプロセスが描かれることになります。このスパイラルな運動の目的となっているのが、現象学でいう「本質直観」の実現に他ならないのです。

7　職場で「我－汝関係」が成立するための条件

第1部の最後に、職場で「我－汝関係」が実現するためのさまざまな条件について考察しておきましょう(図6参照)。

(1) そもそも働ける職場があるということ

一人であろうと、複数の人と共にであろうと、仕事ができる場が職場と呼ばれます。というのも、一人の職人であれ、つくったものを買ってくれる人、材料を提供してくれる人といった他の人々とのつながりをとおしてしか、仕事として成り立たないからです。そして仕事をする職場が「ある」ということこそ、職場の人間関係を考えるうえでの前提です。これは当たり前のようでいて、非常に重要なことです。

さらにまた、この前提が満たされるためのさらなる条件はなにか、ということが幅広く了解される必要があります。誰しも、人間の生活環境と職場そのものの

第三段階 人格相互の交わりの領域	自他の区別の解消と自他の統合、「我－汝関係」 心身一如 真の人間の実現、真の創造性、無心における本質直観
第二段階 能動性の領域 自他の区別と距離 主客対立	能動的相互主観性、「我－それ関係」 自他の身体の区別 心身分離 知覚と判断による学問の世界（言語的コミュニケーション） 個人と社会の成立
↑	相互基づけの関係：受動性が能動性の基礎、能動性の受動性への転化 ↓
第一段階 自発性（受動性）の領域 自他の融合 主客未分	受動的相互主観性（幼児期の「我－汝関係」） 宇宙的な一つの身体をいきること 感覚と衝動による情動の世界 （情動的コミュニケーション） 根源的時間化

図6／現象学の描く人間関係の三層構造

成立基盤を獲得するための努力を欠かすことはできません。それは、仕事を成り立たせるために必要な材料の調達先や顧客といった直接的なつながりだけでなく、エネルギー、地球環境問題、経済政策、外交といった様々な社会的な要素を含みます。そもそも、経済活動そのものを成り立たせる生活世界がそこにあることが、各自が無心で仕事に集中できる職場の実現のための基本的な前提条件なのです。

(2)「我ーそれ関係」に徹すること

成人における我ー汝関係の実現のためには、同時に「我ーそれ関係」を徹底することが必須となります。通常の職場で働く前提になっているのは「言語的コミュニケーション能力」です。これまでの説明にあるようにこの能力は、「我ーそれ関係」において成立しています。職場の仕事の内容は、すべてこの能動的志向性による能動的綜合としての「言語的コミュニケーション」を中心にする「我ーそれ関係」によって規定されており、「仕事に徹する」とは、仕事の内容を熟知し、とことん仕事の内容について話し合う「対話」(言語的コミュニケーション)をとおして、「何が問題解決に結びつくのか」その何が、仕事にかかわっている人々のあいだに、各自の損得勘定から解き放たれた無心の集中(我ー汝関係)において実現するのです。いい換えると、「何であるかが直観される」本質直観の方法において、その本質直観の第一段階での「事例収集」に当たって、学問、科学技術、グローバルな経済活動の土台となるエネルギー政策、金融政策、地球環境問題、経済格差等の問題の「我ーそれ関係」における徹底した形式知の収集が、我ー汝関係としての本質直観のための前提になっているといえるのです。

このことに関連して、哲学研究における「我－それ関係」の徹底さは、自然科学研究の「我－それ関係」における客観性の追求よりも次元的に高次のレベルで遂行されている、といわれねばなりません。なぜなら、自然科学研究が前提にする、計測による客観的データの収集というときの「客観性」の基盤そのものが、さらに哲学上の「我－それ関係」の問いに付されるからです。この第1部では、自然科学が依拠する、計測による客観的時間と客観的空間の意味の源泉が、発生的現象学の領域で解明されていることが示されたのです。

(3) 情動的コミュニケーションと言語的コミュニケーションとの相互基づけの重要性

三つ目の条件として挙げられるのは、人間関係の二重構造とされる情動的コミュニケーションと言語的コミュニケーションの相互基づけという現象学の提示する見解を、大人の「我－汝関係」の実現のための指針とするということです。というのも、「共感が言葉になる」の箇所で指摘されたように、言葉がどのような共感によって裏づけられているのかの配慮なしに、つまり、言語的コミュニケーションがつねに情動的コミュニケーションによって基づけられていることが見失われることで、言語的コミュニケーションは、現実から遊離した空回りに終わってしまい、「我－それ関係」の徹底が不可能になるからです。とはいえ、言語的コミュニケーションの働きかけなしに、そもそも子供の成長は不可能なことは明らかであるだけでなく、情動的コミュニケーションの土台が豊かに形成され、「いじめ」に表現される歪んだ偏狭な情動的かかわりの生成を阻止するためにも、言語的コミュニケーションによる「家族愛」と「人類愛」を目指す、誰もが納得し、了解しあえる理論的目的づけが必要とされます。そのさい、この第1部で紹介された現象学による人間関係の本質直観とM・ポランニーの「暗黙知」並びに野中郁次郎のSECIモデルとの密接な関連性は、無心に我を忘れた仕事への「我－汝関係」の実現についての厳密な理論化を提供しているといえるのです。

第2部
共創する職場

はじめに

第2部では、創造的な職場とは何かを考えるための材料として、4つの事例をとりあげます。これらの事例は、いわゆる成功事例としてとりあげているわけではありません。また、読者のなかには、これらの事例は自分たちの「職場」や経営の現場とはあまりにかけ離れていて、参考にならないと考える方もいるかもしれませんが、極端な事例をとりあげることで、我々が「普通」と思っていることや考えていることを、あらためて振り返るという側面もあります。現象学には、極端な例から極端な例へ、事実でも想像でもいいから、ありとあらゆる事例をたどる自由変更という考え方があります。極端から極端へ行ったり来たりするうちに、変わることのない「ものごとの普遍的本質」が自ずから明らかになるのを待つという「本質直観」の方法です。さまざまな事例の経験をとおして、ものごとの核心を掴むことができるようになるのです。

そのため、ここでとりあげる事例を読者が読む時には、想像力を大いに働かせてみてほしいと思います。どんな職場もいろいろな特徴があり、見方によっては良くも悪くも見えます。自分から見えているものが唯一正しいものかどうかは分かりません。しかし、いろいろな見方や考え方を踏まえたうえで、「やっぱりこうだろう」という一つの見方にたどり着くということはあります。

第2部では、この4つの具体的な事例について、第1部で解説した現象学の理論を通して注釈で詳しく解説するということも試みます。それぞれの事例においてとりあげられている事象を、現象学の眼鏡をかけて見たらどのように見えるかを、読者も体験できるでしょう。

具体的な事例としてとりあげるのは、次の４つです。
第１事例　顧客との場の共創－株式会社前川製作所－
第２事例　場づくりによる組織文化変革－巣鴨信用金庫－
第３事例　働くことと身体性の意味を問う－社会福祉法人こころみ学園／ココファームワイナリー－
第４事例　漁場における競争と共創－駿河湾における桜えび漁業－
第1事例の㈱前川製作所と第２事例の巣鴨信用金庫は企業の事例です。第1事例の㈱前川製作所は、1924年創業の老舗の産業用冷凍機メーカーです。同社をとりあげた理由は、(1)日本が得意としてきたモノづくり企業であること、(2)伝統的な日本企業であり合併や買収で事業統合されたことがなく、かつグローバル展開している企業であること、(3)1970年代から2007年まで小集団のネットワークによる分散型の経営（独法経営）を実践し、新製品開発などで実績をあげた企業であるからです。同社の新製品開発事例は、1980年代～2000年ごろにかけて行われたものですが、同社の市場や組織の特徴を象徴的に示す事例であり、職場における創造性を理解するための好事例だと考え、とりあげています。このような企業は、日本にはたくさんあるでしょう。また、今まで日本で開発されてきた製品やサービスの多くが、この企業と同じような道行きをたどった可能性はあります。
第2の事例である巣鴨信用金庫は、1922年創業の東京都城北部・埼玉県南部を事業区域とする非営利の金融機関です。同金庫をとりあげた理由は、(1)1990年代の金融危機の時代に多くの金融機関が破綻や事業危機に追い込まれましたが、巣鴨信用金庫は1997年の赤字決算を乗り越えて、現在も合併や事業統合をしていない金融機関の一つであること。(2)金融業に「ホスピタリティ」という概念を採り入れた先駆的な金融機関であること、(3)その「ホスピタリティ」を経営理念とする独自経営を確立するうえで、経営改革に取り組みその経営理念を企業文化として根づかせていること、などが理由です。特に赤字決算をした1997年から約10年間にわたって実施された様々な新しい施策や挑戦は、職場の大きな変化を促しましたが、それがどのように職員に受け入れられ、咀嚼され、消化されていったのかは、職場の現象学を考えるうえで示唆に富むものです。また、今日においても同金庫の取り組みは形を変えながら脈々と続いているのです。

第3の事例である社会福祉法人こころみ学園は、栃木県足利市にある1969年に設立された指定障害者支援施設です。こころみ学園では100名以上の障害をもつ人々が共同生活を行いながら、彼らが「仕事」と呼ぶ機能回復訓練としてのシイタケ栽培やブドウ栽培を行っています。一方、こころみ学園にはもう一つの顔があります。栽培したブドウをワインに加工し販売する有限会社ココ・ファーム・ワイナリーです。ココ・ファーム・ワイナリーは、学園の考え方に賛同する家族ら有志の出資により設立された企業で、そこで生産されたワインは2000年に九州・沖縄サミットで、2008年には北海道洞爺湖サミットで使われました。今も日本の航空会社の国際線でふるまわれたり、多くの人に愛される国産のワインです。ワイン生産者としては、大手企業に次ぐ規模を誇っています。本事例をとりあげたのは、彼らがシイタケやブドウを栽培することも、ワイン製造に携わることも、そこで生活する人々にとってはまさに「仕事」であり、その場はまさに「職場」であるからです。知的な障害をもつ人々には「仕事」ができないと思われていますが、彼らはまさに身体をつかって「仕事」をし、シイタケを育て、ブドウを育てているのです。そこは「働くこと」とは何かを我々に考えさせ、教えてくれる職場でもあります。売上や利益、投資家、費用対効果、生産性、さらには働く人の人事評価といった企業で当たり前に行われている要素が「ない」働く場においておきていることを理解することは、我々が仕事とは何か、職場とは何か、を理解するうえで助けになるでしょう。

第4の事例は、駿河湾の桜えび漁の事例です。春の風物詩である桜えび漁は日本では駿河湾だけで商業的な漁が認められています。深さ200メートル以上の深海に生息する桜えびは、夜になると餌であるプランクトンをもとめて50メートルくらいまで浮上してくるのですが、それを二隻の船がペアになって網をかけ曳くのが桜えび漁です。現在は、120隻の船が桜えび漁に携わっています。桜えび漁のもう一つの特徴は、全水揚げ高を一定のルールにしたがって均等配分するプール制という仕組みにあります。1960年代の田子ノ浦のヘドロ公害をきっかけに、漁業者自らが考えて実践してきたプール制というシステムは、国際的にも認められた資源管理型漁業の優等生といわれています。そこでは、少しでもたくさん曳きたいという漁師気質と、獲りすぎると資源が枯渇する危険性があり、かつ値崩れをおこすことを防ぎたいという相反する感情が入り混じり、漁場における競争と共創が併存しています。また、ここ数年の水揚げ高の激減に見られるように、自然環境の変化や長年にわたる獲りすぎによって、先人の漁業者たちがつくりあげた制度が時代に合わなくなっているという苦しい側面もあります。資源を維持するためにプール制は必要だったけれど、それだけでは十分ではないというジレンマに直面している事例としても、今の職場に共通する課題を抱えている興味深い事例ということができます。

　今の日本の職場全般にかんする現象学的な見方についての詳しい解釈や解説は、第3部で対談形式で行います。読者としては、第3部を先に読んで第2部の事例に戻った方が分かりやすい場合もあるでしょう。第2部と第3部を行ったり来たりしながら、自らの職場にも照らしてみると、より「職場の現象学」がはっきりと見えてくることと思います。

第1章 顧客との場の共創 ――株式会社前川製作所[*1]――

1 前川製作所の概要と技術の特徴

前川製作所（以下、マエカワ）は、1924年（大正13年）に創業した産業用冷凍機の製造販売ならびにプラントエンジニアリングを行う企業である。国内外に事業所や生産拠点を展開しており、2018年12月現在、従業員数4、665名、売上高は1、526億円となっている。[*2]

その技術と製品のバリエーションは、冷凍機を中心に据えながら、そこから派生する分野に年々拡張されてきた。マエカワの技術的特徴は、熱エネルギーを利用してモノを冷やしたり温めたりする技術を使って、様々なシステムを構築しプラントエンジニアリングを行うところにある。それをマエカワでは、「熱の総合エンジニアリング」と表現している。つまり、冷凍機の製造やメンテナンスを行うメーカーであると同時に、生産ラインやユーティリティの最適化などシステムの設計・施工まで手がけるところに特徴がある（写真1参照）。

2 市場の特徴

マエカワの生産している製品群は、生産財（産業財）である。生産財とは、一般消費者向けに開

*1　本事例は1980年代から2007年まで続いた独法制（少人数グループを中心にした組織形態）の時代のことを記述している。マエカワでは、グローバルに広がった顧客対応の迅速化のために、2007年から独法制を廃止して3つのカンパニーに編成し直す一社化と呼ばれる組織変更が行われた。

*2　2019年現在、国内事業所58ヶ所、国内生産拠点3ヶ所、研究所1ヶ所、海外45ヶ国106事業所（生産拠点7ヶ所含む）。（前川製作所ホームページより）

発・生産される「消費財」とは異なり、企業や官公庁を対象にしたB to Bの製品やシステムを指す。冷凍機などの一般機械は、生産財のなかでも特に資本財に位置づけられ、継続的に使用され耐久年数の長い大型設備のことである。生産財市場は、受注生産の比率が高く、産業全体の設備投資や公共投資の動向など、景気や経済政策の影響を受けやすい傾向がある。

マエカワの特徴は、その製品だけではなく独自の組織観にある。同社が独法制に代表されるような小集団を組織の基本的な構成単位としてきた理由は、生産財としての製品と市場の特性に大きく依存していたと考えられる。官公庁や大学向けの実験装置や、水産会社、食品会社、漁協の冷凍設備など、いずれの場合も受注生産で個別のニーズに対応する。マエカワではこのような生産のあり方を「一品料理のモノづくり」と呼んで、標準化することの難しい製品づくりを得意としてきた。

写真1／マエカワコンプレッサー（出典：(株)前川製作所より提供）

食品市場にかんしていえば、単に食品を冷凍する冷凍庫やフリーザーだけでなく、顧客からの声に対応しながら、搬送・整列・加工・包装といった工場全体の自動化や使用エネルギーの最適化システムといった、省人化と効率化を同時に実現できる自動機械の開発を手がけてきた。

3　小集団経営の歴史

マエカワでは、1980年頃から2007年まで独立法人経営[*3]（以下、独法経営）という独自の組織形態が取られてきた。独立法人（同社では「独法（どっぽう）」と呼ばれている）の構成人数は10～20人であり、ほとんどが一般にいうプロジェクトレベルの大きさである。独法は地域や市場別にもっとも多い時で、国内で約80社、海外23社あり、その集合体が前川製作所グループを構成していた。マエカワの組織の変遷は次の5つの時期に分けて考えることができる。

(1)　町工場の時代

第1期は、創業から1950年代にかけての町工場の時代である。マエカワの本社がある東京の深川は、江戸時代から職人の町である。創業当時からしばらくのあいだは、そこで「組」によるモノづくりが行われていた。「組」とは親方を中心とした徒弟関係によって構成される職場集団のことである。気心の知れた職人たちが、一人何役もこなしながら顧客の要望を細かく聴いて仕様を決める。設計も工事も全て一つの「組」の責任で遂行される。そういう仕事の進め方がこの時期にできあがった。今日でも「マエカワでは分業で仕事をしない」という表現が使われることがある。それは、実際に分業を行わないということではなく、一つの独法においてマーケティングからアフターサービスまでを一貫して行い、技術者は開発から設計施工、更に営業も行うという基本的な理念を反映しているものである。

*3　独法は、原則として㈱前川製作所の全額出資によって設立されるが、独法化の定着に伴って、資金面で余裕のある独法が出資するというケースもあった。

(2) 部課制の時代

第2期は、1950年代から1970年頃までの部課制の時代である。高度経済成長期の食品産業の発展にともなって冷凍機に対する需要は拡大した。それと同時に、製造部や営業部などの「部」ができて組織の機能分化が進んだ。マエカワでは、工場の機械化を進めラインによる生産体制を取るようになった。技術開発の専門家が養成されるようになったのもこの頃からである。このような専門化と生産の効率化の一方で、コミュニケーションにおける縦割り組織の弊害が徐々に顕われるようになった。現場から「意思疎通がうまくいかなくて仕事がやりにくくなった」(前川製作所、1985)という声が聞かれ、クレームが発生したこともあった。

このような状況の変化のなかで、1971年に前川正雄が2代目の社長[*4]に就任した。それからまもなく社員が一同に集められ、今後の組織のあり方について意見を聞かれたという。

「役割と責任が明確で、命令系統がはっきりしているピラミッド型の組織は、メーカーの側で売りたいモノを大量生産・大量販売するような事業形態には向いていたとしても、市場が求める製品を一つずつきめ細かくつくっていくウチのようなやり方には合わない[*5]」

そこで組織を「もとに戻す」ことになった。組織を製造・営業・設計施工・アフターサービスなどの機能単位で分けるのではなく、冷凍倉庫、船舶、食品といった市場ごとのグループに分けて仕事を行う体制にしたのである。その頃、マエカワで輪読されていた本に生物学者である今西錦司の

*4 前川製作所の創業者は前川喜作である。前川正雄は1971年〜1995年まで社長を務めた。

*5 前川総合研究所、1996、24頁

『生物の世界』がある。

「環境も生物も元は一つのモノから生成発展したものであるがゆえに、生物は環境を離れては存在しえない。生物とはそれ自身で完結された独立体系ではなくて、環境をも包括したところの体系を考えることによって理解されるような存在である」（今西、1972）

この本との出会いによって、マエカワの問題意識のなかに、時代が変わるなかで環境に合わせて自らも変わっていくためにどのような組織であればよいのかという命題が組み込まれた。「もとに戻す」ということの意味は、誰もがお互いをよく知り合い、一人一人が多種多様な仕事をこなすのが自然であった町工場の精神に立ちかえるということであった。

（3）グループ制の時代

第3期は、1971年から80年までのグループ制の時代である。市場との緊密な関係性を再び構築するために、小集団によって顧客ごと・市場ごとに構成される機動的な組織の枠組みが設定された。営業から設計施工・アフターサービスまで一貫して行うグループ制である。グループ制の時代には、各グループごとにユーザーの新しいニーズの発掘が行われるようになった。一つのグループでは対応しきれない案件の場合は、社内から適材を集めプロジェクトで対応した。しかし、グループはあくまでも前川製作所の部分にすぎず、仕事に対して全責任を負っているわけではなかった。全体性をもった自立と自律には距離があったのである。[*6]

*6 前川製作所社員へのインタビューより。

(4) 独法制の時代

そこでもっと徹底した市場密着を推し進めるための新しい体制が模索され、1980年に独法制がスタートした(第4期)。

「独法は、一つの集団が一つの市場に深く入っていくことを狙った組織形態なのです。その市場に要求される、マーケティングから技術、設計、工事など全部を一つのグループのなかでやっていくという考え方です。いい換えれば、一つの市場全体の情報を、一つの独法全体で取り込むということです」(清水・前川、1989)

独法制は、表面的にはそれぞれのグループが商法上の法人として登録されただけで、一般的な事業部と何ら違いはないようにも見える。しかし、実際にはマーケティングから営業、受注、設計、施工、アフターサービス、人事、経理に至るまで、一般に企業がもつ機能のすべてを、10人前後の小集団で行うことを意図していた。新しい商品の開発、そのための投資計画、人材の採用と育成、市場に対する戦略の策定、受注の決定などをそれぞれ個別の独法が自らの責任において遂行することが求められた。それまで前川製作所の部分にしかすぎなかったグループが、損益計算書と貸借対照表をもつ独立した企業となったのである。独法の自立性は最大限認められる一方で、責任を転嫁する余地は残されていなかった。経営に失敗すれば、自らの存続自体が危うくなる。社長に選任された社員のみならず、それぞれの独法の構成メンバーにも危機意識が生まれた。しかし、独法制に移行する段階では、技術力の低下や資金繰りの問題などが懸念された。そこで問題が発生するたびに、その一つ一つに対して解決策が立てられた。たとえば、「10人程度の小企業で大型物件がこなせるか」といった問題は、ブロックという新しい機能を設けて対応することになった。ブロックとはいくつかの独法の集合体である。地域ごとや市場ごとに5～10社の独法が集まり、個別の独法では対応できない事項について問題解決を図ったり、個々の独法が対応している市場の範囲を越えて大きな枠組みで市場戦略を立てたりする。

それぞれの独法が実績を積み重ねていくことで、独法間、ブロック間において、得意な技術をだし合い、足りない技術を補完し合う相互補完機能が徐々に働くようになった。受注にさいしては、本社である㈱前川製作所が元請になる形で受注し、それをいくつかの独法が分担して受けもつようにした。売上の分配も独法同士の話し合いによって決められた。資金繰りに関しては、前川製作所に銀行の機能をもたせ、独法が低金利で融資を受けられるようにした。

マエカワの独法制は、あらかじめ綿密に計画され実行されたものではなく、独法を一つ一つ立ち上げるた

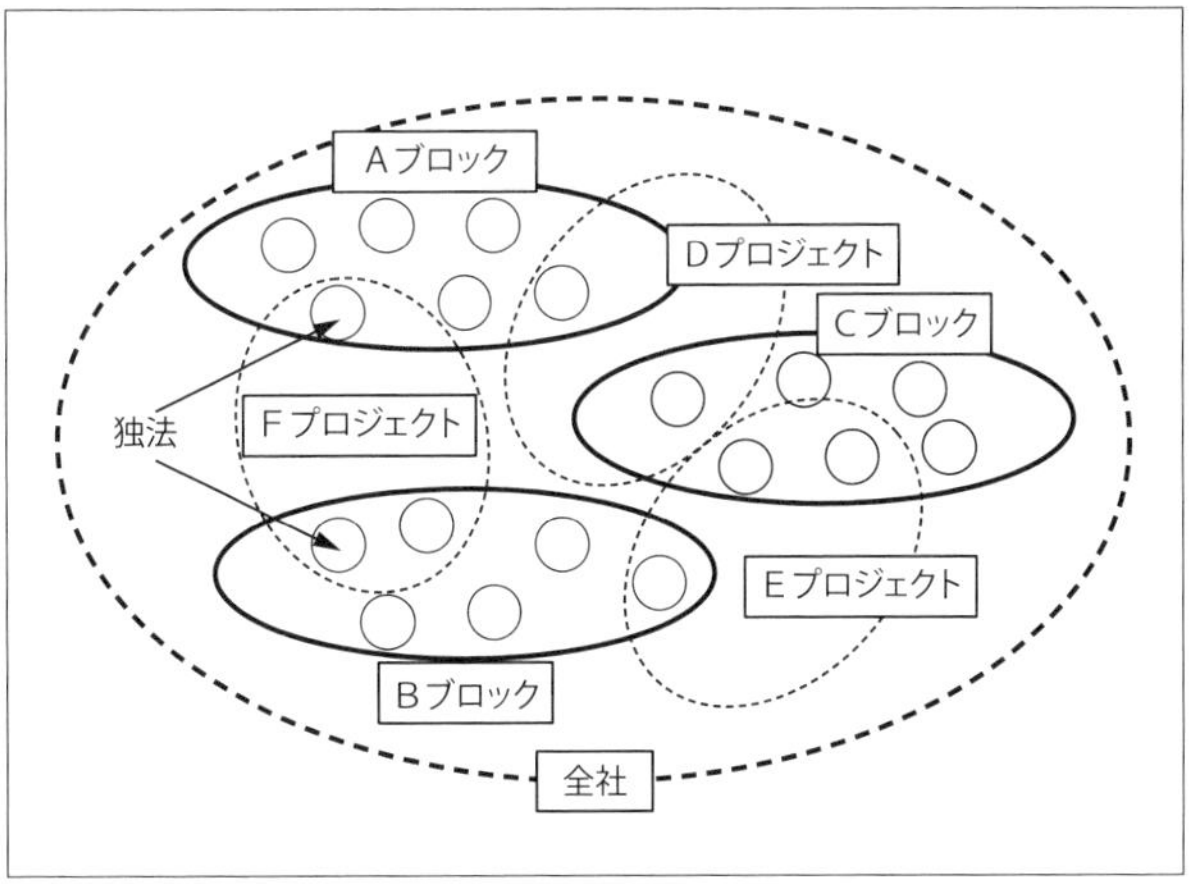

図7／独法とブロックの関係（出典：筆者作成）

びに試行錯誤を繰り返した結果、形成されたものである。そのため、スタッフと技術研究所を除いた約100の独法が立ち上がるまでに約10年の歳月がかけられた（図7参照）。

（5）集中化の時代

独法化が進められるなかで、1980年代後半からは「集中化」がいわれるようになった。マエカワにとって1970年代はまさに「分散」の時代であった。グループが独法になり自立と自律を強め市場に適した形で活き活きと活動を展開する一方で、個々の独法をたばねる機能が模索されるようになったのである。「分散と集中の融合」、「個と全体の調和」といったキーワードがだされ、ブロックの機能が強化された。もともとブロックにはマネジメントを専門に行う部門や役職はない。各独法のリーダーはプレーイングマネージャーであり、それぞれが他のメンバーと同じように担当をもって活動する。ブロックとしての方向性や戦略を決めるときは、各独法のリーダーたち（社長や役員）が集まって合議的に意志決定を行っていた。そこに「総研[*7]」という機能が追加された。マエカワにおける「総研」の機能は、各独法では対応できない新市場の開拓や大型開発などを推進する部隊であり、主に独法のリーダー経験者が集められた。更に、それぞれの独法が自律分散的に行動しながら、マエカワ全体の総合力を結集することが意図され、「製販技一体化」という言葉が盛んに使われるようになった。その結果、独法同士、ブロック同士、ブロックと技術研究所などの交流が共同受注や共同開発の形で意識的に促進されるようになっていった。

＊7　「総研」には一般に使われる「総合研究所」という意味はない。

4　社内における共創の場─企業化計画─

(1) 企業化計画の経緯

マエカワで、「企業化計画」という言葉が使われるようになったのは、グループ制がスタートしてしばらく経った昭和50年代初頭(1975年頃)からである。「企業化計画」とは、「企業人」を前提とした言葉である。「企業人」とは、自ら計画し実行していく意思決定主体のことであり、まさに「独法」を担う人材のあるべき姿であった。

グループ制から独法制に移行するとき、マエカワ内部では企業化のためのミーティングが1年以上かけて何10回も行われた。手本にするテキストやマニュアルなどは全くなかった。社長の前川(当時)も加わって、「今、客は何を悩んでいるのか」、「市場はどう変わっているのか」、「自分たちのできること、やりたいことは何か」「3年後、5年後にはどんな仕事をしていたいか」、「それぞれのメンバーが特徴を活かして生き生き働くにはどうすればいいか」、「3年後、5年後になっていたいイメージを実現するには今何をすればいいか」等々の議論が、時には昼夜関係なく繰り返されたという。

(現象学による解説(1)) 第1部では、個々人の創造力が最大限に活かされうる「共創的な職場の人間関係はどう実現されうるか」が問われました。第1部第5章から第10章までで説明されたように、人間関係の土台は、人が生まれてすぐの時期から形成されます。乳幼児と養育者とのあいだの情動の動き(心地よいか、心地よくないか)が共感され合っている「情動的コミュニケーション」を土台とし、その後に獲得されてくる言葉による「言語的コミュニケーション」の相互の働きかけをとおして人間関係の土台が築かれるのです（人間関係の基本構造については第1部第3章と第10章を参照）。マエカワがグループ制から独法制へ移行するさいに、頻繁に繰り返された徹底した「話し合い」こそ、まさに「言語的コミュニケーション」による「真の対話」に他なりません。このときもっとも重要なことは、この「言語的コミュニケーション」の前提には「情動的コミュニケーション」の基盤が確固として築かれていなければならないということです。それは、自分の思いを言葉する努力であり、誰が何を話しても、その言葉で表現しようとすることを、お互いにしっかり聞き取ろうとする態度であり、さらに、お互いに納得できるまで話し合おうとする信頼関係です。この「情動的コミュニケーション」による信頼関係が確かなものであるかどうかは、たとえば、前川氏が「自分たちのやりたいことは何か」について問いかけ、メンバーが話し合うときにはっきりとしてきます。「何をやりたいのかはっきりしない」とか「できるかどうか自信がない」とか、漠然とした疑問や不安といった正直な自分の思いを口にしても、馬鹿にされたり、能力が低いと評価されることを恐れることがない。また、その疑問や不安の中身がはっきり言葉になるようお互いに助け合い、各自が本当に納得できるまで話し合うことができるかどうかは、その背景にしっかりとした信頼関係があるかどうかによるからです。

現象学は、たとえば社内の人間関係に苦悩する〈あなた〉に向けて、〈あなた自身〉にとって絶対に疑いえない「あなた自身の素直な感じと思い」を出発点に定めます。自分自身の「思い」を確かめる確実な歩みにおいて、「自分にとっての答えをだそうとする態度が身につくこと。それによって、「自分はいったい何をしたいのか」という問いが、危機的状況な状況ででてくる特別な問いではなく、自分の日常を貫く、日々を生きる態度に結びついた問いに変貌していきます。この「漠然とした思い、素直な感覚」が「生きる態度に結びついた問い」に変貌するのを手助けし、支えてくれるのが、現象学という哲学の考え方（方法論）です（現象学の方法論である「エポケー（判断の一時停止）」と「本質直観」の方法については第1部第4章の57ページ以降および62ページ以降を参照）。だからこそ、「それぞれのメンバーが特徴を活かして生き生き働くにはどうすればいいか」といった問いに対しても、他の人の見解とじっくり突き合わせて、自分なりの答えがでてくるまで話し合うことができるようになるのです。

「各個人のスキル、できること、やりたいこと、それが集まってグループ全体が、たとえばある特定の市場に対して、やろうとしていること、やりたいこと、できることを納得できるまで全員で話し合って煮詰めていき、みんなが合意したうえで実行していく。そのなかで自分の役割をしっかり果たしているだけなんだ。それはグループ制でも独法制でも同じだった」[*8]

（現象学による解説⑵　企業化計画をつくるとき、「やろうとしていること」をはっきりさせることは、「いま、自分たちは何をしようとしているのか」を客観的に評価することに他なりません。「やりたいこと」とは、自分たちの希望であり、夢であり、欲求を自覚しようとすることです。「生きて仕事をしていこうとする」ときの根本的動機の自覚に他なりません。ここで「できること」とは、主観的動機と客観的評価とを突き合わせ、何が実践可能であるか、考えつくすことを意味します。しかもそれを「全員が納得できるまで話し合う」ということは、その仕事に関与する人々のあいだから生じてくるはかり知れない創造の源泉にお互いが居合わせることを意味します。本当の話し合いでは「自分の思いを言葉にしようとする」お互いの努力が認められ合うなかで、各自が「本当に納得できるまで」、つまり「少しでも疑わしいとか、なんとなく腑に落ちないとか」いったことがなくなるまで突き合わせ、その暗黙知に含まれたことが、誰もが完全に納得できる形式知になるまで、議論を尽くすことを意味するのです。（各自のそれまで生きてきた「情動的コミュニケーション」の歴史が告げ知らせようとする「暗黙知」の告知については、第1部第5章68ページ、第10章122ページ以降を参照してください）。

「グループ制の時、独法化する（独立法人になること）かどうかとは関係なしに、企業化計画を立てていた。企業化計画のなかには、これからの市場戦略の話も当然入る。そのなかで、みんなの

*8　注6と同じ

考えが今までのような冷蔵庫だけの仕事からもっと仕事の幅や業種の幅を広げていかなきゃいけないって一致してきて、それで食品工場などの新しい分野に入り込んでいった」[*9]

それぞれのグループにおいて、自分たちの見方で市場を捉え、独自の戦略をつくる試みが積み重ねられていった。

（2）地図を描く

企業化計画づくりの特徴は、それぞれのグループ（独法）がつくった計画をもとに、それらを結合してブロックやマエカワ全体の企業化計画につくりあげていくというプロセスそのものにある。企業化計画づくりのプロセスは、グループ制の時代から繰り返し行われてきたことで練りあげられ、1980年に独法制に移行する頃には、大体の書式ができあがっていた。企業化計画の構成は、「環境認識・固有の立場」、「企業化のイメージ」、「企業化の方向性」、「実行計画・重点課題」の4つの項目からなる。これを独法のメンバー全員の話し合いによって、A3用紙1枚にまとめる。何ページにもわたる資料をつくらないのは、多くなればなるほど誰も読まなくなるからである。独法メンバーの思いを簡潔にまとめることも重要と考えられた。企業化計画づくりに参加する過程で、各メンバーは自分のおかれた立場を認識し、独法の目標にコミットしながら自由に行動できるようになる。まさに自らつくった行動指針であり、それゆえ迷った時の「地図」になる。

各独法の企業化計画ができた段階で、今度はブロックの企業化計画づくりに入る。ブロックとは、地域や市場ごとに編成されたいくつかの独法の集合体で、基本的にはこのブロック単位で経営戦略

*9　注6と同じ

や市場戦略が形成される。ブロックの企業化計画も、基本的な形式やプロセスはグループにおけるそれと同様であり、各グループ（独法）のリーダーおよびサブリーダーを中心にして作成される。他部門の責任者やリーダー（独法社長）、社長をはじめとしたマエカワの役員らがメンバーに加わることもある。

最終的に、ブロックの企業化計画をたばねて、マエカワグループ全体の企業化計画をつくる段階では、全国からブロックの代表者数名が集まり、全国総研会議が開催される。そこでは、技術研究所やスタッフからの参加者も交えて、ブロックの企業化計画の説明とそれにかんする徹底的な討議が行われる。この場では、海外にある独法の状況や世界市場を意識したグローバルな情報が盛り込まれる。更に、ブロック相互の問題のすり合わせが行われ、市場ごとに類似した案件の情報交換や、場合によっては新しいプロジェクトの立ち上げなどが決められる。このようにして作成されたマエカワ全体の企業化計画は、冊子として一つにまとめられ全独法に共有された。

(3) 環境認識と固有の立場

企業化計画の４項目の最初にくる「環境認識・固有の立場」では、自分のおかれている市場や顧客との関係が、どのような状態にあるかを表現する。この時に、新聞や雑誌などのメディアから得られる情報だけではなく、自分たちが営業やアフターサービスで客に日々接していて感じることを、素直に表現していく。論理立てて説明することが重要なのではなく、何となく感じていることを言葉に表現することが重要である。

「顧客にしても何をやりたいかはっきりとは分かってないことが多い。でも、もう少しコストを下げたいとか、品質を安定させたいとか、うまくいえないんだけど、なんかいってる。それは、最初のうちはよく分からない。だから、こちらも何をすればいいか分からないんだけど、顧客と何回も話したり、現場を回ったりしている内に、ぼんやりと分かってくる」[*10]

マエカワの場合、同じグループに所属する複数のメンバーが、営業、設計、アフターサービスなどそれぞれの立場で、同じ顧客のところに通って、経営者、資材担当者、現場の保守管理技術者などに会う。こうすることで、違う角度から多様な視点で、その企業の問題点や要望などをつかむことができるようになる。そして、それぞれがつかんできた質的に異なる情報をもち寄って、グループ内のメンバー全員で、顧客の本当のニーズは何かについて、それぞれのメンバーが実際に現場で感じてきたことをベースに、その感覚を100%信じて、その感覚が自分たちの腑に落ちる言葉になるまで徹底的に議論するのである。

意思決定の前提として対話を重んじるマエカワでは、フェイストゥフェイスのコミュニケーションが非常に重要視されていた。常に、様々なプロジェクトの会議が行われ、全国からそのプロジェクトに関与するメンバーが頻繁に行き来する。顧客のところにも、必要とあれば遠方であってもすぐに飛んで行く。「思い立ったが吉日」とばかり縦横無尽に情報を集めに行くことが奨励された。

(4) 企業化のイメージ

「企業化のイメージ」づくりは、企業化計画において最も重要視されていたポイントである。3

*10 注6と同じ

年後、5年後といった近い将来、自分の所属する独法がどのような力を身につけ、市場に対してどのような存在になっていたいかの表現である。これも自分たちの経験にのっとった言葉で、簡潔にまとめることが要求される。「企業化のイメージ」の具体例には、次のようなものがある。

「地域拠点が行う日常のサービスを通じて、顧客の生産設備の問題点と市場の変化からくる顧客の不安を感じ取り、システムの改善やサブシステムなどの新しいシステムを、全社の総合力で提案して市場を創造していく」(サービス提案ブロックの企業化のイメージ[*11])

「社会の構造的な大きな変化によって、深い所でおきている消費市場の変化をいち早くつかみ、製販技一体となって、個々の生産、加工、流通システムを再構築し、食品の生産から消費にいたるまでのトータルシステムを世界に提供する」(食品ブロックの企業化のイメージ[*12])

(現象学による解説(3)) この「一つの地図」を独法の全員で描き、共有し合うことの意味は、企業経営にとって大変大きな意味をもちます。徹底した話し合いをとおして、全員でつくりあげた「地図」は、全員が了解した言葉で描かれており、各自が全体を描くときのプロセスに直接かかわり、その描くプロセスにおいて全体の地図のなかの「各自の果たす役割」が、同時にしっかり自覚されることになります。この作業は、第1部第10章で説明されている「我―汝関係」と「我―それ関係」のうちの「我―それ関係」を共に創りあげることを意味します。我を忘れてメンバー全員で仕事に打ち込めるためには、仕事の内容がメンバー全員にとって、一つの地図のように、しっかり共有されていなければならないのです。

*11 前川製作所グループの企業化計画より抜粋
*12 注11と同じ

これらは、ブロックでまとめられた企業化のイメージである。一つの文のなかに様々な想いを凝縮する。内容は必ずしも具体的である必要はない。その企業化計画づくりに参加したそれぞれのメンバーたちのイメージが膨らむようなものであればいい。逆に、イメージがないのに言葉だけでつくったものは企業化のイメージとはいえない。自分たちの市場における感覚とピッタリする言葉になるまで何度もつくり変えられる。

(5) 企業化の方向性

「企業化の方向性」は、環境認識を踏まえて「企業化のイメージ」を実現するために何をしていくかということを、より具体的に表現することである。先に挙げた食品ブロックの企業化の方向性からいくつか抜粋すると、

- 食品ブロックの体質強化のためにブロック全体で国際認証を取得する。
- ゼロ・エミッションブロック[*13]や製造・技術研究所・地域ブロックとともにゼロ・エミッションプロジェクトを成功させる。このことにより全く新しい生産システムが開発され、個々の市場が深堀され、独法は更に細分化する方向へいく。
- 流通システムの再構築の仕掛けを行うために社外（大学・行政官庁・業界）とのネットワークをつくりあげ、そのなかでより具体的な市場対応グループをつくりあげる。

といった項目が盛り込まれている。ここでのキーワードは「関係性」である。たとえば、「ブロッ

*13　ゼロエミッションとは、廃棄物をゼロにすることをいう。マエカワのゼロエミッションブロックは、廃熱の再利用などの工場のユーティリティや汚水の浄化や廃物処理のシステムを複合的に組み合わせて、限りなく廃棄物をゼロにしていくことを狙った工場の改善改良提案を行うグループの集まりである。

ク全体で」、「製造・技術研究所・地域ブロックとともに」、「社外とのネットワークをつくりあげ」といった表現は、他グループや他企業とどのような関係を形成していくかという問題意識からでてきたものである。個人や独法の評価を行うさいの基準[*14]にも「関係性」という項目が入っている。

（現象学による解説(4)）「メンバー一人一人が感じている、その感覚を100%信じる」ということには、職場における「コミュニケーション能力」にかんするすべてが含まれているといえます。このコミュニケーション能力にかんして、職場の人間関係を含めた人間関係一般に当てはまるのは、「情動的コミュニケーション」と「言語的コミュニケーション」という二重構造です（第1部第3章47ページから50ページを参照）。

「情動的コミュニケーション」は、乳幼児と養育者のあいだに形成されてきますが、そのとき、授乳や睡眠など本能的な生の営みにあって、生命には、成長のためという目的（意味づけと価値づけ）のために「志向性（何かに向かって意味づけたり、価値づけたりしているという性質）」が生じています。この志向性は「本能志向性」と呼ばれ、意識にのぼる以前に働いていることから「受動的志向性」と呼ばれています。それとは対照的に、しっかり意識されている、意図を含んだ志向性は「能動的志向性」と呼ばれ、この2つの志向性は、異なる志向性として区別されます（志向性、および、受動的志向性と能動的志向性の区別については第1部第3章45ページ以降を参照）。

言葉を使う「言語的コミュニケーション」の場合、意図的な作用である能動的志向性が働いていますが、その前提には、乳幼児期にその基礎が形成されてくる情動的コミュニケーションが形成されていなければなりません。しかも、養育者をその代表とする周りの人々や世界に対して、ひたむきに生きる幼児の態度をとおして受け止められていた「感覚の世界」は、汲めども尽きぬ豊穣な「暗黙知」の世界であり、その感じているものを言葉（形式知）にしても、いつも「不十分」でなかなか「ぴったりした言葉」にならないのです。だからこそ「話し相手の感覚を100%信じること」、つまり「相手の身体になりきる」ことでしか、相手の暗黙知を感じ分ける（共感する）ことはできないわけです。そして、このとき問われるのは、

*14　評価基準といっても厳密なものではなく、「関係性」「行動力」「技能技術」という3つの項目が考慮されて、個人、独法、ブロックごとにABNCDの5段階で評価された（当時）。

「あなたは、自分にとって損か得かなどまったく関係ない幼児のような素直な心で、どうにか自分の感じを言葉にしようともがいている相手に、ひたむきに向き合えていますか」という問いなのです（幼児期の「我ー汝関係」については第1部第10章117ページ参照、「相手の身体になりきる」ということについては、第1部第7章87ページ「人と人のあいだに響き合う間身体性」を参照）。

「企業化の方向性」には先のような項目が10項目程度挙げられる。「企業化のイメージ」よりは具体的であるが、また抽象的な表現が混在している。「企業化の方向性」は、イメージを達成するための方針であるが、手段というよりも、原理原則や考え方を重視している。具体的に何をどのように進めるかの詳細を言葉で定義してしまうと、計画の実行においてメンバーそれぞれの独自性や独創性が発揮できない恐れがあるからであるという。たとえば、どの山に登るのかを決めるのが「企業化のイメージ」とすると、その山にどういうルートで登るのかを決めるのが「企業化の方向性」である。[*15] そして、そのルートをどのように登るかは、それぞれが考えて決めていくことなのである。

5　マエカワの人材観と人材育成

企業化計画づくりと合わせて、マエカワに特徴的なのがその人材観と人材育成である。マエカワには人事部という組織がない。総務グループのなかに採用チームがあって、新規や中途の採用活動などを行ったり、新人研修などを行ったりはするが、全体的な人事管理を集中的に行う部署はなかった。このことは、マエカワにいわゆる「人事機能」がないということを意味するわけではない。マ

*15　注6と同じ

エカワは雇用においては、㈱前川製作所で一括採用するが、どのような人材を何人採用するかは独法やブロックに任されていた。新卒採用の場合には、独法のリーダーが採用候補者に事前に会って、受け入れる意志があった場合に採用される。必要な人材は現場が一番よく分かっているからという発想である。

人材育成においても、新入社員に対する導入研修こそあるものの、体系的な人材育成のための教育メニューがあるわけではない。ほとんどの社員がエンジニア採用であるので、最初は現場からスタートし、見よう見まねで仕事を覚えていく。新入社員が入ってきても、誰かが仕事を教えるわけでもなく、最初は現場で何がおこっているのかを見ているだけである。見ているだけでは仕事にならないので、新入社員といえども自分で何かできることがないかを探していくうちに、その職場になじみ、徐々に自分で仕事を見つけられるようになる。

一方、ほとんどの社員には、一定期間は主力工場である守谷工場での研修が義務づけられている。そこでも、いろいろな職場をまわりながら、見よう見まねで仕事を覚えていくというやり方で、マニュアルを渡されてこれを覚えろといった教育はない。そこで期待されているのは、主力工場においてどのような仕事がなされていて、誰がどんな役割をになっているのかを肌身に感じて覚えることである。特に、地方に配属された時などに頼りになるのは、そこで培った自分自身のネットワークであり、誰に何を聞けばいいかが分かることである。顔見知りであれば、困ったことがあれば気軽に聞けるし、どんな部署のどんな役職の者であっても、気軽に話ができる。手足をとって仕事を教えることはしないが、聞きたいことがあったり、困ったことがあれば、誰にでも話をすることができ、誰かが良いアドバイスをくれる。どうして誰かが助けてくれるかといえば、誰しもがそうやって育てられたので、自分もそうするのが当然と思っているからである。それがマエカワの企業文化である。このような階層にとらわれない縦横斜めのコミュニケーションが、マエカワの独法という仕組みの根底にある。

マエカワの人材観は、人は育てるものではなく育つものであるという考え方である。手取り足取り丁寧に教えれば早く一人前になるかもしれないが、仕事を教えられることに慣れてしまい自ら考えたり行動することが苦手な人材になってしまう。受注生産を主とするマエカワの仕事では、顧客とのやりとりのなかから顧客も表現できないような深いニーズを探りだす能力が求められる。顧客が直面している新しい現象には既存のマニュアルでは対応できないので、自分で考えて行動し試行錯誤を繰り返すしかない。その試行錯誤に取り組む姿勢は、新人の時から、自分で仕事を探しつくりあげるというプロセスのなかで育まれると考えられている。独法のリーダーや先輩たちも、新人が試行錯誤を繰り返すのを横目でみながら、助けを求められた時にだけ少しの助言をしたりヒントを与えるだけで余計な手助けはしない。

「新人の時は失敗したとしても、基本的には放っておく。本当に困ったら聞きにくるだろうし、本当に困るまではちゃんと人の話を聴けないから余計なことはいわない。だいたい1年くらい経つと誰でもそれなりに見よう見真似で仕事ができるようになるんじゃないかな[*16]」

*16 注6と同じ

6　顧客との場の共創―食品加工機械「トリダス」の開発事例―

マエカワの新製品開発に特徴的な事例として、鶏モモ肉自動脱骨機「トリダス」の開発をとりあげる。トリダスは、養鶏・養豚・畜産の加工工程において優れた技術に与えられる数々の賞を受賞してきた。日本では農林水産大臣賞も受賞した。「トリダス」の開発は、同社にとって新しい核となる技術の開発という意味で重要であると同時に、マエカワの顧客との「場」の共創という独自性を象徴的に表す事例でもある。

（1）開発の始まり

「トリダス」の開発には着想から14年という長い年月がかかった。一般にブロイラー業界では、当時は鶏モモ肉などの「不定形軟弱体」を機械的に処理するのは困難だと考えられていた。開発がスタートした当時、鶏モモ肉用に限らず自動脱骨機を生産していたのは、わずかにアメリカの企業1社だけであった。

一方で、ブロイラー工場の関係者から「夢でもいいから、こんな機械があったらな」と聞いていたのが、鶏のモモから骨を取り除いてモモ肉だけを取る機械であった。

「当時は、技術部研究室に所属していて、研究室の人間がマーケットに入っていくのは珍しかったから、いろいろな相談を受けた。ブロイラー工場でも、モモ肉をさばく作業が唯一とりわけ人手に頼らねばならない部分として残されていた。これが経営上のボトルネックで何とかならないだろうかと相談されていた」[17]

ブロイラー工場の機械化は、モモ肉の脱骨工程以外はかなり進んでいる。モモ肉の脱骨工程が機械化されていない原因は、製品の歩留まりを落とさずに精密に脱骨できる機械がなかったからである。

一般に歩留まりとは、1羽の生鶏に対して各部位の%で表される。歩留まりが高いということは生産性が高いということを意味する。[18] ブロイラー業界では、0・1%の歩留まりの変化にも敏感である。たとえば、100グラムのモモ肉で1グラムつまり1%歩留まりが落ちたとすると、一日30トンを処理した場合全体で300キログラムのロスになる。100グラム100円と計算した場合、損失は一日当り30万円である。そのような精密さを要求される機械の開発が可能なのかどうかは誰にも分からなかった。しかし、いずれ脱骨の熟練者を確保することが難しくなることは明らかだった。こうして、「トリダス」の開発は始まった。

（2）開始から中断へ

鶏モモ肉自動脱骨機の開発のスタートは、全社的なプロジェクトといった公認された形ではなく、社長の前川が食品機械が専門のエンジニアである万本信三と、元ベアリング研磨会社社長を引き合わせて「こんな機械が開発できないかな」と打診したのが発端であった。その当時、ミート・エンジニアリング・グループに所属していた万本は、その後の「トリダス」開発において一貫して、市場と組織、組織内の製造・販売・技術をつなぐ橋渡し役を担うことになる。

万本をはじめ開発に携わった技術者たちは、東北にある顧客のブロイラー工場に入り込んで、鶏

＊17　前川総合研究所、1996

＊18　歩留まりは、脱骨の後工程である成形のところで調整される。皮が多ければ歩留まりは高いのだが見た目があまりよくないのでクレームがつく場合がある。どの程度皮をつけて出荷するかは企業の考え方による。

肉の解体作業をつぶさに観察することから始めた。最初は職人技であることに感心し、機械化できるかどうか分からないと感じた作業も、だんだん一定のパターン化された動作の繰り返しであることが分かってきた。そこで、工場のラインに入って現場でどのように肉をさばいているのかを体験することにした。

パートの作業員に混じって包丁をにぎったが、生肉は思ったよりも硬く関節の部分には筋や腱が複雑にからみついていてうまく切れない。最初は全く歯がたたなかったが5日目くらいになってようやく形になった。一般に、新人が脱骨の技術を習得するのに最低3ヶ月、ラインに入って一人前に脱骨作業ができるようになるまでは4～5ヶ月はかかるという[*19]。

現場の体験から、モモ肉を骨から切り取るプロセスは、大体技術者たちの頭に入ったが、手さばきと同じ動きを機械にさせるのは不可能であるように思われた。そこで機械には機械の原理で脱骨しようということになり、試作機の製作を小さな町工場に依頼した。最初にでてきたアイデアは、板状のカッターを円錐状にセットして、そのカッターを振動させて骨から肉を削ぎ落とそうというものだった。しかし、これでは骨まで削ってしまったり関節部を切断する恐れがある。牛肉の肋骨をはずすプロセスを転用して太い麻紐を使ってみたりしたがなかなかうまくいかない。いずれにしても重要なのは骨から肉を切り取る「刃物」である。刃物を探すことが開発のポイントであると思われた。しかし、この「刃物探し」は思いのほか難航した。

次々に克服するべき難問がでてきたが、1985年にどうにか試作機と呼べるものができた。しかし、ユーザーからの反応は冷たかった。「機械としては面白いが、実際には使い物にならない」。

*19 顧客企業へのインタビューより。

脱骨できることは確認されたが、カッターがすぐ消耗してラインがストップしてしまう。カッターの交換のために誰かが常時ついていなければならないのでは省人効果もない。現場レベルでノーがでた。これまでの延長線上で考えていても、これ以上の結果には結びつきそうもなかった。当時の状況を万本は次のようにふりかえる。

「当時の取り組みは問題解決型だった。つまり脱骨というテーマがあって、その問題に高度な機械的要素を集中的に投入して解決しようという姿勢が強かった。だから本当の問題点がどこなのかが突き詰められずに、機械はどんどん複雑になっていった。コンセプトが違う、このままいくらやってもだめだと思った[*20]」

（現象学による解説⑸）「見よう見まねで仕事になれ、自分で仕事が見つけられるようになる」ということのなかには大変多くのことが含まれています。まず「仕事を身体で覚える」ということの意味ですが、人間の身体が職場という仕事の現場に居合わせることだけで、つまり身体を動かして仕事をしている人のそばにいるだけで、すでに自分の身体がその人の動きに共鳴し、反応しています。人の手の動きをみて、「ゆっくりか、速くか」の違いが見えるとき、すでにその動きにあった自分の手の動きが準備されていることについては、第1部第6章で詳しく説明しました。自分の手を自分で動かすことができるようになった幼児は、「手をこう動かせば、こう見える」ということが分かるようになります。それは、「手を動かすときの身体のなかの運動感覚」と「そのとき見える手の動きの視覚像の変化」とが、ぴったり一致してくるからです。この運動感覚と視覚像の変化は、通常は意識にのぼらない「受動的綜合である連合」の働きによってできあがります。

*20　前川製作所内部資料「トリダス座談会」より。

人の動作の模倣能力は、ただ単に「似たような動作を繰り返し反復すること」で身につくものではありません。意識して意図的に真似をしようとするはるか以前に無意識に獲得されてくるものです。たとえば、幼児期に養育者が添い寝をしていたときに穏やかに同調する一つの呼吸のリズム、そこに流れていた共有される時間の体験が、成長してから経験する「2人の動作の息が合う」ことの背景に働いています。「自然に模倣されている2人の動作」の根底には、幼児期に身についた同じ時間の流れの経験が無意識に生きて活動しているのです。このような無垢な赤ちゃんに戻る方法については、第1部第5章「赤ちゃんだった自分に戻ってみよう」を参照してください（68ページ以降）。

「自分で仕事が見つけられるようになる」ためには、相手の仕事ぶりをよく見て、いわば「その人の身体になる」ことができたときにはじめて、その同じ仕事をする人の身体になった〝自分〟の身体が、自然に「仕事の流れに入り込み、やるべき仕事が見えてくる」ようになるのです。この人と人の身体のあいだに通い合う「間身体性」という暗黙知がいったいどのように働いているのかについて、現象学は、2人の身体のあいだに流れる共有される現在の時間の流れを、2人で一つの生命のリズムを無意識に一つになった生き生きした現在の流れとして明らかにしています。（「その人の身体になる」については、第1部第10章の「暗黙知」123ページを参照、「共に生きられる真の時間と計測される時間の違いについて」は第1部第5章74ページを参照）。

ユーザーとのあいだをとりもっていた営業マンも、機械に対する不満を技術者にぶつけた。

「あのときくらい技と販がかみ合わなかったときはなかった。両極端で話をしている感じで。自分たちは遠慮しないで何でもいうのが当たり前と思っているから『こんな機械じゃユーザーは使わない。ラインに組み込める役立つものをつくってほしい』と歯に衣着せずに伝えた」[*21]

*21　前川総合研究所、1996、112頁

〈現象学による解説(6)〉マエカワの人材観とされる「人は育てるのではなく、育つものである」とする考え方は、第1部第1章のテーマである「〈たった一人のあなた〉から始まる現象学」という出発点とまさに対応しています。「育てる」というのは、外から水をやり、肥料をやり、温室栽培のように、光や熱を与え、外からの刺激を重視することであるのに対し、「育つ」とは、芽がでて、根を張り、水をすい、水とともに養分を取り入れ、光の方向に葉を広げていく内発的で自発的な「生命の営み」そのものです。このことはマエカワでは「仕事は誰かからやれといわれて与えられる」ものではなく、一人一人が「自分で探してつくりあげる」ものだ、という「仕事観」と、ぴったり一致しています。この「自分で探す」というときの「自分」が内発性と自発性の源であり、一人一人の現象学が出発点とする〈たった一人のあなた〉に他なりません。

「仕事は自分で探せ」といわれて放ったらかしにされることは、「はじめに」と「第1部第1章」で語られた、社内の人間関係において板挟みになり、「何をどうしていいか分からず、悩んだり、時にはノイローゼになりかける危機的状況」とも相応しています。この危機的状況の暗黒の闇に差し込んでくる光ともいえる問題解決の唯一の方向は、自分にとってこれだけは絶対に間違いないと実感できることを見いだし、それを基礎にして、自分にとって確実な「実感と考えの世界」をつくりあげていくことです（第1部第1章を参照）。

自分の内発性と自発性の表現として実感できるもっとも根本的なものは、自分で自分の身体を動かす随意運動にさいしての身体の動きの感覚（運動感覚）です。ところが、自分で自分の身体を動かしている（仕事をしている）つもりが、第1部第2章の日本社会の人間関係の特徴で描いたように、「自分といっても〈他者〉にとっての〝自分〟（上司にとっての部下としての〝自分〟）、つまり、役割関係において〈他者〉にしたがう、〈他者〉に合わせようとしている〝自分〟でしかないことに気づかないということがよくおこります。

〈他者〉に合わせることだけを考えている〝自分〟は、いわば「他者に乗っ取られている自分である」ことと同じです。それで「私には無理です。できません」といえずに、知らないあいだに思い詰めて過労状態になりノイローゼに追いやられたりするのです。そのような状態を避けるためには、自分が「どんな仕事をしたいのか」を探っていくしかありません。初めははっきり分からず手探りかもしれませんが、それでも構いません。自分の手で探っていく他ないのです。自分で自分の身体を動かす、自分が自分になった「自分の根源」にまで遡り、生命の内発性と自発性を発揮する。それを実践することが、一人一人にとっての現象学の実現なのです（第1部第5章「自分の身体に初めて気づくという出来事」76ページ以降を参照）。

技術と販売の考え方の違いを端的に表現しているのが「安全靴族」と「長靴族」である。定型的なワークを定型化した機械で加工するのは「安全靴族」の発想で、不定形なワークにあわせて加工の仕方を変えるのが「長靴族」の発想である。工作機械の世界とブロイラー工場という不定形軟弱体を扱う世界とは、根本的な発想が異なる全く次元の違う世界であった。プロジェクトは暗礁に乗り上げて前に進めなくなった。開発がスタートしてから既に6年余りが経っていた。プロジェクトは一端休眠状態に入った。

(3) 再出発と新たな気づき

休眠状態に入っていたプロジェクトが再び始動するきっかけとなったのは、若手技術者がつかんだアイデアであった。児玉龍二は機械工学科の出身で、もともと食品機械の開発がしたくて1984年にマエカワに入社した。特に、入社当初かかわった自動脱骨機に対する思い入れは強く、もう一度挑戦してみたいと考えていた。

「一旦中断して、でもああいう機械をやりたいなとは思っていました。ずっと考えていたわけではないですけれど、またやってみるかっていう話が入ってきた時、やるんだったらぜひ自分にやらせてほしいっていったんです[*22]」

中断したとはいえ顧客のところに行く度に自動脱骨機の開発状況を聞かれ、何とかしなければという気持ちがあった。児玉は、機械のアフターサービスをしながら実際にラインに入って脱骨作業を体験していった。そうして1年くらい経ってそこの社員と間違えられるくらいに作業に熟練していった頃、児玉がヒントを掴んだ。

「剥がせばいいんですよ。今まで考えていたのは『切る』ことだったけど、力はいるけれど肉をこうやって引っぱればきれいに剥がれるんです[*23]」

彼が得た機械のイメージは「切る」のではなく「剥がす」であった。じつは、この「剥がす」というコンセプトは、開発がスタートした当初も顧客からよく聞かされていたし、町工場で第1号の試作機をつくった時にもだされていたものであった。しかし、開発の初期段階では「剥がす」というコンセプトを機械に置き換えることができなかった。手さばきを機械に置き換えることにこだわって、骨から肉を「切り取る」ための方策ばかり考えていたからである。「切る」というコンセプトを突き詰めて壁に当たったからこそ、「剥がす」というコンセプトが掘りおこされたともいえる。

*22・*23　注20と同じ

（現象学による解説(7)）この「切る」から「はがす（剥がす）」というコンセプトへの変更、つまり、この「（剥がすことの）重要性の発見」の過程は、自然科学の方法（「観察－実験－検証」）とは異なった現象学の方法である「判断の一時停止＝カッコ入れ」と「本質直観」の方法と照らし合わせると、よく理解することができます。「判断の一時停止＝カッコ入れ」というのは、問題が生じ、にっちもさっちもいかなくなったとき、その状況とその場での出来事の経過に「一まとまり」の区切りをつけ、それを「カッコに入れ」、そのカッコに入れた「一まとまり」を繰り返し、再生し、そこに含まれる「何」と「どのように」を本当に納得できるまではっきりさせてみようとすることです。音楽を一時停止して、ある部分を繰り返し聴き、内容を理解しようとするのと同じです。（「何」と「どのように」の問いの区別については第1部第1章22ページおよび次ページを参照）。

自動脱骨機「トリダス」の開発にあたって、「切る」というコンセプトで行き詰まったとき、いったい「何をどうしようとしているのか」徹底した議論が必要とされます。そのとき、「手でさばく動作を機械に置き換えること」を試みていることは、はっきりしてくるのですが、その「外から見える手さばきの動き」はいったい何を意図して、何を実現しようとしているのか、その動きの「意味づけと価値づけ」（志向性）を明らかにしなければなりません。そのさい、それについて議論する人々のあいだには、作業員の人々の「脱骨」の作業を経験してきた暗黙知の蓄積が備わっています。「手さばきの動き」の暗黙知を、機械の動きに置き換え形式知にもたらそうとするSECIモデルの表出化（第1部第10章参照）は、「何をどのようにする」のかをめぐる「志向分析（意味と価値の分析）」によって大きく前進できるのです。

この志向分析のさい中心的役割を果たすのが、本質直観の方法です。本質直観の「事例収集」と「自由変更」という二段階に渡る方法によって、「開発の初期段階」にすでに言葉として形式知化されていた「切る」と「剥がす」は、それぞれ、形式知の事例として収集され、その「切る」と「剥がす」をめぐって自由奔放に、想像力を最大限に活用して（「自由変更」して）思考実験をしたり、試作機をつくって実際の動きを試したりすることをとおして、それらの形式知の「可能性の限界」を突き詰め、「何をどうすればよいのか」が判明し確信できるのです。このことを「本質直観が実現する」といいます。

自動脱骨機の開発をマエカワが本格的に再開したのは1990年3月である。「剥がす」というコンセプトが明示され、開発の方向性としては引き剥がすための装置と仕掛けを考えることになった。工場で機械をつるすために天井から下がっているクレーンを使ってモモ肉を引っぱってみたりもした。やってみると腱の部分以外は、簡単に骨から引き剥がされることがわかった。腱の部分はやはりカッターで切らなければならないが、骨に沿って滑らせるのではなく、腱に直角に当てればいいから、回転丸刃が一番簡単で効率的である。

当時、日本全国にブロイラー工場は全部で100社ほどあり、全体で出荷されるモモ肉は、年間約10億本、300億円の市場であった。マエカワは、ほとんどの大手ブロイラー加工業者を顧客にもち、各地域の独法のメンバーが深く入り込んでいた。そのメンバーたちが横断的につながって東北から九州まで網羅するネットワーク型のプロジェクトが形成された。

技術と営業の人間が同じ土俵にあがって、開発と現場の情報を絶えず交流させる仕組みがつくられていったのである。新しいプロジェクトの名前はTプロジェクトであった。これは社内公募で決まった新しい自動脱骨機のネーミング「トリダス」に由来する。Tプロジェクトのメンバーは、技術

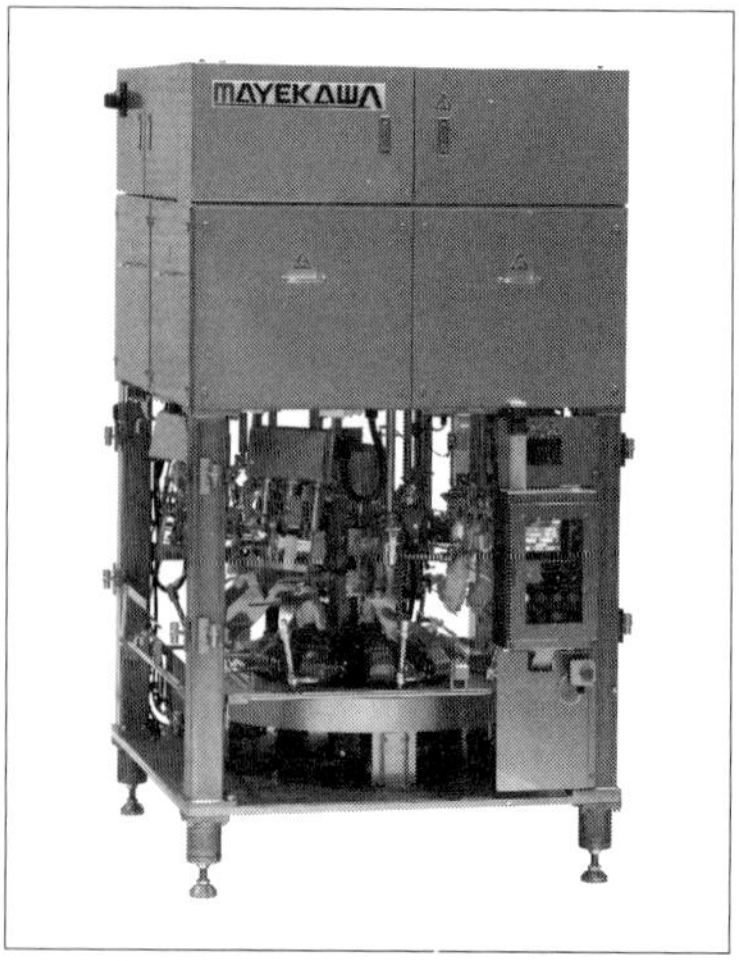

写真2／自動脱骨機「トリダス」
（出典：㈱マエカワ製作所より提供）

のメンバーだけでなく営業のメンバーたちもラインに入って脱骨作業を体験した。この共通の体験によって一体感が生まれ、加工された肉の品質を上げるための方策や具体的な機械設計の方向性を、お互いに確認しながら進めることができるようになったのである。

最終的に、脱骨の工程を8つのステーションに分解し、それぞれの工程は、筋を切る、引き剥がすといった単純な加工を行うように機械の仕様が決定した。(写真2参照)

技術レベルの高い工場の現場で、熟練作業者と一緒になって問題点を改善しつくり込むことによって、プロトタイプは実用に耐える商品になっていった。

「今ではトリダスがないっていうことが考えられません。怪我や腱鞘炎も減ったし、熟練者ではなくてもできる作業が何ヶ所かできました。やっぱり機械が入ったことによって労働付加が軽減されて作業環境が良くなったのでしょうね。それに処理数を増やしていますが、人員は増やしていません」[*24]

手本のない開発だったため時間と労力はかかったが、顧客と一体になった開発体制によって、1994年に自動脱骨機「トリダス」は完成した。歩留まりは人手とほぼ同程度に確保された状態で、加工時間は1/4~1/5に短縮され、作業員も標準的なラインで60%程度に省人化された。人手でさばく以上の品質が保証できるこの機械がラインに組み込まれることによって、食肉加工の作業工程は抜本的に改善されることになったのである。

*24 注19と同じ

「トリダス」は、1台約1、500万円（当時）という高額にもかかわらず、発売から5年余りで日本、北米、欧州に約400台が納入された。国内の大手ブロイラーメーカーのほぼすべてがトリダスを導入した。「トリダス」にはじまったマエカワの食品加工機械への挑戦は、豚や牛などへ応用され、さらには農業加工機械や脱骨の前後の工程で使用される周辺機器の開発へと広がり、マエカワの新たな事業分野を切り開いた。

第2章

場づくりによる組織文化変革 ―巣鴨信用金庫―

1 巣鴨信用金庫の概要

巣鴨地蔵通り商店街の縁日である四の日、たくさんのお年寄りが集まる信用金庫がある。「おもてなし処」として無償でお茶やお菓子を振る舞い、憩いの場を提供している巣鴨信用金庫だ。巣鴨信用金庫では、「喜ばれることに喜びを」というモットーのもと、職員一人一人が、お客様のためになることを自ら考え、実践している。横並び意識が強い金融業界において、そのような組織文化を職員一人一人に根づかせている。

巣鴨信用金庫（以下、巣鴨信金）は東京都豊島区巣鴨に本店をおき、東京都城北部・埼玉県南部を事業区域とする信用金庫である。1922年に「相互扶助の精神に則った会員組織の金融機関」として巣鴨町界隈の33名の町民の出資によって設立された「有限責任信用組合巣鴨町金庫」を前身とし、相互扶助の精神に基づき資金を地域内に融通させるために設立したのが始まりだった。その後、1951年の信用金庫法制定により現在の巣鴨信金となった。2019年3月現在、店舗数は41店舗、常勤役職員数は1，084名、預金残高は約1兆7，974億円となっている。

(1) 信用金庫の特徴と業界動向

金融機関としての信用金庫の特徴は、会員の相互扶助による非営利法人であるという点にある。つまり、中小企業の事業を支援することで地域経済を活性化させ、そこに住む人々の生活の向上に貢献するという使命を第一義としているのである。

非営利法人として地域経済の活性化という使命を担う信用金庫ではあるが、バブル期以降の経済不況や金融自由化により業界再編が加速し、1990年当時には全国で451庫あった信用金庫は、相次ぐ合併・破綻等により2018年には259庫にまで減少している。

(2) 田村和久の理事長就任

このような厳しい業界動向のなか、1997年に巣鴨信金の3代目(創業からは第9代目)理事長として現理事長である田村和久(以下、田村)が就任した。田村は、信用金庫の理事長としては異色の経歴の持ち主である。大学卒業後、東京會舘に就職、レストラン経営とサービスの修業をし、25歳で自らレストラン経営に乗りだした。その後、1989年に巣鴨信金へ入庫し、支店勤務、企画部、業務部等を経て、1997年に40歳で理事長に就任した。40歳での理事長就任は、当時の信用金庫業界でも異例の若さであった。

田村が理事長に就任した年に、巣鴨信金は大きな試練を迎える。資産査定を大幅に厳格化する金融庁(当時大蔵省)の方針により、創立以降、初めて242億円の当期損失という赤字決算を計上することになったのである。信用金庫法が認める特例に則った決算処理で黒字にすることもできたが、田村は「お客様に素顔の経営状態をご覧いただきたい」と厳正な不良債権処理を行うことを決断した。大手信用金庫の赤字決算の発表は、業界や職員に対して大きな衝撃を与え金庫内に危機感を生みだした。

過去の不良債権の処理を一気に進めた田村は、信用金庫の原点である、相互扶助の精神、お客様本位のサービスの提供という企業文化を再構築するため、「喜ばれることに喜びを」をモットーとして掲げ、職員に「お客様本位にものごとを考えるとはどういうことなのか」を考えさせる土壌をつくるべく活動を始めた。巣鴨信金を「金融業」ではなく、「金融サービス業」と位置づけ、これまでの金融業とは一線を画したサービスの提供を目指した。

効率優先の画一的なサービスを否定し、たとえ非効率でもお客様が喜ぶサービスであれば提供するという「お客様に喜ばれる非効率」を掲げた。お客様にとって便利なサービスは、一方で、金融機関にとっては手間のかかる面倒な作業であることも多い。それでも、地域のための金融機関としてお客様本位のサービスの提供を追求していった。

しかし、当時の金融機関は長年の護送船団方式の名残からくる横並び意識が根強く、商品、金利、サービスにおいてほとんど差がない時代であった。「お客様に喜んでいただく」のが先で、「金庫の利益や業績をあげることはその後」といったお客様本位の考え方に対して、職員のあいだには、理念は理解できてもお客様に喜んで頂くことで本当に業績がついてくるのかという、不安と戸惑いもあった。

(3) 巣鴨信用金庫の商品・サービスの特徴

巣鴨信金の商品・サービスには特徴的なものが多い。その代表例が「がんじがらめの安心口座『盗人御用』」であろう。このサービスは、キャッシュカードを発行せず、預金を引きだすさいには、窓口での合言葉によって本人確認を行うというものである。窓口限定、本人限定のこの商品は、窓口の職員が顧客の顔と名前を覚えることで初めて成立する。当時、各金融機関がセキュリティ強化のためにICカード、生体認証を導入しはじめていた。しかし、巣鴨信金が目指したセキュリティ対策は、お客様一人一人の顔と名前を覚えるという業界の常識では考えられないアナログな発想であった。この商品は、その卓越した発想により高い評価を受け、2005年の日経優秀製品・サービス賞を受賞している。

その他の代表的なサービスとして「3日5日の融資回答」がある。「事業主にとって資金繰りは時間との闘いであり、融資の諾否は早ければ早いほど助かるはず」という考え方の下、内部手続きの簡略化・合理化を図ることで、最短3日での融資回答を行うサービスである。従来は週1回だった役員会を週3回にするなど、役員が率先してこのサービスの実現に向けた体制づくりに取り組んだ。

(4)「金融業」から「金融サービス業」、そして「金融ホスピタリティ」へ

1997年、田村の理事長就任と同時にスタートした「金融業」から「金融サービス業」への転換する取り組みをより進化させるため、2005年からは「金融ホスピタリティ」[*25]という言葉が使われるようになった。「金融サービス業」という言葉が、どこの金融機関でも使う一般的な用語になってしまい、巣鴨信用金庫独自の考え方を伝え切れていないと考えたからである。

田村によれば、「サービス」とは誰に対しても均一に提供するものであるのに対し、「ホスピタリティ」とは、そのお客様にあった対応を、職員一人一人が「今ここで」行うものであるという。ま

*25 2004年から正式に「金融ホスピタリティ」を打ちだした巣鴨信金は、それが「金融サービス業」のように流行語として他の金融業者に乱用されることのないよう、「ホスピタリティ」および「金融ホスピタリティ」を商標登録にした。

さに一期一会ということである。ホスピタリティとは、巣鴨信金の職員が「心根にもつ」べき資質なのである。

したがって、巣鴨信金の職員は、一人一人がそれぞれのやり方でホスピタリティを実践する。その場で感じたこと、お客様にして差し上げたいことを、即実践するのが巣鴨信金流である。たとえば、窓口での会話からお子様が結婚するということが分かれば帰り際に花束を用意したり、お客様が要介護状態となり窓口になかなか足を運べないと聞けば、ご自宅に真っ白なシーツを届けたりと、通常の金融機関では考えられないエピソードが多々ある。職員の思いを形にすることで、お客様に喜んで頂くのである。

（現象学による解説⑻）この「金融業」から「金融サービス業」そして「金融ホスピタリティ」への変革において、その実現に働いている動力とは何でしょうか。ホスピタリティは、日本語では「おもてなし」と訳されていますが、巣鴨信金では、ホスピタリティとは「人に対する優しさや思いやりを心根にもつことであり、人の喜びや悲しみに共感できる感性を大切にすること」とされています。普通に考えれば、金融機関としての「利益と業績」という目的と、お客様に「喜ばれることに喜びを」というモットーとは、簡単に合致するとは思われません。マエカワの場合には、「顧客のニーズ」にしっかり耳を傾け顧客の現場に入り込んでそれに応えるのですが、巣鴨信金の場合、お客様に接する業務に当たる職員が、一人一人の顧客に、茶道に由来する一生に一度の出会い（一期一会）の態度で応対するというのです。第1部では、「共感と感情移入」による出会い（「我－汝関係」）がどのように実現するのかが、主要なテーマでした。この顧客との「一期一会」の出会いは、そもそもどのようにして実現できるのでしょうか？第1部の第5章、6章、7章では、幼児期の母子関係に「出会いの原型があることが詳細に説明されています。それは、大人になってからの職場での共感「我－汝関係」が成立しうるための条件でもあるのです（第1部第10章を参照）。

このような対応は、職員が事前に上司に申請書を書いたり、稟議をとおしたわけでもなく、もちろん金庫や上司が指示したわけでもない。テラーを中心とした窓口の職員が、お客様の話を聴いて「このお客様のために」と、その場で独自に判断したものである。

また、巣鴨信金のホスピタリティは店舗づくりにも表れている。職員のスペースよりもお客様のスペースを広く確保し、地域の方々が気軽に立ち寄れる場所を提供し、顧客がリラックスでき、長くいたくなる店舗を目指している。このような空間設計は、業務運営上は決して効率的には見えないが、お客様が「また来たい」と思える空間づくりの思想が背景にある。

（5）外部機関からの評価

巣鴨信金の会員数（出資者）の伸長は、信金中央金庫が公表する資料によれば、全国の信用金庫平均より約3％上回っている。また、預金量でも全国平均を大きく上回っている。各信用金庫の預金量を1998年時点と2011年時点で比較してみると、巣鴨信金の預金量の伸びは全国平均を約11％、東京圏に限定した場合約17％上回っており、その伸びが顕著なことが分かる。巣鴨信金は他金庫と比較し、決して預金金利が高いわけではない。預金金利だけを見れば、他の銀行や信用金庫の方が高い場合も多い。にもかかわらず、会員数や預金量が伸びているのは、巣鴨信金がお客様本位のサービス提供に変革してきた成果と思われる。

また、外部機関からも巣鴨信金は高い評価を受けている。2012年の「日経金融機関ランキング」

において、顧客の満足度評価で総合第8位、そのなかでも「接客・対応が丁寧」の部門では2年連続第1位[*26]となっている。さらに、就職活動を行っている学生からの評価も高く、2009年の「先輩が薦める企業ランキング」総合1位[*27]に輝いている。

ホスピタリティの浸透と実践においては、2010年にザ・リッツ・カールトン大阪等と並んでホスピタリティビジネス認定企業となった。また、2016年には「日本でいちばん大切にしたい会社」大賞実行委員会特別賞も受賞している。

以上のように、理事長の田村を中心とした、信用金庫としての本来の使命である地域に根ざした相互扶助の精神と、お客様本位のサービス提供に原点回帰する取り組みは、今でこそ成果が形となって、庫内外にも広く浸透しつつあるが、最初からこの考え方が職員に受け入れられたわけではなかった。当初は、「巣鴨信金は金融機関だ。なぜ金融機関がサービス業なのか?」、「ホスピタリティで厳しい他社との競争に勝てるのか?」といった職員の声も少なくなかったという。信用金庫の原点回帰のための組織文化変革にあたり、厳しい船出から現在に至るまで、組織内ではどのような取り組みが行われ、組織がどのように変化を遂げていったのか。

2 「金融ホスピタリティ」への挑戦

田村は、入庫した当初、職員の接客やサービスに違和感を覚えることがあったという。

「巣鴨信金に入ってみて思ったことは、人柄のいい職員がすごく多い。お客様思いで温かいなと。

*26 「すがもの通信簿 巣鴨信用金庫ディスクロージャー誌」(2011)

*27 みんなの就職活動日記(運営:楽天株式会社)

ただ、お客様を思う気持ちはあるけれども、それが形に表わせていなかった。長いあいだ、『床の間を背に』してやってきた商売だから、知らず知らずのうちに上から目線になってしまっていたんです」

（現象学による解説⑨）「長年、『床の間を背に』した仕事をしてきたことで、知らず知らずに上から目線になっていた」ことに、そもそも他人から指摘される前に気づき、自覚して、その自分の生きる態度を変えるといったことはできるのでしょうか。現象学の出発点は、まさに社内の人間関係に悩み、「仕事の意味、生きることの意味」が問われるときに、「たった一人の自分」に立ち戻って考えることにあります（第1部第1章）。日本では、周りから期待される役割に過度に適応し、その関係に自分自身が埋没していることがよくあります。人と人との関係性の悩みは、まさにこのような「知らずに身についている役割」に埋没していることから生じる悩みであることが多いのです。まずは、そのことを自覚し（第1部第2章）、上司と部下という役割関係においてすでに生じてしまっている先入観を排することが重要です（第1部第4章の「自分の判断をカッコに入れてみる」）。自分の判断を一旦カッコに入れてみるとは、全体としての相手（上司）に向かおうとすることで、知らずに身についている「無意識に働いてしまう自分の態度」を自覚するための方法です。判断の一時停止が身につくことで、各自の人間関係の基礎が築かれてきた幼児期の「対人関係」の考察に向かうことができるのです（第1部第5章以降を参照）。

「金融業」から「金融サービス業」へ、そしてさらに「金融ホスピタリティ」への転換を目指す巣鴨信金であるが、すでに何十年も勤務し、金融人としての仕事のスタイルが身体に染みついている職員の意識や行動を変えることは決して容易ではなかった。お客様を思う気持ちはあるものの、それを形に表わせていなかった。

巣鴨信金にとって「ホスピタリティ」への挑戦とは、まさに巣鴨信金の原点である、創業の精神や信用金庫の使命を取り戻す原点回帰への挑戦であった。

(1) テラー業務の改革

巣鴨信金が真っ先に取り組んだのは、これまでの金庫の論理が世間の非常識であることを職員に理解させることであった。その取っ掛かりになったのが金庫の顔であり、顧客の最前線に立ってホスピタリティを具現化していく立場の窓口担当(テラー)職員であった。

まず、テラーの中心である女性職員の制服を上質なものに一新し、当時女性職員がよく履いていたナースサンダルをパンプスに変えた。顧客の来店時に立ちあがって迎え、そして見送るためである。「顧客を立って迎える」ことは、ファストフード店でも当たり前に行われている世間の常識である。しかし、金融機関の窓口では今でもカウンターを挟んで職員が座って応対することが珍しくない。このように、長年当たり前と考えられてきた「金庫の論理」が、「世間の常識」とかけ離れていることを職員に理解させる必要があった。

ところが、これには想像以上の反発があった。当時は「立たなくても丁寧な対応はできる」、「長年なじんできたナースサンダルのどこに問題があるのか」と田村に直談判した職員もいたという。これまで履きなれたサンダルで、座って行っていた応対を、窮屈なパンプスを履いたうえで立ったり座ったりしなくてはいけない。その行動様式を変えるだけでも、テラーにとっては大変なことであった。

いきなり行き詰まりをみせた改革であったが、それを打開したのはお客様からの声であった。「巣鴨の窓口の女性はわざわざ立ちあがって迎えてくれる」、「親切で笑顔が素晴らしい」といったお客様からの称賛の声が各店舗に届いていた。そういった顧客の喜びが、テラーの喜びとなりやりがいとなる。そして、それが原動力となって、またお客様のためになることを考える。田村がずっと思い描いていた「喜ばれることに喜びを」の想いから生まれる「感動の連鎖」が店舗でおこり始めていた。

〈現象学による解説⑽〉ここで述べられている「喜ばれることに喜びを」というとき、「笑顔に笑顔が映りあっている」とはどういうことなのでしょうか？　現象学では、このような相手の気持ちがその表情をとおして自然に伝わってくることを言葉で説明しようとします。どうしてそうなるのか言葉で説明できない感覚（暗黙知）を、言葉（形式知）で説明しようとするのです。第1部第5章にあるように、相手に対する先入観をもたずに、（たとえば、職員と顧客という役割関係や男女の性別や外見などにこだわらず）ひたむきに相手に対する態度の原型は、幼児の周りの世界に対する態度にまでさかのぼることができます。そこで築かれている幼児と養育者と情動的コミュニケーションの基盤は、すべての人々に妥当しており、このことが、「喜ばれることに喜びを」という共に喜び合あえることの根本に働いており、「喜び合う感動の連鎖」を可能にしているのです。

その「感動の連鎖」は、テラー業務日誌の改定によってさらに広がった。以前の業務日誌は、最も目立つ一番上の欄に定期預金をいくら成約したかなどの成約状況を書くスペースがあった。しかし、入庫して間もない2、3年目のテラーから「巣鴨信金は、まずお客様に喜んでいただくことが先といっているが、日報には『数字』が先で、いっていることとやっていることが違うのではないか」と疑問の声があがった。その意見はすぐに取り入れられ、日誌のレイアウトを改定し、一番上の欄には「お客様から『ありがとう』といわれたこと」を書くスペースが設けられた。このテラー業務日誌の改定により、テラーは些細なことでも日誌を前に、毎日「今日の喜ばれることに喜びを」が何であったかを考えるようになった。このようにして集まったテラーからの声は、庫内報や庫内ブログ等を通じて全職員に共有されている。

（2）マイスター制度の導入[*28]

テラー職員の意識を変えることで、職員全体に対する理念の共有を図ってきたが、さらなるマナーやサービスの向上のため、2000年からマイスター制度が導入された。マイスターとは店頭における接客営業において、卓越した技能をもつトップテラーに対して与えられる称号である。マイスターになると特別な制服が支給され、専用の金のネームプレートを胸に着けることができた。

その選考基準は厳格で、支店長からの推薦を経て、理事長を含めた経営会議によってその合否が決められる。選考でポイントとなるのは、技能・知識もさることながら「笑顔の新鮮さ」である。厳しい選考を通過しなければならないため、マイスターの数は非常に少なく、導入当初で9名、多くても15名程度しかおらず、巣鴨信金の全店舗にいるわけでもない。また、マイスターの任期は1年間で、1年ごとに再度審査があるため、複数年にわたってマイスターを務めることは珍しい。

マイスターのなかには入社5、6年目の若手職員もいる。しかし、一度マイスターになれば、年齢や入庫年次にかかわらず、支店のなかでテラーの模範として常にホスピタリティを体現する存在となる。そこには、マニュアルがあるわけでも、上司から細かい指示があるわけでもない。

また、マイスターになると、マイスター全員が集う「マイスター会議」と呼ばれる月1回の会議

＊28　マイスター制度は、2014年に廃止され、後にそれに代わってホスピタリティ委員会が設置された。ホスピタリティ委員は各部門長と各店舗1名ずつからなる。マイスターは、窓口のお客様対応が中心であったが、バックオフィスや窓口以外のお客様対応においてもホスピタリティは必要で、全体を巻き込んでの取り組みへと変更された。

に出席する。そこでは、田村も毎回出席し、理念の共有化を図るとともに、現場からの要望や声を聞いている。会議には、田村のほか本部からも職員が参加し、帳票の改善や現場の問題点に対して、その場で検討が行われる。その場で即答できない場合、回答時期を決めてもち帰って検討され必ず回答が示される。活発な議論以外にも、時にはホテルのコンシェルジュから直接話を聴いたり、江戸しぐさの先生からホスピタリティの精神を磨く研修が行われたりする。マイスターは、会議で議論した内容等を各店舗にもち帰り、支店長、直属の上司、同僚、後輩テラーに伝え、支店内でその内容について更に検討を重ねる。

「（マイスターになって）今まで私がやってきたテラー業務に加えて後輩を育てる意識も芽生えてきました。マイスター会議では優秀な他のマイスターと議論できるので、議論した内容をそれぞれ店舗にもち帰ることで、理事長や同僚のマイスターが考えていることを、少しずつ各店舗に伝えていく役目があると思っています[*29]」

*29　マイスターへのインタビューより。

〈現象学による解説⑾〉「マイスター会議」で行われている議論は、当然、「言語的コミュニケーション」において展開されます。このとき、もっとも大切なことは、この言語的コミュニケーションは、健全な情動的コミュニケーションの土台の上にしか成立しないことです。このことは、マイスターを選考するさい、「ポイントとなるのは、技能・知識もさることながら〈笑顔の新鮮さ〉である」とされていることにはっきり表現されています。ここでいわれる「技能・知識」は、「金融商品の知識がある」とか「コンピュータを使える」とか「情報収集できる」というように、言葉を前提とする言語的コミュニケーションの能力に属します。ところが〈笑顔の新鮮さ〉というとき、その笑顔が型通りの笑顔でなく、その時その時（そのつど新たに）自分に向けられた笑顔であるという印象は、情動的なコミュニケーションから生まれるものです。

では、型通りの笑顔と新鮮な笑顔の違いは、いったいどこにあるのでしょうか。自分の笑顔は自分には見えません。「型通りか新鮮か」の違いは、他の人にこそ、そのように見えているのです。初めて浮かんだ赤ちゃんの笑顔に思わず浮かぶ〝自分〟の笑顔は、自分には見えませんが、赤ちゃんがそれに笑顔で応えてくれます。そのことが嬉しくて涙がでる、このような笑顔と笑顔が反響し合うことに、「喜ばれることに喜びを」という「共感」の源泉があるのです。ですから親子の顔の表情（笑い方や泣き方など）がよく似ていることは不思議ではありません。自分の感情表現の仕方だけでなく「知らずに身についている人に接する接し方」は、自分の「幼児期の対人関係」にそのルーツをもつからです。大人の自分が子供に戻れないように、いつもそのつど新鮮だった「幼児の笑顔」は、なかなか簡単には戻ってきません。どうやって頑是ない子供がひたむきに世界に向かうように相手に接することができるのか。いつも新鮮な笑顔が浮かんでくるのか。この「どうやって」については、第1部第5章以降第10章までに詳細に描いていますので読んでみてください。

このように、マイスターは様々な場面で、上司や同僚、後輩と積極的にコミュニケーションを図り、理事長をはじめとした金庫の本部と支店、支店と支店、店舗の経営層と現場最前線にいる職員をつなぐ役割を果たしている。

(3) 組織横断活動の積極的促進

巣鴨信金の支店は、外回りなどの営業を行う「営業課」、窓口業務等を行う「お客様サービス課」、融資業務を行う「融資課」の3つの課で構成されている。支店によっては課ごとにフロアが異なるなど物理的に離れており、また業務もそれぞれ大きく異なる。自然と交流が生まれることはなく、ややもするとお互いの仕事に無関心になりがちである。一般的な金融機関では、部署が違えば仕事を手伝ったり補いあったりすることは希有である。しかし、巣鴨信金では、部門の壁を取り払うために、支店ごとに組織横断的なメンバーで構成される委員会が設置されている。支店に勤務する全職員は、いずれかの委員会に所属して、店舗全体を考えた活動を行っている。委員会には、店頭の飾りつけやキャンペーンの企画など、店頭を活性化するための「店頭活性化委員会」、チラシの配布等の新商品の販売推進などを行う「業績推進委員会」、忘年会など支店内のイベントを企画する「福利厚生委員会」などがある。これら委員会は、名前や役割が統一されているわけではなく、支店独自で決められる。また、各委員会の委員長は役職者ではなく若手職員が務めることになっており、次長以上はオブザーバーとして参加するが、活動は若手職員が中心で行う。

このように、組織横断的な委員会の存在は、課を越えた情報連携としての役割だけでなく、若手職員に責任感を芽生えさせ、支店の一体感の醸成へとつながっている。そこで培われた経験や情報が再びマイスターや上司に還元され、マイスター会議等を通じて全体に共有される仕組みができている。

(4) 職員全員で「お客様を知る」

巣鴨信金では、テラー（窓口担当者）が支店長や営業担当者と一緒にお客様の自宅を訪問することもある。お盆や年末などに、主要なお客様へのご挨拶にテラーも同行し、タオルやカレンダーを配る。このように、テラーがお客様宅を訪問するという意外性が、お客様に喜ばれている。また、テラーも普段のお客様の姿を見ることで、どのくらい遠くから店舗にきてくださるのかを身をもって感じるなど、お客様への理解が深まる。その結果、営業担当者はテラーと連携して今後のお客様のフォローが行いやすくなるといった相乗効果が生まれる。

また、支店には課を越えて情報が共有できる「情報メモ」という仕組みがある。「情報メモ」とは、お客様の情報やあるいはその対応の履歴等について支店内で回覧されるものである。たとえば、お客様が店頭に来店されたさいに、「階段から落ちて腕を骨折した」という情報をテラーが得た場合、「情報メモ」としてテラーから支店内に発信され、営業担当者とテラーとでお見舞いのために訪問するといった連携が行われる。

「テラーの仕事を、事務仕事という感覚で行っている人は少ないと思います。お客様に喜んでもらうことが仕事だと理解しているから、ほとんどのテラーは前向きに躊躇せず外にもでられるんです[*30]」

*30 営業課員へのインタビューより。

また、巣鴨信金では、住宅ローンの完済時に支店長と担当者がお客様の自宅に訪問し、花束をプレゼントするサービスもある。融資のさいだけでなく、人生最大の買い物である住宅取得資金を長年にわたってご利用いただいたお客様へ、完済時にもしっかりと感謝の気持ちを届けるためである。

「訪問時にお客様から色々な話を聞くのですが、それを隣で聞いている若手職員は、早く住宅ローンに詳しくなって、自分の手でそういうお客様をたくさんご案内したいと考えるようになるんです」[31]

このように、支店長と職員が一緒にお客様の自宅に足を運ぶことで、担当者の育成にもつながり、またその場にいることでしか伝わらない感動を、支店長と担当者とで共有している。それが個々の職員の意欲につながり、職場の活気の源になっている。

（5）職員間におけるホスピタリティの実践

巣鴨信金で実践されているホスピタリティは、お客様に限ったものではない。それは支店内での職員同士のやりとりにも反映されている。

たとえば、巣鴨信金の取組みの一つにタイムマネジメントの徹底がある。各支店において、家族やプライベートの時間がしっかり確保できるように、職員全員が定時を目指して退庫する意識づけが行われている。そのなかで、遅くまで残っている職員の業務を、別の課の職員が自主的に手伝い、支店全体でタイムマネジメントの徹底を目指す、といったことが当たり前のように行われている。

また、「ペア化」もタイムマネジメントに大きく貢献している。「ペア化」[32]とは営業担当者とテラーとがペアとなり協力して仕事を行うといったものである。たとえば、営業担当者の外出時にテラーがパンフレットやチラシを封筒にセットし、すぐに配れるよう協力したり、訪問先のリストをつくったりしている。営業担当者が訪問先から戻ってからでは残業せざるを得ないところを職員同士が協力することでタイムマネジメントが図られている。また、連携する相手を特定することで、誰かがやるだろうという意識を払拭している。

＊31　支店長へのインタビューより。

＊32　全ての支店で「ペア化」が行われているわけではない。

このように、巣鴨信金ではホスピタリティが、お客様に対してだけではなく職員間でも実践されている。なぜなら、職員間で実践するホスピタリティが、お客様に対するホスピタリティの実践にもつながると考えられているからである。

3 巣鴨信用金庫におけるリーダーシップ

このように巣鴨信金で定着しているホスピタリティであるが、その原点には、田村がその人生を通じて長年心に温めてきた思いがある。幼少期に家族と行った旅行先のホテルで受けたもてなしに感動し、「非日常の世界」で感動させる商売をやりたいと考えるようになったのがそのきっかけであったという。その想いは信用金庫の理事長となった後も強く意識されてきた。

「お客様への想いということに対して理事長は絶対にブレない。理事長の提案に対して、最初は賛同しない人も多かったんです。だけど、絶対曲げない。そしたら、だんだんそれに賛同する人が増えて、今のような形になってきたのかなと思います[*33]」

組織文化の変革はトップが一人で行えるものではない。特に金融マンとして経験も実績も乏しかった田村は、職員の意見を聴きながら経営を行っていくという姿勢を貫いた。一方で、ホスピタリティの実現のためには絶対に譲れないこだわりももち続けた。

*33 注29と同じ

（1）言葉へのこだわり

田村の信念は、「喜ばれることに喜びを」に代表されるような分かりやすい言葉で表現されている。これは田村が言葉に対して特別なこだわりをもっているからである。経営計画においてもスタッフを含めキャリアに関係なく全職員に分かるような言葉で「てにをは」一つ一つにまでこだわって作成する。そうやって職員一人一人が理念への理解を深めていく。

「言葉にはこだわります。とにかくワンフレーズで。僕はあまり長い挨拶ができないんだけれども、とにかく一言で表現することに非常にこだわっていますね[*34]」

田村の言葉へのこだわりは部署名にまでおよんだ。これまで総合企画部としていた部署名を、「創合企画部」へと変更した。この名称変更には、これからの時代はただ調整しているだけではなく、常にクリエイティブな視点をもち、今までの既存の概念を払拭していこうという想いが込められている。また、各店舗にあった「預金課」を「お客様サービス課」という名称に変更し、顧客サービスをするための部署であることを明示的に示すようにした。

（2）理念へのこだわり

「金融ホスピタリティ」への転換にさいして、田村の理念を理解するのに一番苦労したのがベテランの職員達であった。金融マンとして実績も誇りもある職員のなかには、若くして異業種から理事長となった田村に対して冷ややかな目を向けていた職員もいた。

*34 田村へのインタビューより。

周囲から反対があった場合、田村は徹底的に議論を重ねる。巣鴨信金には「経営会議において発言しない者は去れ」、また、「ただ反対というのは認めず、必ず代替案を提示しなくてはいけない」というルールがある。そのなかで活発な議論を何度も重ねたうえで落としどころを探っていく。新商品に「盗人御用」という名前を提案したときも、「金融機関の商品に『盗人』などとつけるのはとんでもない」と大反対された。「ホスピタリティ」を掲げたいといった時も、「いきなりやるな」と周囲から反対され、ホスピタリティについての1年間の勉強期間を設けたうえで、徐々に浸透させる方策をとった。

〈現象学による解説⑿〉この「言葉と理念へのこだわり」について、「経営会議において発言しない者は去れ」とは、「自分の気持ちや考えをはっきり言葉にする」という言語的コミュニケーションの鉄則をよく表しています。第1部第2章で述べたように、「知らずに身についてしまった周りへの過剰な配慮」が物事の問題解決に真剣に向き合うことを妨げていることはよくあります。そして周囲への配慮が自分の気持ちより優先されることで、「本当の自分」の居場所を見失わせてしまっているのです。職場の会議において重要なのは、「誰が話すか」ではなくて、「何が話されるのか」です。この「何」について何も語れないということは、当の問題について真剣に向き合っていないということです。真剣に向き合っていれば、「こうすればいいはずだ」という「代替案」をもっているはずですし、その代替案の利点について誰もが納得できるように、すすんで「分かりやすく」説明しようと努力するでしょう。また、「何」についてしっかり話されていないのに、「まあこの程度でいいや」と妥協してしまうことで、自分の「本当の気持ち」に蓋をしてしまうこともよくあります。「いわないほうが場を壊さずにすむ」といった配慮が働いているからです。そのことの積み重ねが、「何」についてまったく話されない無味乾燥な会議をつくり、結局は誰も納得していないから何も進まないという、職場でよくある現実を生んでいるのです。

組織や職員が巣鴨信金の理念と外れた行動をとった場合には、田村は徹底した指導を行う。たとえば、年間の優秀店舗を表彰するさいにも、表彰対象となった支店の業績がホスピタリティをもってお客様に対応した結果であるかどうかを厳しくチェックする。「喜ばれることに喜びを」の根底に、「ものには順序がある」、「立場をわきまえる」という心構えでいるか。金庫は目立たない「黒子」として「主役」であるお客様を助ける立場にいるか。それがチェックポイントである。もし、対象の支店がそのような理念とそぐわなかった場合、契約数など数字的には優れていても表彰を取消すことさえある。

(3) 企業文化へのこだわり

巣鴨信金の特徴に、過去に他金庫との合併を行わず、独立独歩で経営してきたことが挙げられる。預金高で巣鴨信金を上回る都内の信用金庫はすべて合併を行っていることからも、巣鴨信金の経営姿勢がうかがえる。バブル崩壊後に信用金庫業界全体が企業再編の波に飲まれるなかで、巣鴨信金に対しても合併の話はあったという。しかし、巣鴨信金はそういった話に対して固辞し続けた。同じ信用金庫でも企業文化が違う組織同士が一緒になってもうまくいくとは限らない。1+1が2ではなくゼロやマイナスになると考えた。

巣鴨信金の企業文化へのこだわりは巣鴨信金の採用活動にも如実に表れている。規制緩和が進み信用金庫で可能となる業務の範囲が拡大するなか、その他の信用金庫は短期的に成果をだすことのできる即戦力を中途採用に求めた。しかし、巣鴨信金では中途採用を一切行っていない。それは巣鴨の企業文化をしっかりと理解できる人にだけ入庫してほしいという強い思いからである。

また、採用方針にも非常にこだわりがある。「学生が選ぶ企業の採用活動満足度ランキング」No.1にも輝いたことのある巣鴨信金の採用であるが、最終面接において田村がする質問はただ1つ「あなた自身が感動した体験を語ってください」である。田村が求めているのは金融の知識などではない。それよりも人の厚意や思いやりを感じる心をもっている人かどうかが採用の決め手である。まさに「喜ばれることに喜びを」をモットーにした巣鴨信金の企業文化に適した人材であるかどうかが選考基準なのである。

(4) コミュニケーションへのこだわり

巣鴨信金には、職員と田村が直接コミュニケーションを図れる機会も多々存在する。その代表的なものが「車座」と呼ばれる田村と職員とが意見を交換する会である。例年、10月から12月までの3ヶ月間をかけて200人近い職員と田村は「車座」を通じて対話をしている。支店・入社年次・性別も異なる6人から10人程度の職員と田村で、1回につき2時間程度かけて様々な意見を交換し、それを何十回と繰り返す。相当な時間を要するが、社員と職員の意見を聴きながら経営をしたいという田村の強い想いから、「車座」は毎年の恒例行事となっている。このように職員とのコミュニケーションを大切にしている田村は、「車座」の他にも、突然ぶらりと支店を訪問し、職員の日常業務の様子を確認したり、入社して数ヶ月たった新入社員を支店に訪ねて、入社前後でのギャップがないかを確認している。田村が他人の意見を聴く時に心がけているのは、どんなに小さな事柄でもそれを受け止め、何かしらの回答を返すことである。

「職員からの意見を聴くのはリスクがあります。もし、中途半端に答えたり、もしくは答えなかった場合、『意見をいっても結局何も変わらない』と今後一切発言しなくなってしまう。職員一人一人に知恵をだす努力をしてもらうために、だしてくれた意見については時間がかかっても全て回答し、それをガラス張りにしています[*35]」

たとえ意見が業務改善に反映されなかったとしても、明確な回答があることで、職員は自分の意見が無視されていないことを実感し、巣鴨信金の一員としての自覚を高めることにつながる。巣鴨信金の職員一人一人が自発的に意見をだし、行動できる背景には、庫内の徹底したコミュニケーションへのこだわりがある。

(5) 組織内へのリーダーシップの拡がり

このような田村の姿勢は、支店長やミドルマネージャーのリーダーシップのあり方にも影響を与えている。巣鴨信金の支店長は、「金融ホスピタリティ」の目指すものを見極め、職員に伝えていくという大切な役割を担っている。しかし、理念を押し付けるだけでは自発性は生まれない。支店長においても、職員にホスピタリティを実践させるうえで、日頃からコミュニケーションを大切にし、職員の意見や行動を尊重している。

「部下がこうやってみようという提案に対して、私は絶対ノーとはいわない。そのなかにはこれはこうしたらいいと思うものもあるのですが、それは普段コミュニケーションをとっていると十分

*35 注34と同じ

理解してくれているので。なので、私が考えつかないようなことがポンポンでてきます[*36]」

また、会議などで若手の職員でも遠慮せずに意見をいえるよう、事前にアンケートを実施し、職員の意見を募っておくなど工夫を図っている。

「意見は本当にいいやすいです。あと、普段の業務をよく見てくれていると思います。ちょっとしたことでも、こうした方がいいと指導してくれたり、逆に私の行動を評価してくれます。意識していないことでも、日常の業務を評価してくれるのは嬉しいですね[*37]」

一方で、巣鴨信金の支店長を含むミドルのリーダー層は、部下との日々のコミュニケーションにより、結果的に自身の意識改革が行われているという。挨拶や細かい気配りなどは、若手職員や女性テラーの方が長けている場合もあり、その姿からミドルが本気で学んでいる。

「お店にいて『いらっしゃいませ』『ありがとうございました』といった言葉に、プラスαで『お待たせしました』とか『ようこそお越しくださいました』ということを自然にいえる若手職員が私の目の前にいるのを見ると、まだまだ私自身も変わらなくてはいけないんだなと思います[*38]」

このように職員の自主性を尊重しながら、軸がぶれた時にだけ修正を図り自主性を育てていく。

*36　支店長へのインタビューより。
*37　テラーへのインタビューより。
*38　注36と同じ

指導するだけでなく、部下からも学ぶ姿勢で自らの意識の変革も行っていく。巣鴨信金のリーダーには、仕事の能力だけでなく、「コミュニケーション能力」、「人柄」、「ホスピタリティ精神」といった点も求められるのである。

第3章 働くことと身体性の意味を問う ―こころみ学園―

1 こころみ学園の概要

こころみ学園（以下、学園）は、1969年（昭和44年）に設立された社会福祉法人こころみる会が運営する知的障害者を中心とする指定障害者支援施設であり、栃木県足利市にある。（写真3参照）2017年4月現在、施設の利用者（学園では、利用者のことを親しみを込めて「子ども」、「生徒」、「園生」といった呼び方をするため、以下では利用者のことを「園生」を呼ぶ）、は147名（施設入所94名、短期入所8名、グループホーム等30名（年齢20代～94歳、平均年齢54・3歳、男性100名、女性47名））、職員は常勤職員62名、非常勤50名（うち準職員:学園の園生5名）である。

学園は、知的障害により社会・家庭では生活ができない成人の障害者を対象にした指定障害者支援施設である、指定障害者支援施設とは、障害者自立支援法（現、障害者総合支援法）に基づく夜間の「施設入所支援」と昼間の「生活介護」等を併せた障害福祉サービスを提供する施設である。学園に入所している園生の多くが重度障害者とされる区分6に該当する。区分6に該当する重度障害者の多くは、日常生活や意思疎通に困難があり、行動障害等の症状をもっていることが多い。

2　こころみ学園の基本理念と活動

学園（社会福祉法人こころみる会）のホームページ[*39]には、次の基本理念が記されている。

〈基本理念〉

以下の2つの支援を柱に、管理者、サービス管理責任者、支援員、作業指導員、調理員等、スタッフ全員が、設立当初のねらいをできる限り大切にしながら、精一杯の支援を行って参ります。

・生活の支援

共同生活を通じた入浴、排泄、整理・整頓、食事、医療および健康・服薬管理等、規則正しい安定した生活を送るために必要な支援

・日中活動の支援

一人一人が自分に誇りをもてるような作業や活動の場の提供

・ブドウ栽培　・洗濯作業　・しいたけ栽培　・食事の用意
・ワイン醸造・寮内の清掃　・山里整備
・工芸品の下請け作業　・機能維持のための活動

写真3／こころみ学園全景（出典：こころみ学園提供）

*39　社会福祉法人こころみる会ホームページ（http://www.cocoromi.or.jp/　2017年4月10日）

この基本理念に沿って、園生は、職員らとともに、ブドウ栽培（約6万平方メートル）やしいたけ栽培（ホダ木、約2万本）、ワインづくり、山里整備に加え、掃除・洗濯・食事づくりなど日常生活に必要な活動を行っている。

(1) こころみ学園の誕生

学園は、1958年（昭和33年）に、当時中学校の特殊学級の教員であった川田昇（以下、川田）が、子どもたちと一緒に作業学習ができる場所をと思い、足利市郊外の田島町にある高さ210メートル、広さ7・8ヘクタールの急斜面の土地に畑をつくり、ブドウを植え、山から原木をとってきてシイタケを栽培しはじめたのが発端であった。ブドウやシイタケを選んだのは、知的発達に遅れのある子供たちにとって難しすぎず、簡単にできて繰り返しの多い仕事がある方が良いと考えたからであった。また、急斜面のある山であれば、上がったり下りたりすることで足腰が鍛えられ、体のバランスのとり方も上手になる。

1968年（昭和43年）、特殊学級や養護学校での経験から現状に限界を感じ、活路を見出したいと考えた仲間が集まって施設の建設が始まった。たとえ障害をもった人でも、誰もが力をだし切って精一杯に生きること、自立して生きること、それが何より大事であり、人が本当に人間らしく生きられる施設にする。それを「こころみる」ために、「こころみ学園」と命名した。1969年（昭和44年）11月のことである。

(2) こころみ学園が目指したこと

学園をスタートさせるにあたって、川田らが目標としたのは次の4つである。

①職員と子どもたちのあいだで差をつけない。同じものを食べ、同じところに住み、差のつくような服装はしない。
②自然のなかで質素な生活を大切にする。ひもじさに耐えたあとの食事のうまさ、暑さ寒さに耐えたあとの涼しさや暖かさ。疲れたあとの休息の喜び。寒さに耐えたあとの眠る喜び。これらを山のなかでの作業と生活を通して体で味わわせる。
③労働を大切にする。働くことは物をつくるだけではなく、人の心もつくる。訓練されないまま成人になってしまった重度の知的障害者や治療の困難な自閉症を含む情緒障害者であっても、変化にとんだ山の斜面で体を動かしているうちに、情緒を安定させ、問題行動を解消し、意欲的に仕事に取り組むようになる。
④地域との協力体制を大切にする。土地の人たちの生活の営みに深くかかわり、互いに助け合いながら生きる施設をつくる。

入園の条件は、「足がかわりばんこに動くか」「自力で移動できるか」と「物がもてるか」だけであり、入園希望者は原則として全員受け入れることにした。実際に集まったのは、他の施設で入所を断られた重度の子どもたちであった。しかし、いざやり始めると、こんなことをやったらどうだろうということを片っ端から試す、まさに「こころみ」の連続であり毎日新たな発見があった。子供たちは見る間に変化した。

3　改善例＊40

学園に来る人は、家庭内や他の施設、社会のなかでは適応できず、行き場がなかった重度の障害者たちである。しかし、必ずしも多くはないが、学園に来て、集団のなかでの共同生活を通して作業訓練を行った結果、改善がみられた事例がある。

(1) 自閉症のA君

A君は1973年頃、他県の施設に入り、そこで自閉症の治療を7年間受け、19歳で学園に来た。来訪時の意見書では「自閉症がきつく、障害、作業に参加するというようなことは、期待できないかもしれない。手厚く介護してあげる必要がある子ども」とあった。最初に来た翌日にA君が一輪車で原木運びをしていた。父親が驚いて以前入っていた施設に連絡したところ、先生方が30人ほど来て、A君が作業しているのを見て「信じられない、どうしてそんなふうになったのか、どんな教育でなったのか」と聞かれた。学園では全員で山に行って作業をする。山へ行ったら、全員が一生懸命動かなくてはならないし、動かなくては食えないようなところに、ポツンと一人で入った。そうしたら自分も一輪車をもたなければいけないようになって、それで運んだというだけの話であった。仕事をしなければ、動かなければ食えないんだという集団の雰囲気のなかにおかれたら、作業に参加することが難しいと思われる子どもたちでも参加できる。

(2) おうむ返しのB君

お母さんが「これ美味しい?」と聞くと「美味しい?」としかいわない。おうむ返ししか言葉を

＊40　改善例の(1)と(2)は、川田1993より抜粋・引用

発しないB君がいた。彼は自分から言葉をつくって話すことが無かったけれども、ある冬の寒い日にお母さんが水筒に温かい紅茶を入れて休憩時間に二人で山のなかで座って飲んでいたら、「お母さん紅茶美味しいね」と話した。お母さんはそれを聞いてびっくりして喜んだ。赤城山からのからっ風が身に染みる寒い冬の作業のなかで身体を動かして、休憩時間に飲んだ温かい紅茶が本当に美味しかったのだろう。

これらは学園の設立初期の頃の改善例である。当時の園生は比較的若く(10代後半から20代前半)、また学園の規模も小さかった。最近は、定員の関係で新たに入ってくる園生も少なく（空きがでたら入れる状況）なっており、初期のような著しく改善する例はあまりない。一方で、次のような例もある。

（3）最近きたC君

最近きた男性C君は、身長が１９０㎝、体重１２０㎏、両親が外国人でお相撲さんというよりもガッチリしたプロレスラーのような体型でした。気に入らないことがあると、唾をかけたり噛みついたりして暴れるので家庭では手に負えず、病院に入院していたのですが、行くところがないのでどうにか学園で預かってくれないかという話になり、病院から直接連れてくることになりました。着いた日から原木運びに行きました。職員が『仕事だよ』と説明しても流れが分からなかったのですが、周りを見ることができたので、結構スムーズでした。それでも、翌日昼飯を食べてから仕事に行く事が分からなかったので、職員が『行くんだよ』といった途端に噛みついた。それでも、そのまま外に連れて行って、昨日と同じ場所に着いたら、『昨日やったことと同じだな』と分かったようだった。「そんな風にして自然に慣れていってるようです。見た目はちょっとやせたので、このあいだ、体重を計ってみたら増えてました。多分引き締まって筋肉になったのです[*41]」

*41 越知眞智子氏（こころみ学園施設長）へのインタビューより。

現施設長である越知は、学園にくる人たちが、学園での生活に慣れて落ち着いた生活を送れるようになり、症状が少しずつ緩和されていく様子を「薄皮をはぐように」と表現した。最初は急な斜面を歩いて上がることも、下りることもできなかった人たちが、少しずつできるようになる。1日、1週間単位ではなく、数ヶ月、数年単位で少しずつ改善されていくものだという。

4 仕事

(1) 機能回復訓練としての「仕事」

学園では、設立当初の目標にもあるように、家族のように暮らすこと、また、ほどほどに貧乏で物質的に満ちたりすぎておらず、汗を流し一所懸命に身体を動かして働くことを基本的な考え方としている。家族のようにという意味は、一緒に暮らすこと、そして、自分たちでできることはすべて自分たちでするということである。最初は園生が30名、職員が9名であったので、文字通り生活のすべてをともにした。今でもその伝統は引き継がれており、掃除、洗濯、ご飯をつくること（以下、お勝手）など、生活にかかわることはできる限り自分たちでする。したがって、自然と「働く」とか「仕事をする」といった表現になる。実際に園生にとっては、まさに「仕事」なのであるが、福祉の観点からすると「作業訓練を通した機能回復訓練」という位置づけになる。

「ここで彼らも職員も『働く』、『仕事をする』と話していると、学園にいらした方に『あそこは障害をもった方が働いている』と思われますが、法律的には『訓練』です。学園のように『生活介護』のなかで、外でブドウをつくったり、シイタケをつくったりする施設はすごく少ない。法律上は『重度の人たち』だからそんなことはできないでしょうという考え方なのです。けれども、学園の場合は昔からブドウをつくったり、シイタケをつくったりをずっとやっていて、そういった作業訓練を通して、彼らの機能向上を目指しています。ただ、障害の重い方ばかりなので、とにかく『自分のできることをできる範囲で繰り返し頑張っていこう』というやり方です[*42]」

*42 佐井正治氏（こころみ学園事務局長）へのインタビューより。

（2）さまざまな仕事

学園にはさまざまな仕事があるが、大きく分けて外仕事（主に男性が担当）と内仕事（主に女性が担当）があり、外仕事には大きく分けて原木運びを基本としたシイタケ栽培にかんする仕事とブドウ栽培にかんする仕事、それに関連したワイナリーの仕事がある。一方、内仕事には、お勝手と呼ばれる食事をつくる仕事と入居者全員分の洗濯の仕事がある。最近では、車いすの園生も増えており、必ずしも全員が「仕事」をしているわけではなく、昼間はリハビリテーションという園生もいる。以下、主な仕事として原木運びとブドウ栽培にかかわる仕事の概要を説明する。

①原木運び

山から伐採して90㎝に切りそろえたホダ木（シイタケ菌を植える木）をもって運ぶ作業であり、

すべての作業の基本と位置づけられている。学園に新しく入所した園生は、必ずこの原木運びからはじめる。原木運びは、何かをもって歩くことができれば、誰でもできる作業である。また、山のなかを上ったり下りたりすることで足腰が鍛えられバランスがとれるようになる。シイタケは最初は山のなかにおいておくが、菌を打ったからといってシイタケがでてくるかといえばそんなことはない。何らかの刺激が必要で、その刺激を与えるのが、ホダ木を運ぶことの意味である。ホダ木が置いてあるところをホダ場というが、山のなかには何ヶ所かホダ場があって、ホダ場からホダ場へ運ぶのが原木運びである。90㎝の原木を2～3本持ってホダ場からホダ場へと移動するのは、かなりな重労働であり、足腰を鍛え、筋力や集中力を養うことができる。

「重たい丸太をもって登ったり下りたりするので、ふざけたりいい加減な気持ちでやると滑ってけがをします。最初のうちは一歩一歩集中して足を踏みだすようになるのです。地下足袋をはいて、足の裏で地面の変化をとらえながら、一歩ずつ集中して作業するうちに、集中力がついてきて、人の話が聴けるようになり、そうすれば次のステップに進めるようになります[*43]」

（現象学による解説⒀）川田氏が創設した「こころみ学園」の目指す4つの目的の一つに「労働を大切にする」ということがあります。「働くことは物をつくるだけではなく、人の心もつくる」とされ、シイタケの原木を手にもって運ぶ「原木運び」が園生と職員の労働の基本とされています。しかも、改善例で示されているように、最初は、重い原木をもって山の斜面を上がったり下ったりすることができなかった園生も、周りの園生の原木運びの動きに合わせて見よう見まねで身体を動かしてるうちに、徐々に他の園生

*43 注42と同じ

の仕事の流れに乗れるようになり、原木を運べるようになります。この他の人の動きを真似ることができる能力がどのようにできあがってくるのか、第1部第5章で、「赤ちゃんに戻って」考えてみました。

自分の手を自分で動かせるようになった幼児は、自分の手を速く動かせば、速く動くように見え、ゆっくり動かせばゆっくり動いているように見えることを驚きをもって経験していきます。この驚きはほとんどの場合、忘れ去られ、覚えていないのですが、その代わり、身体記憶として今のあなたにも残っているのです。

この速い「手の動きの感じ」には、速い「手の動きの見え（方）」が一緒になっています。速い「手の動きの感じ」とゆっくりした「手の動きの見え」が一緒になっていることはありません。速いにしろゆっくりにしろ、それぞれの「動きの感じ」と「動きの見え」がぴったり一致して、対（つい）になって感じられ、その対になった感じと見えが身についてくるのです（対になって結びついている「連合」については第1部第7章を参照）。それによって周りの園生が原木を運んでいるのが見えるだけで、その「動く感じとその見えの連合」が、それに気づく前に〝自分〟の身体に、ちょうど赤ちゃんの「伝染泣き（第1部第5章70ページおよび次ページを参照）」のように、無意識に伝わってきて、「動きの見え」と対になっている「動きの感じ」を促すのです。そしてこの「動きの感じ」に応じて、園生がその一歩を踏みだすそのとき、じつは幼児だった自分がやっと立って歩けるようになったときに「身についた」身体のバランスのとり方で、その一歩を踏みだしているのです。歩く時の身体のバランスのとり方は、平地を歩くときと、坂を登るときとでは違っており、足で踏む力に応じて地面から返ってくる圧力の感覚や足や地面がどう見えているのか、そのときの呼吸のリズム、空気の匂いなど、「すべての感覚が一まとまり」になって、初めてしっかり歩くことができるのです。この「足の裏で地面の変化を捉えながら、一歩ずつ集中して歩く」ことで、心身の健康が促されることを川田氏は、「感覚統合療法」と呼んでいたとされます。これこそ、現象学でいわれる、すべての感覚野のあいだに働く「受動的綜合」としての「連合の働き」の促進に他ならないのです。

②ブドウ栽培にかかわる作業

ブドウづくりにかかわる作業には、季節に応じて剪定、芽かき、つる切り、誘引、摘房、笠かけ、腐れ取り、収穫といった作業の他にも、雑草の草刈やカラスを追い払うカラス番、石拾い、幹の皮むき、コウモリ蛾の幼虫をとる作業など、さまざまな仕事がある。それぞれの作業を通じて、できるだけたくさんの園生が畑に入れるように工夫している。園生のなかには、長年、同じ作業を繰り返すうちに熟練してきて、「○○のプロ」といわれるような職人になる者もいる。たとえば、ツル切りのプロとかチェーンソーのプロとか、その作業にかんしては誰にも負けないほどうまくできるということである。

(3) できることをできる範囲で

学園では、園生の特性により「できることをできる範囲で行う」ことを基本としている。ブドウ畑の石拾い、ブドウの収穫時期のカラス番など、何もできないと思われている園生にもできる仕事がある。一つの事例を挙げよう。

「昔、シイタケのホダ木が36万本もあったとき、昼間にホダ木を山から降ろしてきての収穫が間に合わず、山でシイタケがでてしまうことがありました。シイタケは夜露にあたると真っ黒に変色してしまうので、夕飯を食べた後に園長が『山に行くぞ。でているシイタケを全部とってこよう』といって、でかけました。そのときに、何もできない子も山に連れて行き、懐中電灯を渡して『これをもって立っていろ』というのです。真っ暗な山のなかで明りになりますから、役に立ちます。

終わってかえってくると、何もできない子が「自分も役に立った」、「一緒にやったね」と皆の仲間に入ることができるのです。園長はそういう考え方でした。何もできないから連れて行かないじゃなくて、この子にも何かできることがあるだろうと[*44]」

作業は向き不向きがあり、簡単な仕事から難しい仕事に段階を踏んでできるようになるわけではないという。一見、難しいことがすぐにできるのに、簡単そうに見えることができなかったりする。それゆえ、職員の仕事は、その園生ができそうな仕事を見つけてチャレンジさせることである。新しい作業は園生のモチベーションの向上や責任感につながる。また、いろいろな仕事ができるようになって感謝されることは、彼らの居場所をつくることでもある。

一方で、園生と一緒に作業をするうえで、職員自身が園生の何倍もの仕事をしないとついてきてくれないし、手を抜いていることも見抜かれる。

「職員は園生の2倍から5倍くらい仕事をしないと、園生はついてこないので。土を運ぶ作業にしても、口でいうだけでやらないと、誰もついて来ない。やるときは自分がスコップで2倍入れたり、バケツを一緒に運んだり、夏の暑いときも頑張るところを見せないと駄目です[*45]」

「職員と園生は兄弟のようであったり、フォローするために対等な関係である部分もあるし、逆に、こちらがきちんとしなければどやされることもあります。若い頃、俺も怒られました。少しでもサ

*44 注41と同じ
*45 こころみ学園支援員へのインタビューより。

ボると『おいっ』とかいわれてどやされる」[*46]

職員も園生と一緒に仕事をする仲間なのである。

5　ココ・ファーム・ワイナリー[*47]

(1) ココ・ファーム・ワイナリーの生い立ち

こころみ学園では、栽培したブドウをワインに加工している。経営主体であるココ・ファーム・ワイナリーは、学園の考え方に賛同する父母など園生の家族らの出資により、1980年に有限会社として設立された。もともとは、社会福祉法人としてワインをつくろうと思ったのだが、税務署から酒造免許が下りなかった。当時の社会福祉法制において、「税金で運営されている施設が酒をつくって酒税を収めるのはおかしいだろう」というのが税務署側の考え方であった。そのため、学園とは別にココ・ファーム・ワイナリー（以下、ココ・ファーム）が設立されたわけである。

試行錯誤を重ねてワインの品質を高めていった結果、ココ・ファームで生産されたワインは、2000年に九州・沖縄サミットで、2008年には北海道洞爺湖サミットで使われるまでになった。また、2013年からは日本の航空会社の国際線ファーストクラスラウンジやビジネスクラス機内でふるまわれるようになった（図8・図9参照）。

(2) ブルースとの出会い

学園のワインを今の品質にまで高めた立役者の一人が、ワイン・コンサルタントのブルース・ガッ

*46　注45と同じ

*47　5と6の記述は、ガットラブ（2014）からの抜粋・引用。ならびに、筆者によるブルース・ガットラブ氏（ココ・ファーム・ワイナリー取締役）へのインタビューより。

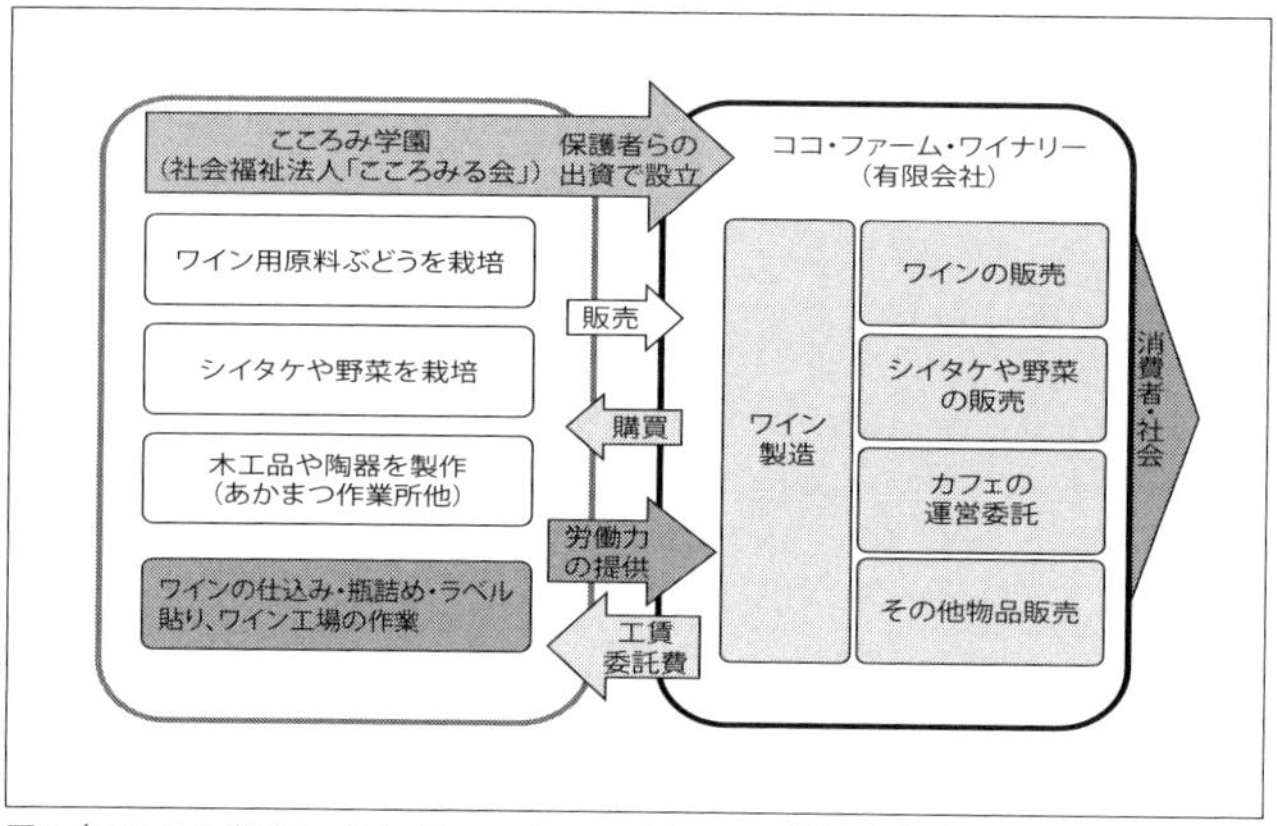

図8／こころみ学園とココ・ファーム・ワイナリーの関係（1）（出典：筆者作成）

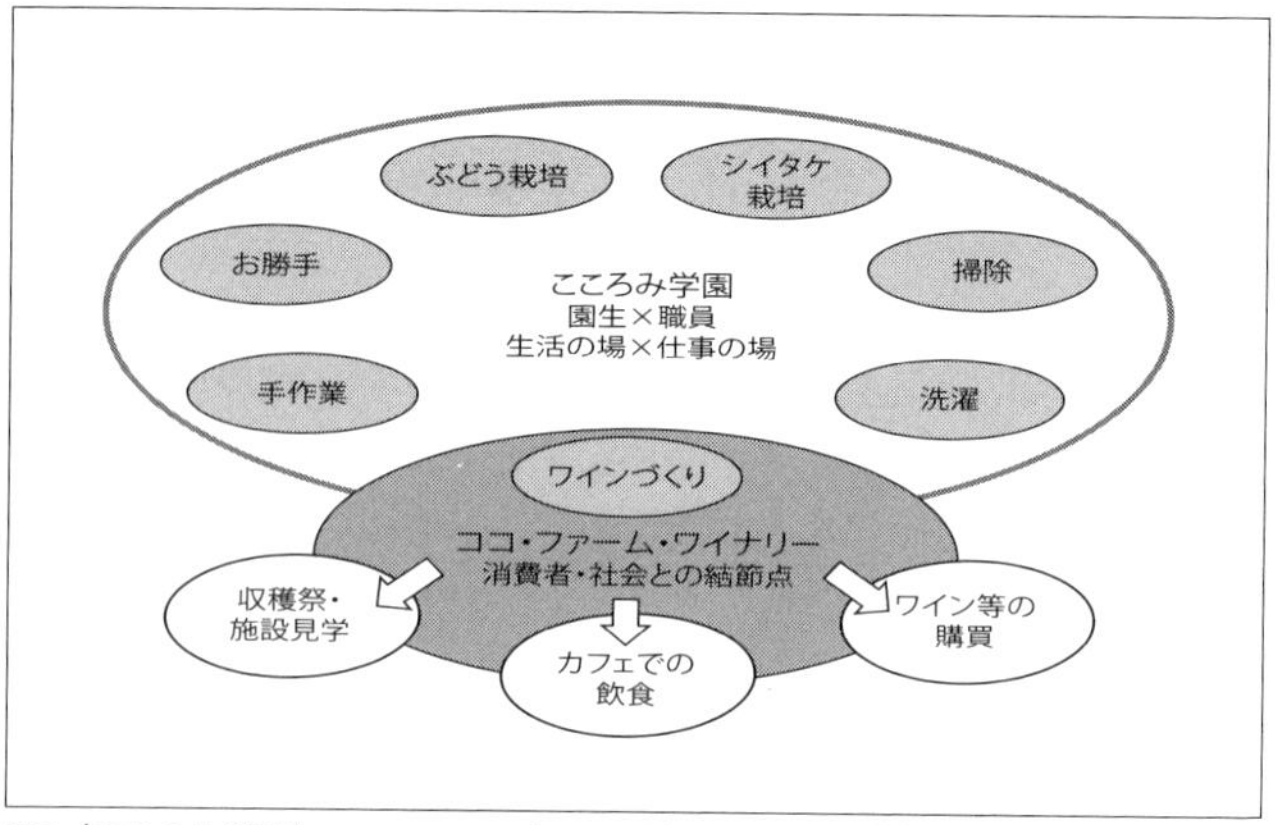

図9／こころみ学園とココ・ファーム・ワイナリーの関係（2）（出典：筆者作成）

トラブである。ワイン・コンサルタントとは、どのようなワインをつくりたいのかというオーナーの希望に応え、畑づくりからブドウの種類の選定、栽培方法、醸造方法、販売までのすべてのプロセスにかかわり、アドバイスをするワインづくりのプロである。

ブルースは、友人から日本のワイナリー（学園）に行って指導してくれないかとの依頼を受けて、最初は少しだけ手伝うつもりできたが、園長の熱意やこころみ学園の園生たちとのワインづくりに面白さを覚えて居ついてしまった。それは、最大斜度38度という急斜面に開墾されたこころみ学園のブドウ畑が、川田らの思いを起点にして、園生や一緒に働く職員、周囲の人々との絆があったからこそできたものだと分かったからであった。そして、この土地に合った最高のワインをつくることを川田と約束し、ココ・ファームのワインづくりにかかわってきた。

（3）丁寧な手仕事

ココ・ファームのワインの品質は、その土地に合ったブドウを手間をかけて丁寧に育てること、また、そのブドウの特徴を活かす醸造方法で自然の力を最大限に使うこと、そして、それを可能にする技術に担保されている。ワインの醸造工程にかんしては専門の職員が中心になって行うが、それ以外のブドウ栽培からワインの出荷まで、ほとんどの工程に参加する園生たちの一つ一つの手仕事の結晶がココ・ファームのワインである。

ワインは手間をかけた分だけおいしくできる。ブドウも摘房をして一本の木についている房の数を減らせばよりおいしいブドウができる。ただ、数を減らせばそれだけ鳥に食べられたり病気になった時のリスクがあるので、鳥に食べられないように追い払い（カラス番）、虫がつかないようになんども見る。病気にならないように一房一房に傘をかける。また、収穫してきたブドウから腐っていたり未熟だったりする粒を一粒一粒取り除く選果も、すべて園生たちの手作業で行う。

「早いものは8月のお盆ごろから収穫が始まります。それからだんだん品種ごとに収穫していくのですが、去年（2014年）は結構な数が病気になってしまいました。悪い粒をえり分けて捨てるのですが、普通であれば『これは絶対だめだろうな』と思って房ごと捨ててしまうようなブドウでも、園生たちは腐ったものを丁寧にとって、残りが2粒だけだったということもありました。でも、その2粒を残したい。それが園生の気持ちなのです[*48]」

初代園長の川田はよく「消えてなくなるものに全力をつくせ」といっていたという。ココ・ファームのワインの品質は、園生がどのくらい汗をながし手間をかけて毎日の作業をしているかを反映している。

写真4／収穫祭（出典：こころみ学園提供）

*48　ココ・ファーム・ワイナリー、ヴィンヤード・ディレクターへのインタビューより。

（現象学による解説⒁）この川田氏の「消えてなくなるものに全力をつくせ」という言葉の重みは測りしれません。この言葉は、ここで述べられている「丁寧な手仕事」に当てはまるだけでなく、すべての仕事に当てはまります。もちろん、「人が生きることの自覚」を意味する現象学という仕事にも当てはまります。

職場の人間関係に悩み、自分の「居場所」が危ぶまれると感じるとき、「腐りかけているブドウの房からまだ腐っていない2つの粒を残せるか、残せないか」、そのブドウの実（身）になって（全力をつくして）見極めようとする園生のように、仕事の内容そのものに全力で向かうことをとおしてしか、本当の解決は見いだせません。そのつど全力をつくしていることそのものは、いつも「消えてなくなって」いきます。たとえば、巣鴨信用金庫の「新鮮な笑顔」もその時その時で消え去っていくものです。

そして、「自分の生き方（生きる態度）」を全力をつくして、はっきりさせようとするとき、現象学は、いつも「自分の生きた経験」をそのまま「カッコに入れる判断の一時停止」の方法によって、自分はいったい、「何」に向かって「どのようにしようとしている」のか、生きる態度のそのつどの内省を身につけるよう促しているのです。

こころみ学園では、「仕事に集中できていない職員」が、園生から「それを指摘される（怒られる）」とありました。仕事への集中ができるかできないかは、言葉を介さずとも、直接、身体と身体とのあいだを共鳴しあっています。言葉にしなくてもお互いに感じているのです。現象学では、この物事に集中すること、一心不乱にそのことだけに心を寄せること、つまり、全身全霊で世界に向き合う態度がどうやって成り立ちうるのかを説明しようとします。それは、マルティン・ブーバーのいう「我－汝関係」として、自我の意識が形成される以前の幼児期の「我－汝関係」と、自我の意識が形成された後の大人の「我－汝関係」とに区別されて考えられています。

したがって、大人になって「仕事に集中する」ということは、幼児期の「我－汝関係」から出発して、言語的コミュニケーションによる「我－それ関係」において可能になるのですが、この「我－それ関係」としての仕事への集中をとおして初めて、大人になってからの「我－汝関係」が実現するということなのです。その全体像は、第1部で詳細に説明していますので、読み返してみてください（第1部第10章を参照）。

毎年11月には、収穫祭（写真４）が行われる。青空とブドウの木の下で敷物を広げ、今年採れたブドウでつくった「できたてワイン」を片手に、地元の食材や料理を食べながらピクニックを楽しむため、朝早くから東京や近郊の都市から大勢の人々が押し寄せる。１９８４年に始まったこの収穫祭は、最初は園生やその家族、職員、近隣者ら約５００人が集まってのささやかなお祝いごとであった。それが年を追うごとにその噂を聞きつけた人たちが集まり、それが評判となって口コミで広がり、2日間で2万人近くの来場者を集める地域のお祭りになった。園生も収穫祭が近づくと、「もうすぐ祭りだね」といって心待ちにしている。

6　仕事をとおして生まれる責任感

学園において、機能回復訓練が「仕事」でなければならない理由は、それによって対価（賃金）が得られるかどうかとは直接関係がない。「仕事」でなければならないのは、それが誰かの役に立つことであり、責任感につながっているからである。仕事をとおして、自分がうまくできることを見つけ、それが自信につながり、周りの役に立って期待されるので責任感が生まれる。機能回復訓練において体を動かすことが重要であれば、原木運びでなくても、極端にいえば山のなかを歩くことだけでよいのではないかと思われる。しかし、単に山歩きをするだけでは、責任感は生まれない。自分のできることが人の役に立ってこそ、自分の仕事が他人に期待されるものであってこそ、その期待に応えようという責任感が生まれるからである。園生は、子どものときにいじめられたり独りぼっちであったりした経験をもつ者が少なくないという。誰にも期待されない、誰にも褒められない辛い経験があるということである。ワインのビン詰の工程で、空瓶をとってフィラーという充填機に瓶をセットする仕事をしていたある園生のエピソードを挙げよう。

「ある日、フィラーを担当していた園生に微熱があるので休ませようと思って、ブルースにそういったら、『あなたは微熱があるくらいでいちいち仕事を休むのか、あいつがこられないと今までやった仕事が全部だめになる。自分にとって彼が必要だから、もしおきられるようなら連れてきてくれ』といわれたのです。ブルースは自分で園生のところに行って『大丈夫か、おきられるか?』と聞くと、その園生も『おきられるよ、大丈夫』といって仕事に行った。ビン詰の作業が大変だということが分かっていたのです[*49]」

この時に、越知は「私たちが障害者にしているのだな」とつくづく思ったという。この子は障害者だからという理由で微熱があるから休ませる。でも、自分がいなければその仕事が成り立たないと思えば、風邪をひいていてもでるのが普通の人ではないのか。しかも、必要とされているのであればなおさらである。ブルースは、その園生が本当に仕事に必要だったから本気できてほしいといった。ブルースにとっては、園生はかけがえのない仕事仲間であり、日本にきて右も左もわからない自分を受け入れてくれたのも園生たちであった。フィラーを担当していた園生は、仲間のブルースの期待に応えて仕事に行ったのである。

ひょんなきっかけから日本にきて、約20年以上もココ・ファームのワインづくりに携わることに

*49 注41と同じ

なったブルースは、学園で何を学んでいるかという問いに対して「生き方を学んでいる」と表現した。園生だけではなく職員も、仕事を一緒に行い、共に助け合い学びあう仲間であることが、こころみ学園の基本なのである。

（現象学による解説⑮）このブルースさんの「生き方を学んでいる」とは何を意味しているのでしょうか。ブルースさんは、ワインづくりのプロであるワイン・コンサルタントです。その仕事のプロ中のプロなのです。そのブルースさんがワインづくりを指導するよう依頼されて学園で働きだし、「（川田）園長の熱意やこころみ学園の園生たちとのワインづくりに面白さを覚えて居ついてしまった」とされていますが、この面白さはいったい何に起因しているのでしょうか。この「面白さ」こそが、まさに「生き方を学ぶことができる」ということに表現されているのだと思われます。多くの園生たちが、幼いころから「いじめられたり独りぼっちであったりして、誰にも期待されない、誰にも褒められない辛い経験をもって」学園に入ってくるとき、誰もが自分の「できる範囲の仕事」から始めて、誰かの役に立つ仕事に集中することができることで「仕事仲間」になり、そして枝打ちのプロ、キャップをはめるプロ、といったように、自分の得意分野で「仕事のプロ」になっていくのです。このような園生と職員の生き方こそ、ワインづくりのプロであるブルースさんにとって、汲めどもつきない「生き方の学びの源泉」であったといえましょう。

第4章 漁場における競争と共創 ―駿河湾における桜えび漁業―

1 桜えび漁の概要

日本で商業的に桜えび漁がされているのは駿河湾の由比・蒲原・大井川地区だけである。桜えびは体長3㎝～5㎝の小型の甲殻類で、学術名は「サクラエビ科サクラエビ属サクラエビ」である。由比港漁業協同組合は、旧由比町漁協と旧蒲原町漁協が1968年に合併して誕生した。2016年現在、正組合員（漁業者）253名、准組合員（漁業者・仲買・加工業者）419名である。ここ最近の年間水揚量は、1,600トンから2,000トンであり、金額にすると約20～40億円を推移していたが、2017年春漁から不漁が続き、2018年秋漁は休漁（出漁できず）、2019年春漁は水揚げ量が例年の30％程度と低迷している。主な漁業の種類は、桜えび漁業、しらす漁業、定置漁業（定置網）などであるが、全体の水揚量の約6割、金額にすると約9割を桜えびが占める。

2 桜えび漁の特徴

桜えび漁は、「夜曳き（よびき）」ともいわれ、日没前の夕方から夜にかけて漁が行われる（写真5参照）。二つの船がペアになって網を曳き漁を行う二艘曳き（図10参照）で、この一対の船のこ

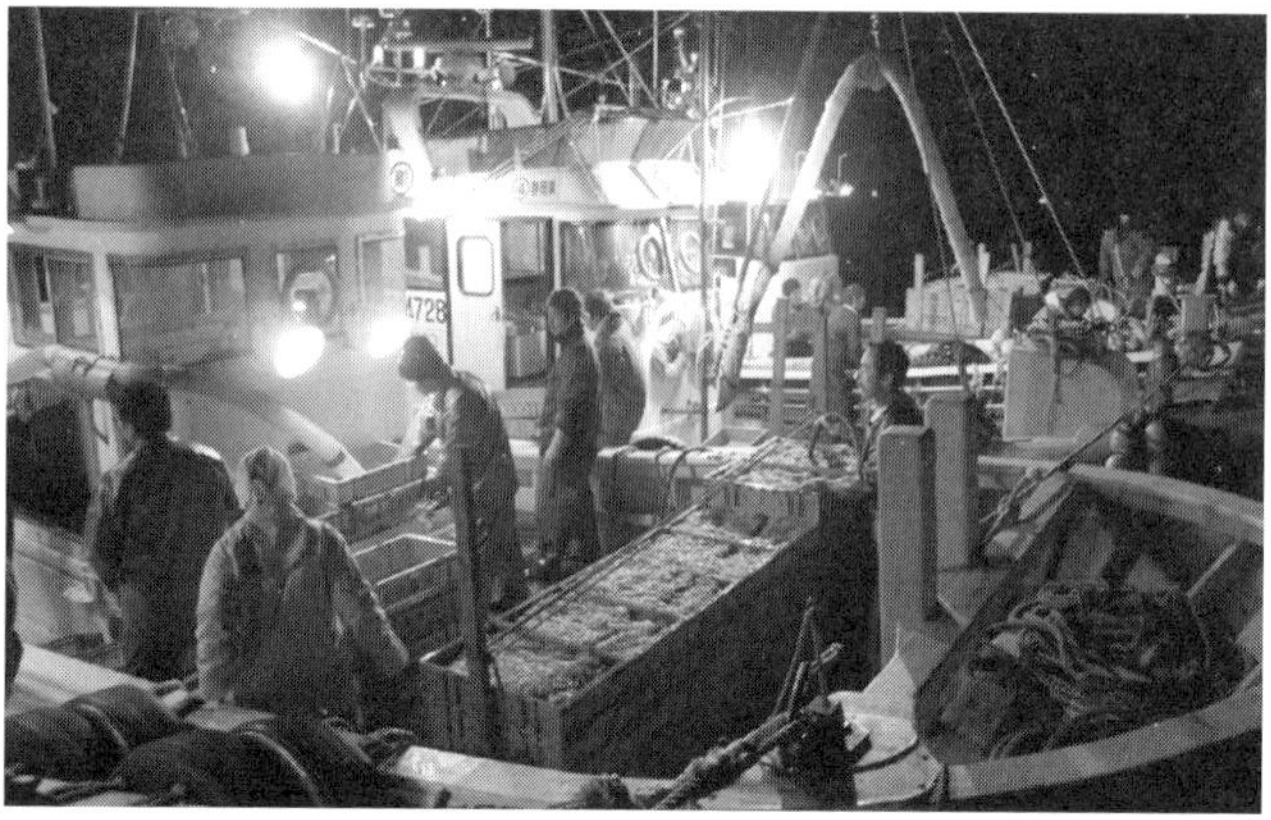

写真5／桜えび漁の様子（出典：『さくらえび漁業百年史』50頁より引用）

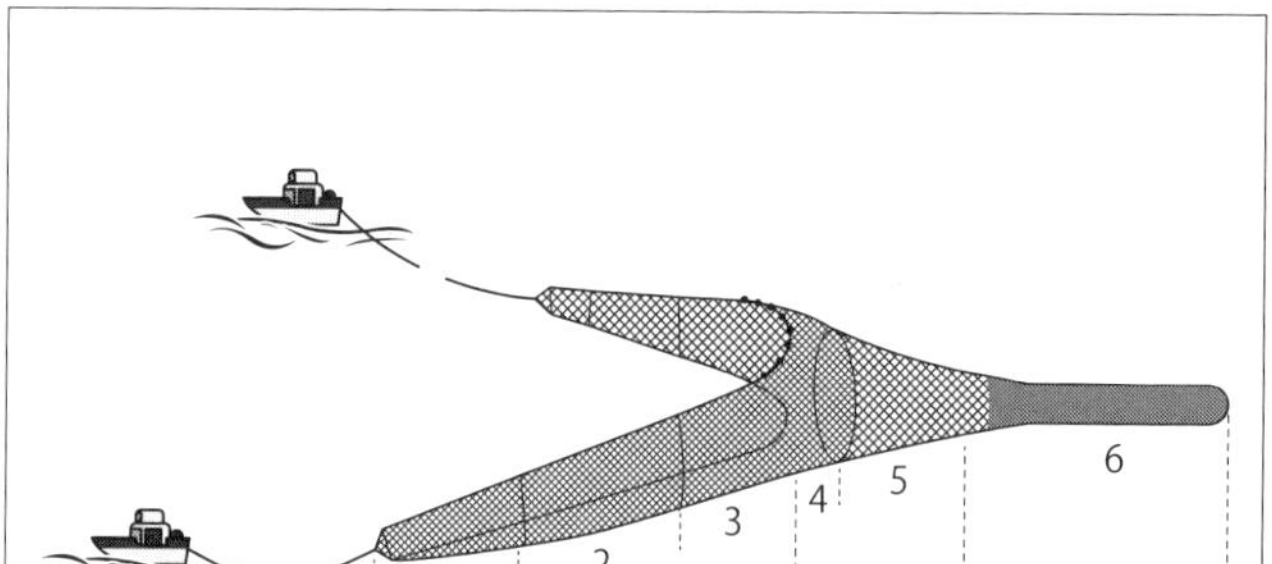

図10／桜えび二艘船曳網（出典：由比港漁協内部資料）

とを一統（いっかとう）と呼ぶ。静岡県漁業調整規則により1964年から60統120隻、船一隻の総トン数は7トン未満と定められ現在に至る。また、禁漁期間は6月11日～9月30日と定められており、漁業者の自主的な申し合わせで、春漁（3月中旬から6月上旬）と秋漁（10月中旬から12月下旬）の年2回の漁が行われている。現在の乗組員は船長を含め一隻あたり6名で一統12名である。

3　桜えび漁の歴史

(1)　桜えび漁の起こり

桜えびは、日中は水深200メートル以下の深海に生息しており、暗くなるとプランクトンなどの餌をもとめて水深約50メートル前後まで群れで浮上してくる。桜えび漁は、1894年(明治27年)12月にアジ船びき網漁にでかけた由比の漁師が、夜になって富士川沖で網を海中に入れるさいに、たまたま浮きを忘れてそのまま投入して曳き上げたところ、1石（約180リットル）の桜えびが獲れたことが発端といわれている。

この偶然の漁法の発見により、翌年には由比町の漁師が、翌々年には蒲原町の漁師が、この漁法を伝習し、そこから今日に至る桜えび漁が始まった。桜えび漁業に従事する漁業者はその後急速に増え、大正元年には由比と蒲原合わせて99統と大幅に増加した。桜えび漁業は、1911年（明治43年）までは自由漁業の取り扱いであったので、漁場侵犯をめぐって時には命がけの争いが生じたという。漁業法の公布をうけて、漁業紛争はかなり押さえられるようになったが、桜えび漁についてはプール制の導入までは漁場をめぐる争いが絶えなかったようである。

昭和6年には、焼津沖の漁場が開発されたことにより、大井川地区の漁民が桜えび漁に従事するようになり、昭和43年の由比・蒲原の漁港合併以降、桜えび漁業は由比港漁協と大井川町漁協の2組合3地区で行われるようになった。

(2) 漁具・漁法の進歩と漁獲競争

漁場の開発や漁獲量の拡大・効率化は、主に1950年(昭和30年)代になされた漁具や漁法の進歩、すなわち、技術革新によって進められてきた。大きく分けてエンジンや船の大型化と、網の改良や網巻揚機(ネットローラー)、魚群探知機などの普及による設備の高度化、さらに通信技術の発達の3つに大別される。化学繊維の網の開発によって、それまで漁が終わるたびに行っていた網を干す作業が不要になり、ネットローラーの普及は、それまで人手に頼っていた網の曳き上げ作業を大幅に効率化した。さらに、魚群探知機が導入されたことにより、それまで経験と勘に頼って漁をしていたのが魚群探知機を使って効率的に探索できるようになり、これも漁獲能力の向上に寄与した。ネットローラーにしても、魚群探知機にしても、普及の速度は非常に速く、1年くらいのあいだに全船に普及している。

作業効率があがったことで網をかける回数を増やすことができたため、すべての船がこぞって一晩中何度も網をかけて漁獲量の拡大を狙う競争が激化した。漁獲量の急増は市場価格の暴落を招いた。いわゆる大漁貧乏である。1968年(昭和43年)の春漁では、8,000杯(約120トン)の水揚げがなされた翌日のセリで、前日1,200円(15kg当り)であった価格が300円に暴落し、怒った漁業者と仲買人のあいだで激しい争いがおき、漁獲物の半分近くを漁業者が海に捨てた。一方、仲買人は入札をボイコットして漁協の市場は閉鎖された。

（現象学による解説⑯）この漁獲した桜えびを海に捨てるという事態は、漁獲量を競う競争原理に中軸をおく漁業経営の限界が明確に表面化したことを示しています。「桜えび」の生息する特定の海域に限定された漁業では、先に事例で挙げられた前川製作所の「棲み分け」の考え方のように、既存のニーズに対応するのではなく、新たなニーズを顧客とともにつくりあげていくことで無益な過当競争を回避するのとは異なった別の仕組みが必要でした。それが資源管理型漁業の優等生といわれてきた桜えび「プール制」の始まりです。

競争から共創へと舵をきった桜えび漁においても、「共創的人間関係の構築」（第1部第4章64ページを参照）のためには、互いへの信頼という確固とした情動的コミュニケーションの基盤が必要です。その基盤の上に、自分の気持ちをはっきり言葉にできる言語的コミュニケーションが最大限に活用されることで、初めて互いに共創し合える職場が実現することに変わりはありません。

（3）田子の浦港のヘドロ公害と火力発電所の建設反対運動

桜えび漁の大きな転機となった出来事として、1969年（昭和44年）におこった田子の浦港のヘドロ公害に対する反対闘争と、東京電力富士川火力発電所建設反対運動が挙げられる。よく知られているように、田子の浦港のヘドロ公害は、富士市の製紙工場からの工場廃液が原因で、駿河湾奥部の桜えびの漁場に近い田子の浦港にヘドロが体積し、その処理を巡って漁民たちが漁場を守るための反対闘争を展開した。当時の様子を知る漁師は、次のように語る。

「あの当時は、沖にでていると海の汚れが毎日見えた。青い海が田子の浦や富士川をすぎると焦げ茶色になって、ヘドロからガスがでる。泡がブクブクでてきてヘドロが浮いてくる。それが海に流れ込んでくる。そういうなかで争いがはじまった[*50]」

漁師たちによる漁場を守るための一連の抗議行動によって、田子の浦に堆積していたヘドロは、紆余曲折を経て富士川河川敷に埋設されることになったが、この活動は漁民たちの連帯感を強め、プール制の導入の契機となり、後の桜えび漁業のあり方に影響を与えた。

*50 由比港漁協　望月武氏（船主：当時）・望月好弘氏（船主：当時）へのインタビューより。

*51 大森・志田（1995）、82～93頁より抜粋引用。

4　プール制[*51]

桜えび漁業の特徴は、桜えびの希少性のみならず、それを支える社会制度にある。資源管理型漁業の成功例といわれる桜えび漁では、約50年間にわたり全水揚高を一定のルールに基づいて均等配分するプール制を敷いている。プール制の目的は、漁業者による資源の保護と管理、過当競争による事故防止等が挙げられる。また、その効果は、過度の設備投資の抑制と出漁調整による経費の節減、漁業労務の効率化と作業負荷の軽減である。

資源管理において理想的に見えるプール制であるが、その成立までには長い試行錯誤の歴史があり、さまざまな試みがなされては改廃されて現在の形態になった。プール制は、漁業者の価値観や思考様式・行動様式に大きな影響を与えており、漁における競争と共創を理解するうえで重要な社会制度である。

（1）プール制のきっかけ

プール制は1966年（昭和41年）に由比地区の5統の船主グループのなかで、水揚げ金額の分配制度（プール計算制）が試験的に採り入れられたことが始まりといわれている。1965年（昭和40年）に導入されたトランシーバーによって、複数の船のあいだでの情報交換が容易になり、個別に操業するよりも複数の船が分業して桜えびの探索を行うことで、グループとしての漁獲量を増やすことが目的であった。この試みの中心となったのは、後に漁協組合長を長年にわたり務めることになる原剛三[*52]（大政丸の船主・船長）らのグループであった。

また、当時は漁具や漁法の技術革新が進み、駿河湾の巻網船が過剰な設備投資から多額の負債を抱えて経営不振に陥ったり、各船がこぞって漁をすることによる獲りすぎで、資源が枯渇してしまうのではないかという不安が漁師のあいだに広がっていた。グループでの操業は、当時一番の問題とされた設備投資競争と、乱獲による資源の減少に対する対処方法としても注目され、1968年（昭和43年）の秋漁から、由比町、蒲原町、大井川町の地区別でのプール制が確立した。

（2）本格的な導入－総プール制－

地区別プール制は、1968年～1971年までのあいだ採用され、漁価の高値維持と漁獲量の若干の調整という点では一定の成果をあげた。しかし、地区別に行われていたため、個別の船のあいだの漁獲競争から、地区間の集団競争に様相を変えただけで、資源管理（獲りすぎの防止）への効果は疑わしかった。出漁時間、操業時間、操業方法などに関する船長部会のとり決めもしばしば破られたという。1960年代におこった漁具や漁法の技術革新が漁獲競争に拍車をかけ、1976

*52　原剛三らは、田子の浦の公害闘争の時にも活動の中心となり、乗組員代表であった望月伊之助が乗り子たちをまとめたことによって、総プール制の実現に結びついたという（由比港漁協組合長の宮原淳一氏へのインタビュー）。

年に県条例によって二艘曳きへと漁法が変更されたことで、狭い漁場で混乱なく操業することがますます困難になった。

さらに、同時期におこった田子の浦のヘドロ公害問題などに対して、漁師たちが一体となって反対運動を展開し、この運動そのものが地区の意識を越えて桜えび関係者の連帯感を生み、共通の問題には協同で対処するという機運につながっていった。

地区別プール制度の不備を認識した漁業者たちは、1977年の春漁から3地区を統合した総プール制度を採り入れることとした。百年史ではこの総プール制度の効果を「一隻の廃業者もださず今日まで桜えび漁業を営んでこられた」と表現している。

（現象学による解説⑰）プール制の導入は、大漁貧乏や設備投資の過剰競争、乱獲による資源の枯渇を回避し、今日まで桜えび漁業を継続することに成功した最大の組織改革といえるでしょう。同じ漁業者といえども、それぞれが独立した自営業者の集まりである桜えび漁において、水揚げされたすべての桜えびを「プール」して、販売総額を一定の割合において配分するプール制の導入は、当時も今日においても画期的なものでした。漁業者が集団として販売する方が、大量貧乏を回避したり、相場を高く維持したりするためには有効であると分かっても、漁獲の多寡を競う「漁師気質」を乗り越えて、プール制の合意に至るには何年もの歳月がかかっています。

その当時、駿河湾のヘドロ汚染公害に対する漁業者の団結があったことも、プール制成立の背景にあったといわれています。同じ海域で漁業をして生計を立てていかなければならないという切実さが、漁業者の共通した感覚であったと思われます。一方で、漁場侵犯をめぐって日々が命がけの争いである桜えび漁において、漁師の気性の荒さは際立ったもので、言語によるコミュニケーションがいかに難しかったかも想像されます。お互いが感情と感情をぶつけあう情動的なコミュニケーションはなされたとしても、プール制に移行するために必要なことを、徹底的に言葉にして話し合うという言語的コミュニケーションはどの程度可能であったのでしょうか。

漁獲量を増すことが唯一の目的であったとした場合、そのために必要な言語的コミュニケーションはなされたとしても、漁業の根底に根づく漁獲量の多寡を競う気持ちや、自分たちの経験の枠を外れる「販売関係者」との「利害関係」や、資源調査を行う「調査機関」に対する「不信感」について、十分に言葉にもたらす努力が行われてきたかどうかが問われることになります。桜えび漁のプール制成立のプロセスは、前川製作所の「独法制」への移行のさい、言語的コミュニケーションの極限をとおして徹底した討論が重ねられることで当事者同士、完全に納得したうえでの組織改革がなされたという事例と対比されるでしょう。情動的コミュニケーションの根底に働く信頼関係が、当事者同士のあいだに確認されることで、徹底した言語的コミュニケーションが成立します。桜えび漁においてもこの信頼関係の欠如が、近年におけるたえざる漁獲量の減少という危機的状況において、大きな問題として様々な局面で表面化していると考えられます。

総プール制を導入しなければ、桜えび漁は資源が枯渇してかなり前に終わっていただろうという点で、漁業者や研究者などの認識は一致しており、プール制の導入によって、それまで競争していた漁業者が協力して漁をするようになった。しかし、プール制においても漁場における競争的な状況は存在し、その漁獲量をめぐる競争意識は漁場での船の行動に影響を与えている。

5　漁師の気質と共同操業

(1)漁師の気質

桜えび漁師の気質は荒いといわれる。奥駿河湾から大井川にかけての狭い海域において、他の船と常に競争する環境において漁をしてきたという歴史的な背景を考えれば、その気性の激しさは想像に難くない。プール制導入前は、激しい漁獲競争は当たり前で、桜えび漁においても時には漁場侵犯をめぐって命がけの争いが生じたこともしばしばあった。沿岸の自由漁業では、漁獲量がその船の収入に直結するので、どの船も必死で漁をする。本来は、競争に勝って多くの水揚げをあげられる船だけが生き残る実力本位の世界でもある。一方で、その激しい漁獲競争は、桜えび資源の獲りすぎと大漁に伴う市場価格の暴落をしばしば招いてきた。全漁獲量を均等配分するというプール制が導入されて約50年近くが経過した今もなお、漁師のあいだでは、他の船よりも少しでも多く獲りたいという気質は根強く残っている。百年史には次のような記述がある。

「プール計算制を導入すると、漁業者個々は一所懸命漁をしても遊んでいてもとり分は変わらないので生産意欲が落ちるのではないか、ということをよく聞かれますが実際は逆です。というのは、漁を終え市場に水揚げをするさい、船ごとに桜えびの入った魚箱が並べられていますが、100箱並ぶ船もあれば10箱しか並ばない船もあります。そんな時、10箱しか水揚げできなかった船の漁師は、いかにも恥ずかしそうに、そそくさと家路についてしまい、次の漁まで肩身の狭い思いをするものです。漁師気質というか、先の意見は漁業者には当てはまらないといえましょう」[*53]

さらに、漁業者へのインタビューでも同様の話があった。

「今でも人よりたくさん獲りたいという漁師気質をもっているから、逆にそれが無くなったら（漁師を）やめた方が良い。他の船が30から50杯曳いていた時に、10杯しかない場合は、ほっかむりをして由比を歩かなければならない。昔かたぎだけど、総プール制になり、今日は曳いても明日はもらう身だと感じる」[*54]

「やっぱり人よりたくさん曳きたいという気持ちはある。その気持ちがなければ漁師じゃない。もともと、プール制だって以前は『今年もプール制でやりますか』って聞いてやっていて、未来永劫続くとは限らないし。もし（プール制が）なくなっても、他の船よりたくさん曳いて鮮度よくもってきて、うちの船だから高く買いたいという風にしておきたい」[*55]

プール制では誰が漁をしても収入は同じなわけであるが、いざ沖にでて網をかける段になれば、誰よりも多く獲りたい、人に負けたくない（人の世話にはなりたくない）というプライドがある。それは、総プール制になっても変わらない漁師気質である。外部からは見えないが、漁業者のあいだには漁獲量の多寡による上下関係がある。実力社会である漁の現場では、どれだけ多くの漁獲量

*53 大森・志田編著（1995）85頁

*54 望月好弘（船主）へのインタビューより。

*55 原剛氏（由比港漁協青年部長：当時）へのインタビューより。

があるか、全体の収入にどれだけ貢献しているかが、漁業者コミュニティにおける発言力や意思決定における影響力に関係するからである。

（2）出漁と漁獲量の決定と調整

漁場での事故や混乱を避け、資源の状況や翌日の天候によって、出漁の決定と漁獲量の調整を行うのは、先に述べた船主会役員会および船長部会の下部組織である出漁対策委員会においてである。この委員会は、1967年（昭和42年）につくられ、現在でもその役割や構成は大きくは変わっていない。委員は、由比、蒲原、大井川の三地区から7名ずつ、総勢21名によって構成されている。漁期中は毎日正午過ぎに行われる出漁対策会議によってその日の出漁が決定される。桜えび漁は2艘曳きであるため操業が風に影響を受けることが多く、特に春漁の3月～4月中旬までは南西から西の風の影響で出漁できない日が多い。春漁と秋漁の期間があわせて約120～130日（市場の休前日を除く）として、実際に出漁できるのは50日前後である。また、季節や毎日の海の状況（水温や潮流等）によって漁場が変わるため、出漁の可否、漁場の位置の決定は重要な意味をもつ。さらに、漁獲量の決定（どこでどれだけの網をかけてどのくらいの漁獲をあげるか）では、桜えびの状態（生育や群れの大きさなど）と市場の状況を照らし合わせて、変化する自然環境と市場ニーズをマッチングさせる難しい意思決定が必要となる。

（現象学による解説⑱）この出漁と漁獲量の意思決定のさい、言語的コミュニケーションの徹底が必要であることは明らかでしょう。漁獲量を競い合う「漁師気質」をお互いに認め合い、それぞれの暗黙知と経験の厚みを尊重し合うなかでこそ、互いの信頼関係が形成されることは、言葉にしなければならないことを、はっきり言葉にできる言語的コミュニケーションのための欠くことのできない基盤といえます。このように自分の暗黙知と経験を「言葉をとおして伝え合う努力」なしに、資源にかんする調査機関の調査結果を客観的な結果として受け止め解釈する態度はできあがりません。子供の頃に「自分の気持ちや思い」を言葉にする経験を経ずして、大人になって、どうやって「自分の気持ちや思い」を言葉にして人に伝えあうことができるでしょうか（第1部第9章を参照）。自分にとっての「損得勘定」をしまい込んで口にせず、どうやって「状況の変化」に適合した的確な「出漁と漁獲量の決定」ができるでしょうか。

実際の出漁にさいしては、漁船を各地区別に4班に分け、出漁対策委員会で当日曳網を行う班を決めて操業自体を分業している。漁具や探索装置の発達により、現在の60統120隻の全船が網をかけると獲りすぎになる可能性が高いため、通常は割り当てられた班だけが網をかけ、担当以外の班は、探索や操業支援に回るといった具合に調整が行われる（図11参照）。

(3) 漁労器具・ノウハウ・情報

1950年代から盛んに行われてきた漁船や漁具の技術革新によって、全体としての漁獲能力は飛躍的に高まった。しかし、それぞれの船の仕様や装備は、独立した自営業者である船主の考え方によって少しずつ異なっており、それが船の漁獲能力の違いとなって表れる。特に、桜えびを獲るさいの網は、それぞれの船によって形状が異なり、その具体的な仕様については秘密であって教えあったりはしないという。

「網はその船の命で、何年も船に乗っていても網の図面は見せてもらえなかった。漁がないときは何ヶ月もかけて網を補修したり、新しい網をつくったり、網の手入れは重要な仕事で、船ごとに命をかけている。網の違いで漁ができるかできないか、獲れるか獲れないかの大きな違いになってい る[*56]」

さらに、漁のノウハウも船によって異なっているという。それぞれの船にはその船の流儀（文化）があって、乗組員が

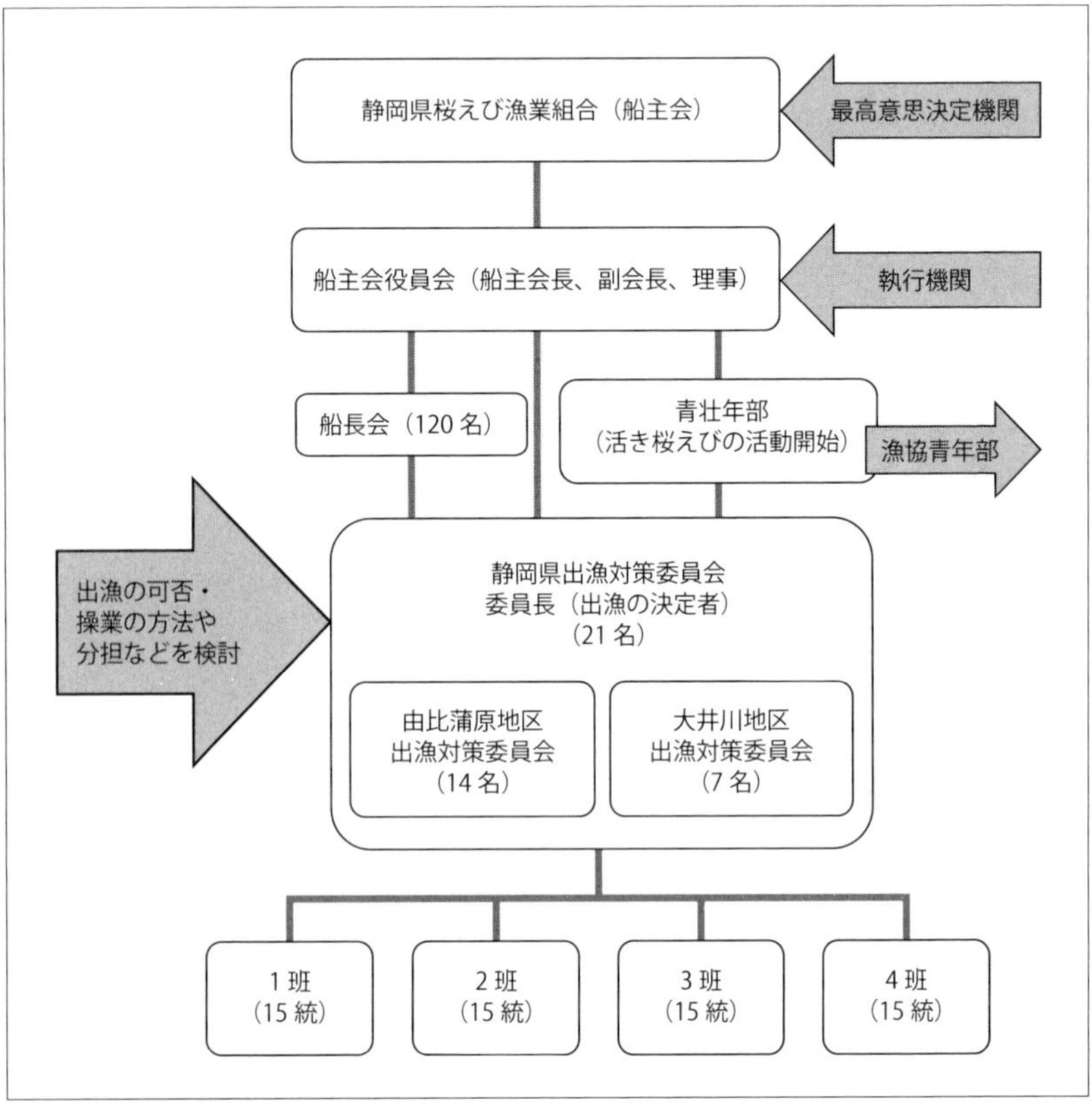

図11／えび網組合組織図（出典：筆者作成）

*56 注55と同じ

他の船に乗ることはほとんどなく、乗組員の教育も船ごとに行われるので、他の船がどのように漁を行っているか詳しくは分からないという。

〈現象学による解説⑲〉「共創しあえる職場」としての漁業を考えるとき、個々人の漁師の暗黙知がどのように後継者に伝承されるか、が問われることになります。それぞれの船にはその船の文化があり、それぞれのノウハウがあります。その文化やノウハウは、文字にされているものではなく、共にその船で働くことにおいて身体から身体へと伝えられていきます。1つのペアとなっている2艘の船のなかでの12人の共同作業において、直接、身体技能である暗黙知が訓練される経験は、何ものにも代えがたい「漁師の生きがい」を培うといえるものです。

一方で、誰よりも自分が一番曳きたいから、できるだけ情報は秘匿して教えない、という昔からの漁師気質も根強く残っています。そのことは、それぞれの船の文化やノウハウは他の船には伝わらないということにつながります。いくら漁ができる船であっても、それが1つの船の内部に限定されるとすれば、伝承方法が狭まり、後継者が続かなければその暗黙知はそこで途絶えることになります。後継者にとっては、複数の船に乗せてもらい、そこでさまざまなベテラン漁師の暗黙知に接する機会が与えられてこそ、初めて身体技能の継承が可能になり、多くの舟でのそれらの暗黙知の共有が可能になります。その複数の船の暗黙知を後継者が受け継いでいくことこそ、共創しあえる漁業の実現を可能にすると思われます。このとき狭い領域で競争し合う「漁師気質」は、お互いの信頼関係を基礎にした共同の教育をとおして「共創の次元」に発展的に展開できるはずです。

漁場の探索においても、無線を使った一般的な情報共有は行われるが、どこにどんな反応があるか（魚群探知機による桜えびの反応）については、必ずしもすべての情報が開示されるわけではない。それは、自分（の船）が一番曳きたいという強い思いがあるからで、基本的には教えないという。桜えびの群れが海底でどのように生息しているか、海底の地形や潮流に加え、桜えびの群れの動きを想像した上で、長年の漁の勘と経験によって魚群探知機の反応を判断し、どのくらいの深さまで網を入れて、何分間網を曳くかを決める。一瞬一瞬の判断が漁の成否を決めるため、まさに真剣勝負なのである。

(4) 桜えび漁の一連の流れ

桜えび漁は、夕暮れとともに始まる。桜えびの群れは、夜になるとエサになるプランクトンを求めて、水深50メートルから100メートルくらいにまで浮かんでくる。桜えび漁は、桜えびのこの性質を利用して行う漁である。上手に漁をするためには、深海の地形(深海にも山や谷があり、経験豊富な漁師であれば、その地形がすべて頭に入っているという)や海流、水温、その季節ごとの桜えびの群れの生息域などを総合的に判断する必要がある。海底のどこの山のどの斜面には、桜えびの群れがいることが多いといった知識は、先輩漁師から教えてもらうこともあるが、個々の漁師が長年の漁の経験から身に着けるものであり、言葉や数値に表わすことの難しい暗黙知である。

漁場にでて、よい反応にでくわした場合は、その場で船を旋回させながら桜えびが浮き上がってくるのを海上で待機する。その群れの状況も時々刻々と変化していき、一瞬のうちに反応が消えてしまったり、思ったような深さまで浮き上がってこない場合もある。そういった桜えびの変化を総合的に予測して、いよいよ網をかけるという段になると、網を積んでいる片船が網を海中に入れ、それをもう一方の船に渡して、両方の船が大きく網を開くように進路をとる(図10参照)。

この時に、漁場が混んでいる場合は、自分の思ったように網が開けない、思うような方向に船を進められないといったこともある。また、それぞれの漁場でどのように船を動かすかは、海底の地形によって経験則として共有されたルールがあり、漁場のことをよく分かっていない船や、船どうしの位置関係を鳥瞰的に把握できない船がいると、その船の動きが予測できず漁に支障がでる。プール制の導入前は、それぞれの船が自分の曳きたい方向にてんでバラバラに網をかけるので、漁場での漁船同士の衝突事故や網の接触によって網がバラバラに壊れてしまうことが頻繁におこったという。一方で、経験豊かな漁師が舵をもっている船同士は、混んでいる漁場でも大きなトラブルなく漁ができる。

「1班はみんなが協力して漁をする体制ができていると他の班からうらやましがられることがあるが、実際に漁をするときには、漁ができる船が多い3班に混じってやる方がやりやすい。それは、それぞれが漁場のことを熟知していて動きが予測できること、それぞれがお互いの船がどう動いているかを想像しながら、自分の船を操縦しているからじゃないかと思う。ここはこういう地形だから、ここで網を巻き始めないとぶつかってしまうなとか。たとえば、網を曳いていて、もうすこし曳くと前に瀬（急に浅くなる場所）があるなと思う時など、黙っていてもみんなが瀬を避ける動きになる。別に助け合おうとか思っていないけれど、自然とそうなる。漁ができない船は、そういう感覚がないから、動きが予想できなくて危なっかしい。どうせ網をかけても曳けないだろうし、だから『邪魔だからすっこんでろ！』って無線で怒鳴ってどかせることもある」*57

*57　注55と同じ

（5）漁における共同作業

誰にも負けないくらい多くの桜えびを漁獲したいという思いと同時に、漁の現場での共同作業も多くみられる。たとえば、ある船の網に入った桜えびの量が多く水揚げに時間がかかってしまったり、多くの荷を積めないような場合は、漁獲が少なかった船や網をかけなかった船が応援に行く。それは、少しでも早く水揚げすることにより、より良い鮮度を保持し高値で供給したいという共通の思いがあるからである。

また、混獲物（たとえば、クロンボと呼ばれるはだかイワシなど）を除去するのは、それが多ければ多いほど手間がかかる作業であるが、混獲物が混じることで桜えびの品質劣化が進んだり、価格が下がったりする影響がでるので、これもスピードが勝負のため、手の空いている船が共同して作業にあたる。

操業のさいに誤って網が他の船の網に触れたり、網を障害物に引っかけて網が切れてしまった場合には、すぐに網の修理が必要になるが、その場合にもお互いに網の修理を手伝うことがよく行われる。網の修理には時間も人手もかかるため、操業期間中に網を迅速に修理するのは、自船だけでは無理があるからである。網の修理ができないと操業に支障がでるし、お互い様という意識があるからだという。また、網の修理は他の船の網の形状を知ることのできる機会でもある。

6　漁以外での共同作業

桜えび漁では、漁以外でも漁業者による共同作業が随所に見られる。たとえば、限られた漁獲物に付加価値をつけて販売することで少しでも全体の収入を増やそうとする試みとして、漁協青年部による活き桜えびの研究や販売、漁船を使用した観光ツアーの開催、桜えびをつかった料理教室の開催、さらには、定置網であがった魚の加工・販売などがある。水揚げされてすぐに桜えびをたれにつけた「桜えびの沖漬け」や、地元の定置網に入った白身魚をすり身にした「漁師魂（りょうしだま）」は、ヒット商品となった。

そこには、自分たちが獲ってきた魚を鮮度よくおいしく食べてもらいたい、そのためには人任せにするのではなく、自分たちの手で原材料の管理から加工・販売までを一貫して行うことが必要であるという思いがある。

「ただ単に、おいしく食べてもらいたい、その一心だけなんですよ。それで、桜えびを世間の人に知ってもらえたらいいし、それで高く売れたらなおいいって思いでやってる」[*58]

漁師が食べておいしいもの、鮮度や加工の問題などで漁師しか食べられなかったものは、今まで市場にでまわっておらず、新しい商品となる可能性がある。さらには、一連の活動を通して、地元の飲食店や加工業者、首都圏や静岡県内の飲食店などとの新しい連携もできてきた。

「みんながよくなれば、自分もよくなる。そういう思いだけでやってきた。プール制だから、自然とそういう考えになっていったんだと思う」[*59]

＊58・＊59　注55と同じ

プール制という社会制度の下で長年培われてきた、桜えび漁全体の利益になることが結果として個人の利益にもつながるという考え方が、漁業者の共同作業の下地となっているのである。

第3部

職場の現象学

［対談］

露木恵美子×山口一郎

はじめに

　第3部では、第1部の現象学の理論と第2部の4つの事例を踏まえ、日本の職場でおこっていること、日本社会の人間関係の特徴、そこから転じて、創造的な職場はどう実現できるかについて、両筆者による対談形式で解説していきます。

　日本だけでなく、世界の職場で支配的なのは、すべての事柄をデータで管理するという発想です。高度にシステム化された社会では、インターネットでモノやコトがつながれて、それを基盤にビジネスも生活も成り立っています。インターネットに接続することなくして生活することなど考えられないというのが実情でしょう。第3部の第1章では、すべてをデータで管理する社会のなかで、創造性が失われつつある現状について、職場の事例をとおして解説します。

　第2章では、日本社会での人間関係の特徴について、第1部で述べた「あなた－あなた関係」というキーワードから読み解いていきます。日本は、文脈に依存して推測することが求められるハイコンテクスト社会です。言葉ではっきりと表現するより想像力を働かせて察することをよしとする社会です。そのこと自体は決して悪いことではありません。人はすべてのことを言語化できるわけではないからです。言葉を使わず「阿吽の呼吸」で物事を分かり合うことができるのは一種の身体知であり、人間の知性の働きでもあります。しかし、過度に相手のいうことを気にしたり、相手の期待に添うように言動を抑制したり、自分の本当の気持ちを押し殺してしまうこともあります。それは、日本社会における関係性の負の側面です。学校のみならず職場におけるいじめやハラスメントも、そのような日本社会の関係性の特徴から読み解いていけば理解が進みます。ここでも現象学の考え方が有効です。

　第3章では、どうすれば創造的な職場が実現できるかについて、現象学的な視点から検討していきます。たとえば、相手の話を聴くため必要な「判断（の一時）停止」という態度は、対話において不可欠な要素です。相手の話を聞き終わる前に、頭のなかで勝手に相手の言葉を解釈して先回りして結論をだすのでは、言葉として「聞く」ことはできていても、本当に「聴く」ということにはなりません。相手が自分の話を本当に聴いているのか聴いていないのかを、我々は（受動的綜合の領域で）敏感に感じ取っており、話を聴いてくれない相手には本当の話はしないものです。このように、対話と身体性の関係、集団的な創造性において表れる言葉を越えたフロー現象などについて解説していきます。

第3部の最後では、職場における創造性の実現に向けての要点を、1．出発点としての動機、2．感じていることを言葉にする努力、3．相手の感覚を信じて聴く力、4．徹底的に事実を突き詰める、5．モノやコトに集中してそれになりきることの5つにまとめてみました。第1部から本書全体を通読していくなかで、この5つの要点がどのように関係しあい、なぜ創造性にとって大切であるのかが、浮かびあがってくるでしょう。

第1章

日本の職場でおこっていること

1　管理社会を支える「数学化」

山口：職場の現象学のテーマとして、「管理的な職場から創造的な職場へ」が挙げられます。管理型組織で行っているのは、個人に仕事を割り振り、個人はその範囲のなかで仕事する。その範囲で仕事ができればいいわけで、そこで工夫をしたり自分で考えたりすることはあまり求められません。極端にいえば、「こういう仕事をここまでの時間でこういう風にやりなさい」と、指示命令されるだけですから、本当の意味での創造性が生まれる余地はないし、期待されてもいません。

最近、とりあげられている不祥事をおこす組織や「ブラック」と揶揄される企業は、「これでやれ、売上を上げろ、利益だせ」というそれだけで、結果の数字しか見ていないように思われます。

露木：どんな職場でも細かい改良改善は求められていると思います。ただ、それはある一定の枠組みのなかでのことであって、システムそのものを変えるような創造性は求められていない。それから、20年前と今との大きな違いは、ＩＣＴの発達で、リアルタイムにいろいろな数字が管理できるようになったということです。管理しやすい環境が整ったということでもあります。たとえば、ビッグデータを使って今まで把握できなかった微細な数値をリアルタイムに拾って、それに合わせて製品やサービスを提供することが可能になりました。そういうデータ管理システムの導入によって、企業は大幅に仕事の効率を上げることが可能になりました。

山口：現象学の創始者であるフッサールは、このような数値を基準にして、経済活動を含めた人間の生活全体の効率化を求める傾向を、「生活世界の数学化」といって、人間が生きがいを求めて生活する「人が生きる意味と価値の喪失の危機」として鋭く批判しています。

露木：「数学化の危機」というのですか。

山口：文明の危機はどこに由来しているのかというと、数学化（算術化）にある。つまり、数学化が人間の文化を危機に貶めているというのです。人間が人間であることの意味を自覚することなく、人の生きる意味や働くことの意味というその「意味」の問いを、すべて自然科学に任せてしまうことから生まれる危機です。数ですべてが表現でき、数式と規則性ですべてを測ることができると盲信してしまう。フッサールは、「人生の意味や価値づけさえ、数字によって測れるというとてつもない誤解。そして、それに気づかないことがヨーロッパの学問と文化の危機なのだ」といっています。それが『ヨーロッパ諸学問の危機と超越論的現象学』（『危機書』）の一番重要なメッセージです。

露木：フッサールが『危機書』を書いた80年前（1936年）からそういう状況だったということですね。

山口：そうです。その頃、自然科学ですべての問題が解決できるとする科学主義が時代を支配することになり、数学化、あるいは、算術化と訳しているのですが、算術化が人間の文化、人が生きることに危機をもたらしている、危機の本質はそこにあると突いているのです。

露木：数学化ということと、形式知という場合に、言語は数学化に入っているのですか。

山口：数学化は形式知の最も純粋な形で、自然科学は数学を利用した因果関係を基礎にして展開しています。数学こそ形式知化の純粋でもっとも有効な道具の一つです。言語は、形式知に属するとされ、言語そのものが数学化であるとはいえませんが、言語に帰属する意味が、生きた感覚に根ざしていることが確かめられないと、抽象的な言語の意味だけがひとり歩きし、実感される意味が失われ、数値にその形式知化した意味を当てがうことで、数値を解釈できたと妄想するのです。

　コンピュータの場合、二進法でできあがっています。数による規則性の世界が自然科学の前提にされ、すべてが数値に換算され、ありとあらゆることがらが数式と数値に翻訳されて、人間の生き様そのものさえも数値化され規則性によって理解されます。

　数学者がＩＣＴの世界に入ってきて、私の数式をこう使うとこうなると、データ処理のさい、新しい数学で解いてしまうと、最終的には数学や数式が現実を動かしているような錯覚に陥ります。コンピュータのプログラムに反映できるとするからです。

露木：サブプライムローン問題などもまさにそうですよね。統計学ですから、多くのリスクがあってもリスクが少ないものを寄せ集めて取りだしていくということを数学的に行えば、原理的にはそこの部分だけを取りだせる。でも実際にはそこだけ取りだすということは難しい。今は収入がある人も、明日には失業して収入が断たれてしまうかもしれないし、ローンを意図的に払わない人がいるかもしれない。現実はすごく複雑に動いているので、理論的に数式で証明できる範囲と現実が乖離していって、最終的にはサブプライム問題となって２００７年のリーマンショックがおきた。複雑すぎたのと、組織がタコツボ化して、誰もシステムの全体像を把握できていなかったということでもあります。仕組みとして、数式というか、数として論証されたものに対しての盲点であり妄信であると思います。

山口：そうですよね。もともとフッサールは数学者だったので、『算術の哲学』という本があるぐらいで、現象学と数学との関係は、数学の基礎づけをするのは現象学であるという意味で、緊密な関係性があるのですが、その数学者であるフッサールが、「文明の危機というのは、算術化によってすべてを数に表して、それですべての問題解決ができると考えることにある、そこが一番大きな問題だ」といっているのです。

同じことは、M・ポランニーの『暗黙知の次元』のなかでもいわれていて、「あなたの数式が現実にどう妥当するかどうかは、カエルに暗黙知をとおして〈棲み込む（感情移入する）〉ことで確かめることができる」といってます。「理論が理論として成立するかどうかは、感情移入がどの程度カエルに届いているのかどうかで確かめられる」としているのです。

露木：「なんでどのように跳ねるのか」ですね。

山口：そうそう。彼はノーベル化学賞の候補にもなった最高水準の自然科学研究者です。その彼が形式知としての数学がどこまで暗黙知に届くのかと考えている。この暗黙知とは、フッサールの言葉でいえば「生活世界における受動的綜合による認識知と実践知の世界」といえます。「身体知」の世界ともいえます。そういう暗黙知に形式知は遥かにおよばないということ。それだけではなく、第1部でもいっているように、過去・現在・未来という時間の意味、そして上下・左右などの空間の意味、それらを数字で表現しようとしても、永久にそれらの意味には届かないのです。客観的物理の世界そのもの、そして数の世界そのものには、そもそも何の意味も価値もないことは、第1部で、徹底的に、誰もが納得できるように説明されています（特に第1部第4章と第5章を参照）。

露木：数は人間がつくった一つのルールであり決めごとで、それに意味をつけたり、価値を見出したりするのは人間ですからね。

2 数字が顧客志向の邪魔をする

露木：一般的な企業では、数字が創造性や共創の邪魔をしているということがあるかもしれません。結局、今の企業では、全体の売り上げ目標をつくってトップダウンで各部署に数字だけおりてくるのが普通です。その数字を達成するために動いている。結果としての数字が目的になっているということです。

上場企業では、利益をださないと株主に対しての説明責任が果たせないとか、株価が下がると時価総額が下がってしまうとか、そういうプレッシャーが常にあるので、本当の意味で顧客のために動けない。始めからそんなことは社員も分かっていて、「顧客のために」と看板を掲げていても、「それは嘘だろう」、「やりたくてもできないよ」と内心は思っているわけです。お客様の方もそれを分かっているので「売りに来ているのでしょ、だったら安くしてね」という感じで、そこもツーカーなのです。

山口：自分たちがどうしたいかというマエカワの企業化計画のようなものもないし、ビジョンもない、ということですか？

露木：それぞれの企業で事業計画はつくっていると思うのですが、誰かが形式知ベースでつくったものであって、現場が積極的に関与してつくっていないから、自分たちのものになっていないのです。言葉や数だけが提示されて、その言葉や数と実際の職場での行動が結びつかない。それらの結びつきをあらためて再解釈して、腹落ちさせないと自分たちの計画やビジョンにはならないのですが、それはやっていない。部署単位でいいから「これってどんなことだろう」とか、「この数字を達成するために何をすればいいんのだろう」ということをみんなで話し合えばよいのです。数値目標があるのはいいのですが、それがどういう意味なのか、どうすればできそうなのかをみんなが分かっていない。数字と言葉と行動が、人それぞれバラバラで分断されている。私はそう感じます。人を動かす言葉や数字になっていないと。

3　仕事ができる人ほど管理志向になっていく

露木：通常、企業で管理職になる人は個人としての能力が高い人です。能力が高い人は、いろいろな事が見えてしまうし、どうやればうまくやれるかという見通しも立てられる。自分の成功体験があるわけです。ですから、部下に「好きにやっていいよ」といいながらも、自分自身でコントロールしている。そういう行動様式になってしまうのですね。仕事を進めるという意味で、周りが自分と同じように動けないと「自分が動かなきゃ」と思って頑張って動くことで、余計にコントロールすることになると思います。言葉で、部下に権限移譲しているという人は多いですが、その権限移譲の範囲は自分でコントロールできる範囲であって、それ以上のことは求めていない。

山口：ある意味、他者における内発性や自主性に対する信頼がないと、自分が全部手綱を引いていかなければ駄目ではないかと思うのではないでしょうか。

相手への信頼という意味では、スポーツを見ていればよく分かると思います。サッカーで自分のだしたパスが届くのか、届かないのか、パスを通い合わせる2人のあいだの身体性にかかわることで、お互いがお互いをよく熟知していての共同の作業ですから。そういう意味で誰かが誰かをコントロールしているわけではない。もちろん、相手の反応に賭けるという部分もあるかもしれないですが、一緒にやってきた相手の身体性に対する信頼があり、こう蹴ったらこう受けてくれるということが感じられているから、それでパスが可能になります。

露木：一緒に仕事をしてきた人々のあいだで、お互いの身体性への信頼があるということですね。

山口：マエカワの事例で「相手の感覚を100％信じる」というところがありますね。相手の「感覚」ですよ。相手の感覚を100%信じるということは、相手の感じていることのただなかに入っていく、どこまで相手の感じそのものになれるのかということじゃないですか。100%信じるということは、自分が「どれだけ感じ足りないのか」と問う態度をもちうるということです。100%は向こうにあるのですから。となれば、それで初めてお互いが無心に働けるための一つの条件設定ということができるでしょう。相手の感じることを100%信じろといわれて、誰が本気でそれができるかですよね。だからこそ、たとえば、お客さんの現場から帰ってきた同僚に、「どうだった？」と聞いたとき、「そうね、なんていったらよいのだろう」といっている相手の感じに沿う。もっといえば、そのなかに一緒になろうとすることともいえます。「こうだったんじゃないの？」と聞いてもいいし、彼が感じたところの中身が自分自身に分かるほどに、その感じと一つになれたときに初めて100%感じることができるわけです。これは本当の対話の前提です。感じることを共感といってしまうと平たく聞こえるかもしれませんが、「相手の感覚を100%信じる所からしか本当の仕事は始まらないのだ」ということが、どれだけ仕事の場で実現できるかですよね。

露木：その時に「相手の感覚を100%信じられる関係であるのか」ということもあると思います。もちろん新入社員の新鮮な感覚も大事ですが、やはり一緒に仕事をしていくなかで、ある意味、お互いの「感覚の育ち」みたいなところがあって、その人の感覚を自分のことのように感じられるというのは、お互い一緒に仕事をしてきたなかで「この人がいっていることには何かある」という確信が背景にあるからこそ信じられる。

山口：そのさい、一つの過激な主張になるかもしれませんが、まずは100%感じる所から始めるというのは、人に対する態度という意味があると思います。どこまで感じられているのか分からないけれども、彼がそう感じたのだと。じゃあ、その感じたことの内容についてもう一歩突っ込んでみよう。100%は分からないけれども、彼が感じていることが本当だとするところから始めて、「だけど、どうしてそうだったのですか」と問いを重ねることもできます。しかし、それに対して「それはこうだからだよ」と初めから理屈づけてしまっては、感覚が届く、届かない以前の問題です。初めから決めつけて判断してしまうのであれば0％しか信じていませんから。

露木：それはマエカワのなかで新入社員だったり、中途採用で入ってきたときにも同じことなのですよね。その人がいっていることに対して皆が分からない。その人のバックグラウンドが分からないから。でも何かいっているという前提のなかで、「もう少し違ういい方でいってみてくれないか」とか、「もう少し説明してくれないか」と、そう皆が助け舟をだしていきながら「こういうことかな」というように、相手の分からなさも共有する。

山口：そこからしか始まらないということがマエカワの人たちは分かっていたからですね。

露木：少なくとも、独法制の時代には、かなりの人たちはそういう態度をもっていました。マエカワの社員と話してもそういうところにすぐに行きます。

山口：そういうところとは？

露木：会話のなかで、たとえば、私が「場づくりはなかなか難しいですね」という話をすると、「いや。場はつくるものではなく『なる』ものだ」とかね。それって言葉だけでいっているのではないのです。だから、「つくる」という言葉にすごく違和感を感じるから、「つくるなんていっているんじゃまだできていない、場は『なる』もんでしょう」とパパっとでてくる。マエカワの人と話をしたときに節々にそういう言葉がでてくるのですよね。「独法をつくるのではなくて、独法になる」とか、「組織を変えるのではなくて、組織が変わる」とかというのは、同じように聞こえますが、全く逆のとらえ方なのです。その違いが感覚的に分かるという事ですから。

山口：おそらく、「なっていくというプロセス」が薄々分かっているからですね。ドイツ語でも「上手くいく」という言葉で、「gelingen（事が成る）」という言葉があるのですが、それが英語にはなかなか翻訳できないというのです。

露木：自分でやったということではないということですね。おのずからなる。

山口：典型的なのは、パンが発酵して旨いパンとしてできあがった。あるいは良いワインができたというとき。その時にはもちろん人がパンやワインをつくったのですが、ワインの側がやってくれたことがあるわけです。良いお酒になるのかならないのかは、お酒の側でなってくれたわけじゃないですか。

露木：こちらがやるべきことはやるけれど、そうさせたわけじゃないということでしょうか。

山口：パンやワインの場合、「なるための仕込み」ということももちろんあります。相手とともに仕事に集中するとき、当然やらなければならないこととして、相手は「どんなふうに感じているのだろう」という相手の感性に100％なりきるということがないと、本当に新たなものをつくれない、上手くなりゆくということができないことが分かっています。相手の感じになるときには、まさに自分が相手の感じにならなければならないわけです。相手の感情に自分の感情をつくり替える訳でもない。お互いがグーッと近づいてきて何か共通な、育ってくるものに行きつくか行きつかないかは、やってみないと分からない。

露木：自分で何かを意図的につくりだしているわけではないということですね。

山口：結局、自分がリードしていくとか、自分が引っ張っていくだけで、「自分が、自分が…」ということになるとすれば、コントロールする人は結局、独りぼっちなわけです。他の人と一緒という本当の意味での「と一緒」というところがでてこないと。信頼するということは、ある種の賭けじゃないですか。本当にその人がそのとおり感じてくれるのかは、それこそ分からないわけで、相手の能力を信頼するほかない。それをリスクが高すぎるとか、自分でやった方がまだマシだと思うなら、「と一緒に」ということにはならない。

露木：職場のなかで管理職は短期間に結果をだすことが求められていて、相手の能力への信頼とか、そもそもどういう能力や個性をもっているのかということを見極める時間がない。だから、「自分がなんとかしなければ」という気持ちになる。「待てない」ということだと思います。

ある企業では、新任の部門長が、職場の自主性を大切にするというビジョンを掲げて、現場のいろいろな意見をだすことを奨励し結果もだしているけれど、そのスピードが速すぎて、中間管理職が一体何をやっているのか分からず悩んでいる。良い結果がでているので、疑問を口にだすこともできないけれど、ただ、今までのやり方を否定されて困惑している。自主性を重んじるといってもそこに至るプロセス自体はコントロールされている。そういうこともおこります。方向性は間違っていないのでしょうが、時間がないから場が成熟してくるのを待てないのだろうと思います。本当の意味で任せていないのでしょうね。

山口：「場」の一つの特徴は、「個」と「個」のあいだで生まれてくることですよね。ですから、「個」が「個」として自分のなかだけで解決してしまうのなら、他の人は必要ないし、「場」も必要ありません。それでやっていけるのなら、「一人でやってください」という話になるけれども。組織として何か一緒につくっていくときには、共につくったビジョンやとるべき手段への理解が必要であるし、共に動くことでつくりあげられていくものが山ほどある。それには時間が必要です。

4　管理型社会における創造性の危機

露木：先にも話したように、この20年くらいのあいだで職場環境は大きく変わりました。管理をするということのベースには、管理できるツールがなければだめです。管理できるツールとしてコンピュータがあって、コンピュータを使って、たとえば在庫管理であるとか、人が何時間働いたかという労務管理だとか、そういう企業の内外でおこることを全部数値化して置き換えていく。今はコンピュータの処理速度が上がったこととインターネットの発達で、ほぼリアルタイムにいろいろな情報を集めることができるので、その大量な情報を瞬時に処理して、その結果を実際の商売に反映させるというシステムができあがっているわけです。コンピュータがなければ、一日も仕事ができないような状況になっています。

山口：インターネット広告などもひっきりなしで届けられています。今までどんなモノをどこで買ったのかをすべてデータで把握しているということですね。

露木：インターネットビジネスの世界では、そういった様々なデータをつきあわせ紐づけて、たとえば、50歳代の女性で東京の郊外に住んでいて、こういう店で食事をして、こういう商品を買っている。それは、クレジットカードやデビットカードなどとスマートフォンやパソコンなどの情報が紐づけられていて、それらを統計的に解析をすることで、似たような傾向の人たちは同じようなものを好む可能性があるだろうという仮説の下で、いろいろ提案したり誘導する手法が発達してきて、それに人々が乗っかっている。そういうツールを駆使して、今のマーケティングは行われていますし、そういうデータが売買されています。

もう一つ、人を管理するという側面では、何時間働いたのか、どこで何をしていたのかをスケジュールで管理するだけではなくて、たとえば、誰とどこで何分どんな話をしていたのかを「会話ログ」として取って、「あなたの働き方のここは無駄です」と分析するというツールもあります。

結局、職場における一挙手一投足まで管理しようという発想で、それで「創造的な職場をつくりましょう」とか「イノベーションをおこしましょう」といってる。「創造性は何から生まれるか」ということへの理解も深い考えもなく、行きすぎた管理が創造性を阻害するかもしれないのに、管理の手法にばかりこだわっている。表面上の「生産性」と本質的な「創造性」を取り違えていると思うのです。

山口：ドイツのゲッティンゲン大学の教授だったヒューター[*1]という脳科学の専門家は、人間が生得的に与えられている可能性は素晴らしいものであるとしています。母親の胎内における絆、引き裂かれることなく結びついて統一されていると同時にお腹のなかで自由に成長することができる、つまり守られているということと、自由な成長の原型がここにみられ、人と人とのあいだにお互いがお互いを助け合っていくなかで、自分の内発的な能力が自然に湧き上がってきて、人と共に新たなものをつくりあげていくという自由と、守られ慈しまれていることが同時にあること。世界と一つであることのなかで、それと同時に自分の能力を発揮して世界にでて行く、そういう創造性と愛、その二つのなかで赤ちゃんは生まれてくるというのです。共創の原型がここにみられるともいえます。

そして3歳ぐらいまではその原型にそくして生きているとされ、3歳児までの脳の活動は、ありとあらゆる新しいことに出会って、自分で能力を築いていくという成長力とエネルギーに満ち溢れているとされます。脳の活性化という意味では、普通の大人の10倍から20倍以上の脳細胞間の結合（コネクション）があって、活動性が非常に高いのです。それが、学校に行くにつれて、主観であり主体である人間が客観化、対象化され、ある一定の基準で評価されるようになる。「こうしなさい。ああしなさい」とか「こうしちゃ駄目。ああしちゃ駄目」といわれるようになります。

露木：特に日本の場合は自由にやらせるよりも、縛りつけるようなことが多いですからね。

山口：子供自身がつくりあげていく世界が身近な人に認められて勇気づけられて、自由に好きなことができるように自分の能力を展開できる可能性に開かれていると同時に、だんだんと周囲からの規制がかかってくる。そのでどころはどこなのかといえば、分かりやすくいえば、社会の価値観といえます。そこでの評価の軸は自分にとって得すること、金儲けすること、経済的な富であるとされます。企業の目的は利潤の最大化であり、最終的にはどれだけ利益がでたかという話になります。そういう世界からすべてを評価してしまう。ヒューターは、社会が最大利益を目指すということを目的とした場合には、そういう社会に合った人間をつくることが学校の責務になる。どんな教育でも、その時代の要求に合わせた人間をつくるということであって、それが現在の教育の現実であるといっています。

露木：教育によって創造性の芽をつぶしかねないということですね。実際には、創造性はどこから生まれるか、何から生まれるか。それが分からないのが創造性の特徴のように思います。因果関係では解明できないところから生まれる。

山口：ヒューターは、教育学や経営学などの分野の人たちとのつながりのなかで発言しているのですが、彼は、「最近の（ヨーロッパの）トップ企業は、大学の成績なんて見もしない。管理志向の企業ならば、いわれたことをやっていればよくても、自然科学であれ何であれ、大学で学んだ知識がどれだけあるのかということは、結局どうでもいいことであって、真に大切なのは、どうやって内発的に自分でやってみたいという動機をもっているか、共に他の人と働こうとする意欲があるかどうか、まさにそこを、トップ企業は見極めようとしているというのです。数値で測れる能力はまったく見ないそうです。どこの大学をでているか、どのくらい試験の点数が高いかということはどうでもいいのです。

「これをやって」、「あれをやって」といっているのではすまないことが企業の現実であって、それこそ皆で仕事の喜びや大変さを感じながら、他の人と皆で生き生きと働くこと、競争ではなくて協働、コミュニケート、お互いがお互いを支え合って助け合って知恵をだし合っていくこと。対話もその時に必要ですし、そういった本当に共につくりあげていくという力を内発的に発露できるような、そういう人間じゃないと将来見込みがないということを企業が認めだしているというのです。

露木：内発的な動機なくして、創造性は生まれないということですね。そこには、個人として「自分が何をやりたいか」、「そのために周囲とどう協働できるか」、それを模索する態度が必要だということですね。

山口：さらに面白いのは、ヒューターが脳科学の知見についていろいろな所で講演をしていたら、量子物理学者たちが「あなたのいうとおりだ、今のインフォメーションという考え方は間違っている」といってきたといいます。量子力学の観点からすると、インフォメーションという概念は、現在使われているデータとしての情報とは正反対のものだというのです。物理学の世界では、「インフォメーションというのは直接的な影響を与えるものだ。だから、あなたがいっているように、人と人との本当の働きかけ、ある人の感情に直接働きかける、そして、人が本当に動くとき、これが本当の意味のインフォメーションであり、この方向に共同研究を進めましょう」といってきたというのです。

露木：物理学におけるインフォメーションとは、物体に具体的に働きかけるもの、という意味なのですね。

5　システムの問題ではなくコミュニケーションの問題

露木：これはスマートフォン用のオンラインゲームをつくっている企業の話です。オンラインゲームというのは、インターネット上で展開されていて、リアルタイムで新しいコンテンツを提供していかなければならない。プロダクトの完成とは、ゲームの終わりを意味しているので、ある意味、完成させないことが目標というプロダクトです。そして、製品の開発リードタイムが非常に短くて、日々新しいコンテンツを投入しなくてはいけない。ゲームのプレーヤー（ユーザー）もつくっている人たちもゲームが大好きで、ゲームをとおして相互にやり取りしている。ユーザーに飽きられたら、即ゲームオーバーで解散となることもあり、徹夜で仕事をするのは当たり前。朝オフィスにきたら、みんな机の下で寝ている。主な職種としては、デザイナーやプログラマーがあり、キャラクターの絵を書く人、ゲームのコードを書く人、インターネット上でプログラムが正常に動作する基盤をつくる人といった異なる職種の人々が集まって分担し、製品ごとにプロジェクト・チームをつくって仕事をしている職場です。

そこでプロジェクト・マネージャー（プロマネ）をしている方の悩みは、いろいろな問題が日々おこっていて、みんながイライラしながら仕事をしているのに、その原因が何か誰にもよくわからない。みんなゲームをつくることが三度の飯より好きで、ゲームをつくるためには徹夜することも厭わないのに、同じような失敗を繰り返す。「一体これは何なんだ」と疑問が湧いてきた。

そのプロマネが気づいたのは、問題が解決しないのは、社員のヤル気やスキルの問題ではなく、コミュニケーションの問題なのではないかということでした。たとえば、職場でほとんど会話らしい会話がなく、50人もの人たちがワンフロアで仕事をしているのに、パソコンのキーボードを叩く音しかしなくて、オフィス全体がシーンと静まり返っている。必要なやり取りは、すべてオンライン上のチャットで行い、隣同士で話し合うこともない。

そのプロマネは、人と面と向かって話したり、自分の感情を言葉にすることが難しい人たちが多いと前から感じていたので、コンピュータ上でみんなの気持ちがだせるような場をつくってみたのです。

山口：どうやったのだろう。

露木：誰でも気軽に書き込める、オンライン上の掲示板みたいなものですね。

山口：複数の人たちが掲示板を見て、誰が書き込んでいるのかが一目でわかるようなことになっているのですか。

露木：そういう形になっているようでした。そのプロマネは、それにかんして2つのことをやりまして、1つは各自が問題だと思っていることを書き込むことと、もう1つは、自分がやってもらって良かったと思ったことには感謝の言葉を書き込むということでした。最初にフェイス　トゥ　フェイスのミーティングをしたら上手くいかなかったそうで、苦肉の策として、コンピュータ上で先のような掲示板をつくったら皆がどんどん書き込むようになって、それからあらためて集まったら、今度は話し合いができたというのです。話し合いができるようになってから、そのプロマネがやったことは「皆が違和感をもっていて『こういうふうに改善ができればいいのに』と思っていることを全部だしましょう」と。それを一旦だしたうえで、それを問題だと思っている人が中心になって改善しましょうということでした。それを1年ぐらいやったら、すべての職種の人たちが「特に大きな違和感はありません」という状況までいったというのです。皆で「やったね！」といって大拍手がおこったといっていました。つまり、問題が顕在化され共有されたということと、その問題を現場レベルで改善できるようになったということです。

山口：そういうコンピュータ上の場をつくることができたということがすごいですね。

露木：はい。じつは、最初はみんなシステムや手順の問題だと思っていた。たとえば、仕事のやり方が標準化されていないから問題がおこるとか、システムに不具合があるから問題になるとか。ですから、標準化したりシステム上の改善で解決できると思っていたわけです。しかし、じつは仕事がうまくいかないのは、関係性＝コミュニケーションの問題だったということに皆が気がついたというわけです。

他の人に自分の意見をいうだとか、相手の意見を聴くなんていうことは、彼らにとってはどうでもよいことで最初は面倒くさいわけですが、でも、それをやらないと自分たちがやりたいこと、つまり面白いゲームをつくることができない。だったらやりましょうという話のなかで、彼らが受け入れやすい対話の受け皿としての「場」をつくれたという話です。

山口：面白いですね。

露木：このゲーム会社でおこっていることは、他の組織でもおこっていると思うのですが、それをどういう風に解決しようとしているのかというと、先の例のように、人と人とのコミュニケーションの問題をコンピュータ上のシステムで解決しようとしている。それでは解決されると思っている。仕組みを整えれば問題は解決されると思っている。暗黙知の問題を形式知で解決しようとしていて、それでは絶対に解決できないのです。

山口：コミュニケーションの問題であり、対話の欠如が問題になっていることに気づかないということですね。

露木：対話の欠如という意味では、どんな職場でもおこっていることだと思います。本当の問題解決には、じつはフェイス トゥ フェイスのコミュニケーションが必要だけれども、それが難しい人たちもいます。逆に、先のゲームの会社のように、先にバーチャルな対話のプラットフォームのようなものをとおして、自分の意見や素直な感情を表現することの方が楽にできる人もいる。

山口：そうですね。大多数というかSNS世代の若者はそうなりつつありますよね。

露木：通常のコミュニケーションのツールが、LINEだったり、他のオンラインチャットですから、入り口としての対話のプラットフォームというのは、オンライン上でもいいわけです。そこからフェイス トゥ フェイスのコミュニケーションに入っていければ。面と向かって話すより、オンラインであれば、相手の表情やどう受け取られるかを気にせずに書き込むことができるし、自分の書いたものを後で見直すこともできる。やはり周りの人にどう思われるのかということを過剰なほど気にするし、生の自分をだすということが難しいし、怖いのです。

山口：傷つきやすさというか、「すぐに傷つく感じ」がおこりますね。繊細すぎるというか。そういう態度はじつは守りの態度ですよね。好きなことをやっている人にとっては、周りの目とか、本当はどうでもいいことじゃないですか。たとえば、最近「恋愛するのが怖い」とか、男女の交際の仕方が下手になっていて、恋愛なんて面倒くさいし、傷つくのが嫌だからといって、異性に対しても積極的になれないような若い人が多いといいます。

露木：異性だけではなく同性も含めて、自分の家族や本当に自分を無制限に受け入れてくれる人たちにでなければ、自己表現や自分の意見をいうことに、とても神経質になっている。そこで誰に何をいわれようが大したことはないと思えばよいのだけれども、なかなかそうは思えないということでしょう。

第2章 日本人の内向きの人間関係

1 周囲の目を気にする：日本人の「あなた－あなた関係」

露木：第1部でもとりあげられた日本社会の「あなた－あなた関係」について話したいと思います。

ある研究会で「場と現象学」の話をしました。その講演会とグループディスカッションが終わった後で、一人の女性がすごく思いつめた表情で質問をしにきて、「日本人は場を感じる力が強い。でも、そのことがじつは今の職場の問題になっているのではないですか」と聞くのです。それも、言葉を一つ一つ絞りだすようにかなり時間をかけて質問されたので、「この方は本当に思いつめているな」と思いました。その時に私がいったのは、日本人によくある「あなた－あなた」関係です。日本人は、相手がこういうふうにいってほしいということに対して、自分がこういわなければということをおもんばかっていっている。それは相手に合わせた言葉でしかない。それを続けていると自分の本当の気持ちが分からなくなるということが多いんじゃないですかという話をしました。

山口：上司と部下との関係じゃなくても、知らない人同士でも相当に気を遣いますからね。

露木：気を遣っていることに気づかないくらい、それが当たり前になってしまっていると思います。一方で、その研究会では「創造的な場について」グループディスカッションをしたのですが、2つのタイプの参加者がいて、相手の話を聴きながら自分の考えている事を反芻されている方と、自分の意見を伝えようとするだけの方がいました。

後者のような人が複数いて自分の主張だけをしていても、言葉がかみ合わないとすれ違いになってしまうわけです。それを主催者が横から見ていて「あそこのグループは空中戦だね」と表現しているわけです。第三者の視点からみると言葉がかみ合っていないことがわかる。それが、現象学や場をテーマにした研究会でもおこるのです。

山口：人の話を聴いているようで、自分の話の土俵にもっていこうとする人は多いですね。

露木：その研究会にきている方々は、現象学や場の理論に興味があるし、仕事でも実践している方々なのです。一生懸命に、でも、相手がどう受け止めているかを考えずに話が止まらない人がいて、その話を聞いている人たちは、そういう個人の持論を聴きたいわけではなく、テーマになっている創造的な場「について」語りたいわけです。シラケているグループもありました。そこで私が「皆さんが自由に話をする場ですから、一人一人の話を聴きましょう」と割って入って、少し軌道修正しました。相手に合わせなくてはという態度とは裏腹な現象もおこります。

この研究会が特別というわけではなく、やはり人の話を「聴く」ということは、とても難しいことだと思います。その研究会にきている方々は、企業の管理職であったり、コンサルタントであったり、仕事で人に話をする機会が多い人たちで、持論があるのですよね。持論があること自体が悪いわけではないと思いますが、無意識に自分の「型」に当てはめて理解してしまうのだろうと思います。周りの人はそのことを感じるからシラケてしまう。

山口：そういうところは、お互い様ですものね。

露木：私に質問してきた女性の問いかけは、職場の問題は、職場における閉塞的な関係性がベースにあるという問題提起だったと思います。場が閉塞状態にあるので、ハラスメントの問題とか、過労死といった話がなくならない。働きすぎて死ぬということは、体力だけの問題ではないですよね。関係のなかで病んでしまうということです。それがなくならないのは、そういう関係性のあり方が変わらないからだと思うのです。

山口：そうですね。質問してきた方も、情動的コミュニケーション（受動的相互主観性）のなかで悩み苦しんでいるのでしょう。にっちもさっちもいかなくなってね。それは真綿で首を絞めるような言葉にならない関係性だから。世の中のハラスメントといわれているものや、第1部で何度もとりあげた「いじめ」の問題も、根底にはそれがある。

露木：そういう暗黙裡にプレッシャーをかけるとか、無視するとか、孤立させるとかがあっても、そういう状況からいったん自分自身を切り離して「関係ないや」とか「自分に非はないのだから放っておけばいい」と思えれば、少し楽になりますね。

山口：ところがなかなかそういかないのは、人と人とのしがらみが強く絡まっているからなのでしょう。一挙手一投足が気になるし、それで居たたまれなくなってしまうのです。

2　言葉の解釈が誤解を生むハイコンテクスト社会

露木：ハラスメントの問題の背景に、言葉の受け取り方や解釈の違いがあるということもあります。このあいだもある事柄でフェイスブック上で議論が紛糾していまして、ある女性が上司との面談で「仕事はよくやっているけれども、もっとプライベートを充実させた方が良いのでは」といわれたという話なのです。

山口：それは、彼女にとって、余計な話じゃないんですか。

露木：余計なことだと思いますが、その言葉の背景にある意図は何か。それに対していろいろな憶測がありました。もちろん、そういう発言を職場で上司が部下にすること自体、今の職場では「アウト」なのですが、その言葉の裏にどんな意図があるか、本当のところは我々は分からない。だから、たまたまそういう言葉がチラッとでてしまっただけで「関係ないや」とすればすむことなのですが。そこにはさまざまな解釈があって、それが誤解を生んでいるように思います。

山口：人によっては「たまには飲みに行こうよ」と見えてしまう。

露木：そういうことかもしれないし、仕事ばかりではなくて他のこともしたらということかもしれませんし、実際の意図はよく分からない。余計なことには変わりないですけれども、その解釈の多様性も、いわゆる「忖度」するということも含めて、文脈に依存して推測することが求められるハイコンテクストな日本社会の特徴がよくでていると思います。言葉ではっきりと表現するより想像力を働かせて察することをよしとする社会です。

山口：そうですね。最近、いろいろなところで社会的な立場の高い人たちのセクシャル・ハラスメントやパワー・ハラスメントの話が多いですね。ある年齢以上の日本人はそれが当たり前のなかで生きてきたわけだから、結局若い世代がどう感じているのかなんて、まったく頭にないわけだし、考えたこともない。

ハイコンテクストということは、もともと「文脈が複雑で密である」ということで、おっしゃるように、「どんな文脈であるかは、自分で想像しろ、気を利かせろ」ということですね。自分の言葉に対する無責任というか、自分の感じることを一所懸命、言葉にするという、本当の意味で「話しかけ、話し合う」という生きる態度ができあがっていないのではないでしょうか。これも、「いじめについて自分の言葉にする努力」がなされ、教育の課題とされているかどうか、という問題につながると思います。

露木：いわれて初めて気がついて、「いや、そんなつもりはなかったよ」ということなのでしょう。いわれても気がつかないこともある。無意識のバイアスと呼ばれています。

山口：男女の機微というか、もちろんそれは文化によって異なるものがある。男女のつき合い方などは、日本とヨーロッパでは違います。日本と韓国や中国や他のアジアの国々だってそれぞれ違うでしょう。そのときにどこまでが許容範囲なのか、じゃれるとかふざけるとかの程度や、ここまではいいといった線の引き方も、それ自体が文化です。小さい時からその文化を生きることで学んでくるわけです。人とのつきあい方、喧嘩の仕方などにも世代の違いが色濃くでてきますね。

露木：ですから、逆にハラスメントだといわれた方もびっくりするというか。よくハラスメントで訴えられている人が「いや、そんなつもりではなかった」とか「そういうことはいっていない」とか、弁明することがありますが、それは本人も本当にそう思っていなかったのだろうと思います。本人にその自覚はなかったけれど、今まで身についてきて疑いもしなかったモノのいい方や行動といった習慣に、現代の感覚ではハラスメントと受け取られる要素が含まれていたということです。ですから、批判される方も、何で今さらそんなことをいうのかと思う人もいるでしょう。それは身体性の問題です。

山口：そういう世代の感覚の違い、それが当たり前というか、その世界しか知らないから疑問にすら感じたことがない。だから困ってしまいますよね。

3　職場のなかのタテ社会

山口：日本の人間関係の根本的なありかたが、職場においても問題になっていますね。

露木：人間関係という日常語を使ってしまうと少し表面的な感じがするのですが、先に深刻な表情で質問しにきた女性のように、職場のなかの関係性がこの本の重要なテーマであると思います。ですから、職場における関係性と創造性がどのように結びついているのかを、この対談から明らかにしていきたいと思うのです。

私は元々「創造的な場とは何か」を研究してきたのですが、職場のなかの創造性の芽のようなものが、どんどんなくなってきていると感じます。一方、みんな一生懸命、まじめに働いている。リーダーも一生懸命に考えてビジョンを示している。皆もリーダーの想いは伝わるので何とかついていこうと頑張っている。

山口：「トップだけが考えていて、下がどうにかついていく」ということ自体が問題ですね。もちろん、リーダーが大事だということはあったとしても、何かをつくったり活動しているのは現場の人たちじゃないですか。それが主体であって、経営者がいるわけだから、トップが頑張るとか頑張らない以前のことです。まさに、主体になって働いている人たちのことが職場にとっての一番大きな問題のはずです。「場の創造性」というのは、まさに「働いている人たちの場」の「創造性」なわけですから。いくらトップが「これからの企業はこうやっていくんだ」ということを頭に描いていたとしても、それを下におろすという構造自体が創造的な企業のモデルとは合わない。そういう理念的で漠然としたイメージをトップが考えて下におろすというやり方自体が、そもそも創造的とはいえないと思います。

露木：自分の職場が、中根千枝が指摘したような「タテ社会」であること自体に、そもそも気づいていない人が多いと思います。

山口：たとえばマエカワの場合だったら、独法制の時代は、企業化計画をつくるときに「こうしようか、ああしようか」といって、皆が一緒になって工夫しながら「こうしたら上手くいくのではないか」ということで、目的自体、ビジョンそのものを自分たちでつくっていったわけですね。

露木：そうです。

山口：それがなくて、トップダウンでビジョンを押しつけていることに対して、現場の人々は、「本気でいってるの？何をどうすればいいの？手本を示してよ」という反応になってしまいます。

露木：企業において、本当の意味でのボトムアップだけというのはないと思うのです。いろいろな意見があがってくるだけでは、共通のビジョンとして収束しないので。逆に、日本の会社は海外から見るとものすごくトップダウンに見えているのですが、じつは、日本企業はミドルアップダウンだといわれています。それも、どちらかというと、ボトムアップに近いミドルアップダウンだったと私は思うのです。

そういう行動様式が長年組織のなかにあって、じつは細かい調整とかもミドルアップダウンで行われていた。しかし、今ミドルアップダウンという機能がだんだん弱くなってきている。ＩＣＴの発達で、だれもが形式知ベースなら直接やり取りができるので、情報を上から下に伝える、下から上に伝える仲介役としてのミドルの役割が減っている。仲介はいらないとさえ思われている。仲介者がいることで意図が捻じ曲げられることもあります。

一方で、トップダウンで言葉で「こういうことをやろう」と伝えても皆が共感していないから、誰も手足が動かない。たとえ、社長が一生懸命にやっていることを皆が分かっていて何とかそれに応えたいと思ったとしても、何をどうやって良いのか分からない。言葉にする習慣がないから、分からなさを伝えることもできない。聞いてはいけないとさえ思っている。

山口：要するに、社長が苦労しているただなかに一緒になって「社長、何をしたいんですか」と入っていって、苦労している内容について考えるのだったら、ある種の問題を共有しうる可能性もでてくるし、ビジョンも少しはっきりするでしょう。けれども、経営者や経営陣が少数で閉鎖的に考えていることが、一所懸命にやっていることだというのは、何かおかしいですね。

露木：間身体的レベルでは、社長が何か一生懸命にやっているから、自分たちもついていかなければいけないと感じているだけだと思います。

山口：それでは会社全体のビジョンにはまるっきりつながらないですよね。一所懸命に頑張っていることは、こころみ学園で原木運びをしている人たちにも分かる。間身体性で通じてくることだから、「何やっているのだろう。だけど頑張っているな」というのは、外から見た話じゃないですか。

けれども、何かについて共に考え、共に行動するというときには、「共に」があるからそのなかにのめり込むわけです。のめり込むことなくして、共通のビジョンや目的が定まるわけがないですからね。

露木：マエカワが独法化する時、たぶん1970年代のグループ制の時代からだと思いますが、社長も現場にきて一緒に酒を飲みながら、何日でも徹底的にその状況も含めて話しながら、社長が何かを「やれ」というのではなくて、「社長が一緒にその場にいてくれた」というのです。「一緒に悩んで考えてくれた」と。日本企業の多くが、具体的なやり方は違っても、もともとそういうことをやっていたと思うのです。それが、多くの企業の場合、経営者はやらせて良いとか悪いとか判断する側になってしまっていて、「一緒に悩む」ということがない。

山口：それは管理的志向からくるものですか。

露木：管理的志向の部分だけじゃなくて、急激な環境の変化のなかで、実際はトップも分かっているわけではないから、現場の皆に考えて工夫してほしいという考えもあると思います。

山口：やはり外から見ると、形式知レベルのことを形式知としてどう伝えるのかという努力だけしかやっていないように見えます。それだと形式知は形式知のなかで連結化したり、細かな形式知内部での仕事はできるでしょう。しかし、形式知というのは感性のレベルにある暗黙知をどうにか表現しようとしたものですから、言葉にして目的をはっきりさせているみたいだけれども、現場にいる人はその言葉の内容をどうやって自分で感じわけ、共感できるのか、悩んでいる中身が伝わってこなければ形式知でいくら表現されても分からないでしょう。自分で悩んでいない人が、他の人が悩んでいることを言葉として与えられても、その言葉の内容が分かるわけがない。

露木：そういうことが、大中小、どんな企業や組織においてもおこっている事象ではないかと思います。上場企業も中小企業も基本的に同じです。すごく立派なフィロソフィーとか、ビジョンはある。それも現場の人に話を聴いて、グローバルな企業のあり方を現場と議論しながらつくったものでもある。でも、実際に蓋を開けてみたら、現場の人は「いや、あれは会社がつくったビジョンでしょう。何でイノベーションをおこさなきゃいけないの。それは会社の都合であって自分たちには関係ない」というわけです。

いわなかったとしても、まったく自分自身のこととして考えていない。日本の親分子分のタテ社会の関係性のなかで、お父さんと子供みたいな感じです。父親は何かに向かって頑張っているけれども、子供は「何か親が勝手にいってるよ」と冷めているように見えます。日本の多くの会社がそういう状況になっているのではないかと思うのです。

2000年頃を境にして、市場が確実に変わってきた。それで今までのやり方が通用しなくなった。これまでのやり方を根本的に見直して、大きく舵をきらないといけなくなった今だからこそ、本当の意味でのリーダーシップとか、本当の意味でのビジョンの意味が問われているのだと思います。一方で、職場の本音のところでは、「いろいろ会社が変えようといっているけれども、本気でやる気があるのか」と疑っていて、信用していないのではないかと思います。それが日本の失われた20年の中身だと思います。

山口：本気で変える気があるかどうかということですね。それにしても、中根千枝の「タテ社会」の親子関係から抜けきれていないということは、いい換えれば大人と大人の人格としての人々の関係ができあがっていないということですね。言葉を語り、対等に話し合う文化が形成されていないということです。今さら、話し合う必要はないと経営者が考えているなら、市場の変化に対応しうるグローバル企業に育つはずがないではありませんか。

露木：同じ市場で同じ製品をつくっていても、ある企業は生き残って、ある企業はつぶれる。その違いは、自らを変えることができたかどうかです。市場の変化に対して、自分たちが培ってきたものは何かを徹底的に見直し、新しい事業に勇気をもって進むことができるかどうか。それをトップだけでなく、現場も腹落ちして本気で変える行動につなげられるかどうかだと思います。

4　今そこにある危機から生まれた対話

山口：桜えび漁では、プール制になるときに、本気の議論がなされたといわれていますね。特に田子ノ浦のヘドロ公害の問題があり、海の色がこげ茶色に変わって泡がブクブク湧いてくる。とても漁ができるような状況ではない。桜えび漁ができなくなるのではないかと多くの漁師が生存の危機として強く感じたといいます。

露木：プール制は、管理型漁業の優等生ともいわれる桜えび漁業に特有の社会制度ですね。それも、漁師たちが自ら決めたもので、外から押しつけられたものではないというのは特筆すべきことです。

山口：それでもかなりの反対や紆余曲折があったのでしょう。

露木：漁業者はみんな別々の自営業者ですので、協力して漁業をすることはあっても、水揚げ金額を均等配分することはあり得ないと思います。桜えび漁は明治に始まった漁業ですが、もともと、駿河湾の限られた狭い海域で漁をしているので、気性が荒く、共創どころか競争だけの世界だったといわれています。実際に、プール制ができるまでは、常に争いが絶えなかったともいわれています。

山口：どれだけ獲れたかが収入に直結するわけだから、当然、競争は激しくなりますね。

露木：そんななかでプール制の導入についての話し合いがなされたわけですが、最初のきっかけになったのが１９６６年頃といわれていて、実際にほぼ現在のように由比、蒲原、大井川の３つの地区を統合した形になったのは１９７７年頃といわれていますから、10年以上かかっているわけです。

山口：改めてお聞きしますが、プール制を導入した理由は何だったのでしょうか。

露木：複数の理由があると思いますが、一つは田子ノ浦のヘドロ公害のような共同して戦わないといけない状況におかれたこと。またその前から、漁場をめぐる争いと乱獲で、将来的に桜えび漁業を続けていけなくなるのではないかという不安。また、共同で漁をすることで桜えびの卸価を安定させたいという狙いもあったのではと思われます。

山口：いずれにしても、相当な話し合いがなされて、最終合意に至ったのでしょうね。

露木：そこには第1部で先生も指摘されているように、本当に向き合わなければならない問題があったということだと思います。実際に公害の影響で桜えびがいなくなり、漁ができなくなる可能性もあったわけですから、それは目に見える危機です。どうすれば自分たちが将来にわたって漁で食っていけるのかを真剣に考えなければならなくなった時に、苦肉の策としてでてきたのがプール制という制度だった。ただ、それを受け入れるのは、漁師にとって簡単なことではなかったと思います。だから時間もかかったし、プール制になってからも毎年「今年もプール制でやりますか」と船主会で話し合いがなされていたそうですから、すべての船主が100％賛成したわけではなかったでしょう。最終的に漁ができる船の船主たちが合意できたので、なんとか形になったといわれています。

山口：現実に向き合わなければいけない問題に直面したときに、人は本気で対話し、何とか状況を打開しようと知恵を絞る。そこがプール制が生まれた出発点ということですね。

5　働き方改革の落とし穴

露木：どんな組織でも様々な環境変化に対応するため、いろいろな取り組みがなされています。その一つに政府も推進している働き方改革があります。もちろん、どの企業も取り組まなければならない課題であることに間違いはありません。ただ、それを進めることでおこりうる問題について考えてみたいと思います。

ある創業40年余りの日本の上場企業（製造業）の話です。その企業は、10年ぐらい前から新しい施策に取り組み、どこのオフィスに出勤してもよい、在宅勤務でもよい、座席も自由、というオフィス改革や、一定の時間の範囲のなかで自由に働く時間をきめられるフレックス制度などを導入しています。働き方改革を先進的に実践している企業です。組織体制も大きく変えて階層を少なくし、支社を統合したり社用車をなくすなど大胆な取り組みを断行して、結果として間接コストが下がって利益体質になったのですが、なぜか新しいものが生まれない。もちろん、新しい製品やサービスはそんなに簡単に生まれるわけではないのですが、みんなそのことを不思議に思っていた。そこで、その企業の社員さんと一緒に考えてみたのですが、いくつかの気づきがあって、一つは「今までの改革はすべて社長が発案していた」ということです。もう一つは「自分たちが、市場がどんどん変わっていくなかで市場の変化を感じて来なければならなかったのに、外を見て市場の変化を感じていたのは社長だけで、自分たちは社長しか見ていなかった」ということです。

山口：働き方改革を進めても、新しいモノが生まれない、新しいコトがおきないという悩みですね。

露木：確実に間接コストは削減されました。皆が働きやすい環境も整備されました。改革として手をつけやすいのは、「いろいろな（見える）無駄を省く」ということです。それに対しては社員も皆ポジティブなのです。最初は反対や抵抗もあったといいますが、様々な制度を入れることで「皆が自由に動けるようになりました」というところまではいける。働き方改革としては、ひとまず成功です。けれども、新しい製品やサービスが生まれてこない。やはり、メーカーなので、新しいモノが生まれないとどうしようもない。将来の飯のタネがでてこないことについて、これだけの改革を実践しているのに「何でだろう」と皆が疑問をもっていました。

そこで理解されにくいのは、組織の構造や制度を変えることと、創造性をはぐくむことは、必ずしもイコールではないということです。出勤場所や出勤時間を自由にする、在宅勤務も認める、それは、コスト削減や社員が働きやすくなることにつながるかもしれませんが、そのことが創造性に直接的につながるわけではない。ましてや、社長の発案にたいして真剣に対話をする文化がない。どんなに良いアイデアであっても、一人の頭のなかにあるだけなら、新しいモノが次々に生まれるはずがない。そこに皆が気づいたのです。

山口：新製品の開発部門はないのですか。

露木：いろいろな取り組みはあって、いくつかの工夫や発案はあるようですが、あまり上手くはいっていない。それはそうですよね。自由な発想がないですし、市場に目が向いていないですから。ある開発担当の方が、「オフィス改革で、フリーアドレス、フレックスにしているから、みんなで集まって話をしたらいけないのだと思っていました」というのです。

山口：一つの枠組みが決まると、そのなかでやらなければいけないと思うのでしょうね。

露木：全国に散らばっている人たちが集まるのはコストもかかりますし、テレビ会議システムも自由に使えるので、それでいいだろうということなのでしょう。半年に1回ですら全員で集まる機会がないことが営業リーダーの悩みなのです。皆がバラバラに動いているし、場所もバラバラなので、なかなか一緒に集まって話ができない。そのことが、働く人のフラストレーションや不安になっている。それが見えない非効率を生んでいる。

山口：そこまでいってしまうんですね。

露木：「集まってトコトン話さなければ良い知恵もでてこないし、みんなが不安になって逆に動きが悪くなる。だから、集まってはいけないとか、（会って話したいのであれば、それを）我慢する必要なんて全くないよ」、と伝えました。自分で時間や場所を工夫して仕事ができるので、会社の制度を見直すことの良い面もたくさんあった。でも、今までの仕組みを変えて分散させるのであれば、一方で集中して徹底的に対話する場づくりを意図的にやらなければならないと思います。

山口：その会社は、内側からでてくる発想にまるっきり関心が向かない。上からくるものにどう反応するかしか皆の関心が向いていなかったということですね。

露木：この企業は例外ではないと思います。新しいことに取り組もう、既存の枠組みに疑問をもって変えようとしているという意味では、それだけでも先進的な企業の部類に入ると思います。それでも、先に挙げたような問題がでてくるのは、組織の仕組みを変えることと、創造性を育む組織文化に変えることには、相当なギャップがあるということです。

山口：日本では、「考えていることを周囲に遠慮することなく言葉にする」とか、「誰がいっているのかではなくて何をいっているのか」ということを尊重する習慣が根づいていないですからね。

露木：上司も、簡単に「ダメだ」とか「そんなの違うよ」といってしまうのは問題ですが、それに対して「自分はこう思うんです」といえない雰囲気がある。「目上の人には従え」、「上司に対して何もいえない」、とか上下関係を引きずるわけです。本質に踏み込む手前で躊躇してしまう。たとえば、工場で在庫をもたずに受注生産をしようとした時、そうするとお客様を待たせることになってしまうから、社員としては本当にそれでいいのかという疑問をもっているけれど、在庫のロスを減らす必要性もわかるから「できない」とはいえないのです。

山口：その時の工夫として、どこまでいえて、どこまでいえないのかということを、形式知のレベルですべて、言葉にし尽くすことだと思います。そこで初めて物事の筋道が見えてくる。物事の筋道を離れて阿吽の呼吸で「エイッ」とやれるわけはないのですから。

露木：現場は、無理難題をいわれているように感じるのですね。やらなければいけないことは形式知ベースでは分かっているけれど、やれないからこそ、不正が生じる隙も生まれる。

山口：感じたらそれをいえばいいのだけれども、いえないんですね。

露木：いえないのだと思います。いえないというかいわない。いっても無駄だと思っている。

山口：それでも、無理だと感じているなら、それも言葉にする必要がある。どこがどこまで無理なのか。「相手のいい分も分かるけれども、でもここは（現状では）無理なんです」と。「でもここは」というところを、形式知レベルでどこまではっきり示せるか、どういう意味で無理なのか。この無理がどうすれば解消できるのか。その問題に正面から向き合ってその内実をはっきりさせることが必要になってきます。

露木：そこのところで、この本の中心的なテーマである「対話」がなされていないと思います。対話の文化がないのです。対話が大事だと最近はみんながいうけれど、一体「対話」って何なのかが分からない。だから、経営者はいろいろな球（言葉）を投げて、皆がそれを一生懸命拾っているのだけれども、その球の拾い方が正しいのか正しくないのか（言葉の解釈が正しいのか正しくないのか）が結局は経営者の判断基準でしかない。共有された基準ではないし、その時々で基準自体が変わる。

山口：それは本当におかしいですね。お互いが納得できるようにつくりあげることはできないのでしょうか。

露木：そうですね。それができないことが、日本社会に根づいている共通の問題として透けて見えてきますね。自分の分からなさをちゃんと言葉にすることをしていないし、分からないことを分からないなかに留めてしまう。

山口：第1部でも話した森有正のいう日本人の「あなた－あなた関係」ですね。森は東京大学のフランス文学の助教授だったその地位を捨て、パリに在住するようになった人です。そこで日本を振り返って語っているわけです。結局、日本は「あなた」と「あなたにとってのあなた（私）」との世界ですから。お母さんと子供、親分と子分の世界です。第三人称の客観的に物事を描写するとか、客観的評価や価値、自然科学的世界観は背景に退き、純粋な意味での二人称と一人称、それもあなたにとっての私であって、本当の自分自身を問わない。ここでは、「我－汝関係」を基盤にする「我－それ関係」を徹底するという態度がまるで欠けている。親子関係ですむはずもなく、いくらつくっても売れない、何をつくればよいのかも分からなくなってくるとき、あなたのなかに自分を映しても答えはでてくるはずがない。

露木：日本の企業は、バブルがはじけて以降、経費の削減、人員の削減、不良資産の売却など、いろいろな手段を使って事業を整理してきたので、生き残っている企業にはキャッシュはあることが多いのです。いわゆる、内部留保です。そのキャッシュをどこに使うのかというときに、研究開発投資に使うのか、新製品開発に使うのか、情報化投資に使うのか、人材育成に使うのか。私は人材育成にもっと使うべきだと思います。ただ、個人のスキルや知識の量を増やす教育ではなくて、対話の場をつくる、みんなで集まって話をするといった、効率とか生産性といった観点からすると少し無駄のように見えるようなことに投資をすることが必要だと思います。

山口：大事にしなければならないのは、具体的な視点や観点ですよね。それがでてくれば、「どうしようか」と工夫が始まりますね。

露木：そうです。

山口：「1週間に1回は集まって話をしよう」ということにはならないのですか。

露木：今までも、集まって話してはいると思います。会議が多すぎると嘆く人も多いですから。ただ、形だけの会議ではろくな話ができない。ここでも対話になっていないわけです。逆に、会議がない方が自由に動けて上司と顔を合わせなくてすんで清々している。メールやチャットでも仕事はできるし、わざわざ集まるのは時間と労力の無駄と思っている人も多いと思います。対話になっていないなら、承認するだけの会議や上司の話を聞くだけだったら必要ないわけで。

6　対話の欠如と聴けない文化

露木：一般的にどの企業でも、現場のなかでの対話の態度みたいなものが欠けていると思いますし、たぶん「対話とは何か」という知識としての理解も欠けていると思うのです。トップや経営幹部たちは、外部とのつながりがあって、全世界を飛び回っていろいろな新しい情報を仕入れてくることもできる。ただ、それを伝える時にキーワードしか伝えない。そのキーワードを皆に考えさせて、考えた内容が上がってきて自分が気に入ったものはOK、気に入らないものはNGだという流れだと思います。相手に自分の考えが伝わっているのかいないのか、その伝わらなさがどういうものなのかについて、ほとんど考えたことがないと思います。逆に、なぜ分からないのだという苛立ちの方が先に立ってしまうのかもしれません。皆はトップがいうから、上司がいうから、何とか正しい答えをだそうとしている。上のいうことは、絶対だと思ってしまうのです。

山口：そうですね。日本の教育制度のなかで育ってきた人たちは、先生がいうことは絶対だと思っていて、討論するという文化的背景がない。先生がいっていることをどれだけ分かるのかということで一面的に評価されてきましたから。

露木：そういう反応は、社会人でも多いです。みんな、会社では管理職であったり、仕事ができる、意欲も高い人たちです。それでも、専門家の意見を聞きたがります。

山口：言葉として表現されると、理解できたと思うんですね。

露木：安心するのでしょうね。聞けたということで。

山口：そう。言葉を書き留めてね。「そういうことか」と分かったつもりになるけれど、それは自分で考えたことではないから、聞いたこととして残るだけですね。

露木：私も博士論文を書いている時に、ある先生から、「解じゃなくて問いを見つけることが難しい、迷うのは解が分からないからではなく問いが分からないからで、良い問いを見つければ迷わない」といわれたことがあります。本当にそうなんですね。でも、ほとんどの場合は、解を見つけようとしていて問いが定まらない。経営者の問いかけに対して解を見つけようとしていて、でも、それはトップの思惑のなかでの解じゃなくちゃいけない。でも、別にテレパシーがあるわけじゃないですから、推測するにしても限界がある。もともと、問いを投げかけている方も分かっているわけではないので。

山口：問題が具体的ではないという欠陥でしょうか。たとえば「これを明日までに解決してこい」という具体的な問題だったら、問われた人が一所懸命に考えて、ものすごく工夫するわけじゃないですか。

露木：そういう具体的な問いには日本人は強いですね。

山口：そういう具体的な指示に従って仕事をすることができたとしても、これから先、将来的に会社をどうしていくのかというような具体的じゃない問いかけをされたところで、まずその問題のありどころが分からない。「今までつくっているものをもう少し改善すればいいのか」それなら分かりやすいのですが、そうではなくて新しい需要を掘りおこすというような大きなテーマをだしたときはどうか。それでも具体的なものであれば悩みようがある。これまでないものだと思って一所懸命に「どうしようか」と悩んで、「もう少しここを改良したら、こういう新しいものになるのではないでしょうか」と、具体的な取り組み方も分かるし、解の見つけ方も自分なりの工夫ができる。ところが、本人にも分からないものを考えろといわれても、右往左往するだけになる。

露木：トップのいってることを部下に伝えなくてはならない中間管理職も、本当の意味でトップが何をいいたいのか分からないから、結局は表面的な言葉しか伝えられないのです。

山口：自分が分からなくても聞こうとしないでしょう。

露木：聞いても明確なことはかえってこないし、「自分で考えろ」といわれてしまうのだと思います。

山口：そういわれたとしても、「聞けるか、聞けないか」は大違いだと思います。

露木：そうですね。聞かないでしょうね。聞ければ次の展開の芽もでてくるのでしょうけれど。

山口：聞かないことが大間違いで、聞くという事は「知りたい」ということでしょう。最近、孫をもった人の話で「もう本当に困るんだ、ことあるごとに『なぜ?なぜ?』ときりがなく切り込まれて言葉に詰まってね」と、そのぐらいの「なぜ?」という問いをもてるかですよね。「そんなことも分からないのか!」といわれても、さらに居直って「あなたのいいたいことが分かりたいんです」と社長に食ってかかるような社員がいれば別ですよ。けれども、以心伝心じゃないですが、「いっていること、分かるよね!」なんてことになります。それは形式知の問題でもないし、暗黙知の問題でもない。

露木：そうですね。形式知でも暗黙知でもないですね。結局、対話に対しての理解がないというところに戻ってきます。

山口：面白い話があって、哲学科にものすごくよく議論ができる学生がいた。喧嘩じゃないけれども、しょっちゅういろんなことをいってるので、「よく議論できるね!」といったら、「私は兄弟がたくさんいて、喧嘩しないと生き延びられない家庭環境だった」というわけです。モノをいうということはそれなりの現実に対する欲求がある。おやつ一つ余計にもらいたいにしろ、次男はあれだけもらえるのに三男はこれだけしかもらえないと文句をつける。一々喧嘩するわけにもいかないから、理屈で責めて、「何で僕には300円で兄貴には500円なのか、お父さん説明してください」ということがごく自然にでてくる、実益と結びついた討論があるのかないのかです。だって、何の必要もないのに言葉を使う理由がないじゃないですか。日本の社会で、みな全部やってくれるのだったら、「お願いね！」で終わっちゃうわけでしょう。

ところが、物事をはっきりさせなきゃいけなかったり、一体全体、何をどうするのかといったときに、それこそ形式知を徹底的に使って「どうしてなんですか」という所をギリギリまで理論で詰めていく。そういうことをやらなければ形式知に徹するとはいえません。

露木：日本では、なかなか議論をする体質でも文化でもないし、相手のいうことに反論することは失礼になると思われています。特に目上の人に対してならますます難しい。そうはいっても企業であり仕事なので、いうべきことはいうべきなのですが。

山口：そうです。そのとおりです。

7　形式知の罠――論理として分かることと、実感として分かること

露木：言葉にできない、一緒に言葉にしていないということが問題の根幹にあることが、明らかになってきましたが、一方で、「形式知ベースでの理論ではすごく分かっているけれども、間身体性のレベルでこの人本当に分かっているのかな」と思ってしまう人も時々いますね。

山口：現象学の理論をつかって、視覚像の変化と運動感覚の変化がどうして一つになるのか、いわばミラーニューロンの

学習の時期はどのように成立しているのかを、時間図式を使って説明することは可能です。それを読めば形式知のレベルでは分かると思います。ただ、それは形式知のレベルでの分かり方なので、形式知のレベルで理解したい人たちは面白いと思うかもしれません。しかし、この言葉にして表現されていることが、実際にどんなことか、その言葉の本当の意味が自分に納得できることとは、別のことです。

こころみ学園でおこっていることを、どうにか言葉にしたらどうなるかというとき、その表現として「相手の仕事に対する真面目さが伝わってくる」という言葉の真意は、実際にそこで仕事をし、原木を運ぶ人にしか共感できません。「感受性を高めるにはどうすれば良いのですか」とか「相手の痛みが分かるようになるには、どうすれば良いのですか」といった質問に対して、現象学の理論として、「対化」とか「受動的綜合」がどのようにおこっているのかを、理詰めで言葉にすることはできるのです。しかし、ごく当たり前な、人と人とのつながりのなかでおこっていること、たとえば、映画を見ながら泣いている自分のなかでおこっていることと、その原理を哲学的に言葉で解明することは違います。だからたとえば、オットー・シャーマー[*2]の「U理論」が頭で理解できても「人の話を聴けない人」がほとんどなのです。

露木：暗黙知だけで表出化できないことも困りますが、形式知だけの言葉だけの理解でも困ります。

山口：形式知だけで分かっていることを本当に分かっていることと混同しているのですね。

露木：それでも本人は「分かっている」と思ってる。ロジックは立つので本当にやっかいです。

山口：それは根本的な身体知のレベルに縁がない人です。哲学の授業では、口だけの理論になりがちです。たとえば、「我思うゆえに我あり」という言葉があって、「先生、それは夢のなかだって同じでしょう?我といったって、夢見ているかもしれないんじゃないですか?確かっていえますか?」と理屈だけ述べてくる男子学生がいた場合、その学生のそばに行って、「今からあなたの肩を強くたたきます。だけどそれって夢かもしれないね。僕に責任はありませんよ、いいね」というと、「夢であるか現実であるのか」を肌身で感じている自分に気づくじゃないですか。「いいんですね、肩をたたいても？これ夢ですよね。あなたがどう感じようと、気にしなくていいよね、夢なんだもんね」と。本当に肩をたたきはしませんが、そういう状況をつくってみると、感じていても言葉にできない現実が、少し分かってくる。

露木：こころみ学園でも、園生に分かってもらう為に、実際に手をだしたりはできないから、やりにくいと思います。身体的な接触なしに、言葉だけで相手を理解させることができないこともある。昔のこころみ学園では、川田さんは体を張ってやっていたと思います。言葉では伝えられない、伝わらないところを、身体と身体のギリギリのぶつかり合いのなかで伝えようとする努力です。

山口：園生が新しく入ってきた人（園生）の手を引いて一緒に歩くじゃないですか。これを言葉で伝えようとしても、どうしたってできっこない。「実際に手を握ること」と「手を握ればいいんですよ」ということは、まるっきり別のことです。実際に打たれて痛いことと、「打つ」という言葉の意味が分かること、この区別が分からないことは、危機的な問題です。

露木：いろいろな知識をもっていて勉強もしているけれど、自分の痛みとして感じないというか、単なる自分の興味でしかないのでしょうね。自分の興味のなかで「それが面白い」ということだと思います。

山口：理論だけの世界の人はものすごく安易で容易ですよ。簡単で、それはどんな理論だって同じです。

だけど、問題は「では、この人の問題にあなたはどの理論をどう活用するのですか？」と、これはカントの場合には判断力といわれるものですが、理論を現実とどう結びつけるのか。これが「ことがおこっている時にあなたはどうやって、この理論をつなげて説明するのですか。どうすれば、この問題を解決できるのですか」とその人に直接聞けば、その人は答えざるを得ないでしょう。

それで初めて現実と理論の齟齬というか、「理論だけじゃ駄目なんだ」、「どういう理論をどんなふうにして使えばコトが動くのか」という話になるのだけれども、ただ現実と理論の違いだけをみて「これは現実への理論の適応の間違いですよ。理論をこういう具合に応用しなかったからですよ」と後からいう事は簡単です。何故なら、理論には背景があって、無尽蔵の理由づけができるから、コトがおこった後ならば、いつだって説明できる。だけど、予測して自分で判断して、その現実に対する責任をもつことはとても難しい。

露木：自分で予測して処方箋を描くところまでやる人は多いと思いますが、そこでおこってくることに対する責任を誰がとれるのか。

山口：それは、責任をとってもらわなければなりません。理論が現実に通用しなかったときの自分の側での痛みがないということは、本当の意味での理論家ではないのです。なぜかというと、現実とどう対峙するのかということを見極めるのが真の理論家ですから。それを理論の応用だけ考えていって「現実に使ったけれども上手くいかなかった」ということに対して何の責任ももたないというのは、理論家とはいえません。

露木：いろいろな方法論は知っていて、それを現場に応用するすべもあるのだけれど、それが実際に現場における根本的な問題に響くかどうかといえば、響かないこともある。実際に企業側も、本当に響かせてほしいのか疑問に思うことがあります。いろいろな取り組みをやっているというアピールができればいいのではないか。うがった見方をするなら、本当は変えたくないけれど、変えるふりをしている。アリバイづくりをしているのではないかと感じることもあります。本当に変えるということは、それなりの覚悟や痛みが伴いますから。

山口：そういう時、おそらく最近の企業は「これだけ材料がいろいろありますよ。これだけ方法がありますから、そのうちのこれあたりを使えばいいんじゃないでしょうか」となる。そういう手っ取り早く使えるツールを求めているのでしょうね。そういうのを会社は使いたがりますよね。「ツール」を導入して、少しは変わっても本質は変わらないから効果は薄いでしょうが。

露木：本当に何かを変えようと思ったら、最初は混乱しますし、痛みが伴います。効果が目に見えてすぐにはでてこないので、本当にこれでいいのかと迷いもでます。なので、途中であきらめてしまったり、やめてしまったりすることも多いのではないかと思います。でも、途中でやめてしまったら逆効果になることも多い。本当に変えようと思ったらやり続ける覚悟が必要になります。

8　言葉にすることの効用

山口：第1部で「いじめ」の話をしたのですが、それを克服する方法として、小学生や中学生におこっていることを文章化させる話をだしました。その時に金森先生が行っていることは感情を言葉にしやすい文章、前書きを書いておいて子供に語らせるという努力をすることです。「何か気になるのだけれども」とか、「もしかしたら…と思うのだけど」とか。うまく導入しながら、自分の想いを言葉にする経験をさせるのです。そういう努力こそ、教育の根幹にならなければならないのだと思います。

つまり、思いを言葉にするということ、その言葉になったものをお互いに聴くということ、それが対話のはじまりです。自分の思いが言葉になって、そして相手も思いを言葉にするために努力している。たとえば、「辛いんです」という言葉を聞いた時に「辛いんだ」ということがお互いに分かり合えるような、思いが言葉になっている。言葉にすることがどれだけ辛いことなのか、言葉にするということで自分がさらされてしまうとか、相手がどう思うのかということをすべて含んでの勇気がいる。

露木：「感想文を自分で好きに書きなさい」といわれても、書きっぱなしですし、それについて話すことはないですからね。ビジネススクールにくる学生で形式知を扱うことがすごく上手な人はたくさんいます。形式知レベルでの組み合わせや形式知として解釈が進むのでより分かるようになる。一方で全く逆のタイプもいて形式知にあまり慣れていないというか、そういう人もいて、そういう人は言葉にすることがものすごく大変なのです。

山口：大変だけど、それを皆で一緒にやる。これが本当の意味の教育だと思うのです。ですから、ここのところをどれだけやれるのかと考えると、日本人の人と人とのつき合い方は、情緒的なレベルがほとんどを占めていて、「何をいおうとあいつとはツーカーなんだよ」とか「仲間内」という話になる。だから、「我－それ関係」で、ガチガチやるということにまったく不慣れなのです。

露木：だす前に終わってしまう。だし切るようなことはないですね。

山口：言葉にすらしない。ちょっとニュアンスをつけてポッといってみるくらいでしょう。

9 言葉に要約することでこぼれ落ちるもの

露木：一方で、言葉にすることで本当に表現されるべきものがこぼれ落ちてしまうこともあると思います。私がマエカワで新人の頃、議事録をとってといわれてまとめてだしたら「まとめすぎだ」と怒られて、びっくりしたことがあります。いろいろな情報ができっていないのに、無理やり要約してしまうことにかんして、皆さん慎重で「そうではない」と思っていたのではないかと、今になって思います。

山口：その時、たぶん皆さんのあいだに通い合っている感覚というか、それがあるのだろうと思います。早くまとめすぎてはいけないということは、仕事の内容、話されている内容の中身の重みを、皆さんがお分かりになっている。「そんな簡単にまとまるはずがない」とか、「本当の難しさがどこかに隠れているはずだ」とか、何かその事柄にかかわる問題そのものに含まれている問題性に対する勘というか、予感というか、何か皆さんおもちだから、変に形式知化してしまって、まるで問題を解決できたような、形式知のもろさ・弱さ・不完全さということをよく分かっていらっしゃるのでしょう。簡単にいうと、モノになるプロセスを皆さんがご存知で、どういうモノを目がけてやっているのかという共通の目的に対するビジョンが明確であることと、それを実現するためには質や条件性に対する物凄く細やかな、事物にそくした物事に潜んでいる難しさに対する感覚が敏感ですから、そこにヘンテコな形式知をもってきたって、形だけは見栄えが良いかもしれないけれども、そんなものは役立たないと思っている。だから、まとめるより、放っておいた方がまだ良いと。つまり、問題と問題をぶつけておいて、問題の中身同士がどうつながってくるのかということを、問題そのものの側においておいて、問題と問題のなかで気づかないつながりみたいなものがでてくる可能性に開いた態度であると思います。

露木：そうですね。今のお話で、やはり「難しさがどこかにあるんじゃないか」とか、「課題としていることが、課題として成立しているのかどうか」ということだと思うのです。今回の話のなかでも、問題意識であるとか、「何を」「何について話をしているのか」というときに、じつは話されている「何の」中身が分かっていないということがあるのだと思うのです。

山口：本当の問題ですよね。

露木：意外に、本当に課題としなければならないこととは全然違う所で問題設定して、そこをぐるぐる回っていて、見当はずれなことも多いのです。でも、マエカワの人は、その問題設定に違和感を感じると、それを一旦カッコに入れて、なにか本質の所でつながってくることを待っているみたいなところがあったのかなと思います。特に経営者にはそういう態度があったと思います。

山口：物づくりに徹している人は、そういった体験を積んでいらっしゃるから、モノが成るときの感じを身体で覚えているのでしょう。

露木：本当に「ものになる」ということですよね。それが一人や二人では無く、複数そういう人たちがいるので、逆に一人や二人、そうではない身体の人が入っても、そっちに巻き込まれると思うのです。でも、普通は皆がそういう身体ではないので、そういう身体の人が入ってもなかなか影響することが難しいと思います。

山口：ものになるときの感覚を身に着けた態度というか、働き方の態度が映ってくるというか、そのような身体性のなかで仕事をしていると、だんだんそのような身体になっていくのでしょう。

10　日本とドイツのアプローチの違い

露木：形式知と暗黙知のとらえ方の違いとしては、以前、日本人の大工の棟梁と、ドイツの大工のマイスターが同じ課題に挑戦するという番組を観たことがあるのですが、日本の大工さんの場合は感覚、経験知に依存していて数値化するようなアプローチは全くない。感覚、感性だけ。一方のマイスターは、いろいろな道具を駆使して計測してどのように加工するかを綿密に計算してやっていく。形式知、数値化の世界で、両者はまったく異なるアプローチなのだけれども、いきつくところは一緒で甲乙つけがたい。日本社会の元々もっているものというのは、人間の感覚を磨いていく、深めていくことによって一つの真理にいきつくところです。昔の陶芸や建築物とか、元々は大陸から朝鮮半島を経由してきたのでしょうけれど、たとえば、奈良時代の木造建築といった構造物は、現代の建築家でも驚くぐらい考えつくされている。再現することすら難しい素晴らしい技術が使われている。

山口：ドイツ人はすべて言葉にして形式知化することに価値をおいています。形式知と形式知のぶつかり合いだとか、数値をもとに議論する作法や態度がある。そのなかで対立構造は生まれるけれども、それをよしとする文化です。

一方、日本の場合は数値で語ることが難しく、数値に対する漠然とした不信感があり、癒着している関係のなかで人間関係にがんじがらめにされていて、そのことで管理されているなら、支配と被支配の関係ですよね。特に経営者と雇用者の関係の場合、別に官僚的な管理はされていなくても、親分子分の関係で管理されている。確かに、言葉で伝えられない感覚のなかにすばらしいものがあるのだけれど、それを十分に言葉に表現するような努力がなされていないのだと思います。

第3章

職場における対話と創造性について

露木：第1章でも話したように、職場においてもっとも大切で、もっとも理解されていないのが「対話」ではないかと思います。対話とは日常の会話と何が違うのか。どういうことができていれば対話なのか。対話の文化とはなにか。職場において重要なのは、対話という行為をそこで働いている人たち一人一人が身につけているということですね。言葉として理解できているだけではなく、対話ができる身体であるということです。そういう対話の前提があって対話の場になる。対話とは何か、対話の場になるとはどういう状態なのか。第3章では、対話に焦点を当てて話を進めながら、職場における創造性について、さらに深めていきたいと思います。

1 対話の作法としての「判断の一時停止」

露木：第1部でも触れられていますが、「カッコづけ」できるというのは、現象学的な態度ですね。現象学の重要な概念に、「事象そのもの」へという話があります。その時に事象そのものに対峙するうえで「判断（の一時）停止」や「本質直観」という考え方がでてきます。

「場と現象学」の研究会で、「皆さんどのぐらい自分が人の話を聴けているか、聴けていると思う人は手を挙げてください」という質問をしたところ、3分の1ぐらい手が挙がりました。

「それでは、どういう状態だったら聴けているのかということを考えたことがありますか。ほとんどの場合は聴けていないのですよ。なぜかというと、相手が何かをいった瞬間にそのいったことに自分の判断を加えて、相手の話をすべて聴く前に答えを用意しているでしょう。それを相手は感じて、それ以上モノはいわなくなる。逆に、みなさんは想定していることに合わせて話をしようとしているという事に気がついていますか?」という話をしたのですが、ちょっと「ハッ」としたような顔つきの人もいれば、何をいわれているのか、よく分からない人もいたようでした。話を聴けているかどうかという質問に対して、手が挙がらなかった人のうちの何人かは話が聴けていると思うのです。でも、手が挙がった人は、ほぼ100%聴けていないと私は思います。聴くことの難しさを知らないから、自分は聴けていると思うのでしょう。でも、本当に聴くことに苦労している人や、聴くことの難しさを実感している人は、簡単には手を挙げられない。だから、自分が聴けていないのではないかと思うくらいでちょうどいいのだと思います。

話を聴いていると手を挙げた人は、ちゃんと時間を取って、一対一で相手と話す機会はあるかもしれない。最近では個人面談とはいわずにOne on Oneといったりするのですが、そういう個別の面談が企業では盛んに行われています。けれども、それが必ずしも相手の話を聴けているということとイコールではない。そこが問題です。

山口:判断(の一時)停止というのは、相手の話を聴いた時、自然におこる自分の判断を、それとしてそのまま取っておいて(カッコに入れて)、その判断にさらに自分の別の判断を付け加えるのではなく、その自分の判断がどこまで、相手の話の内容に近づけているのかどうか、「こういうことですか」と話の内容を確かめようとする態度のことです。このようにしっかり、自分の判断の仕方を自覚しながら、相手の話を聴く態度は、なかなか容易にとれるものではありません。

露木:その研究会にきていた方たちのなかには、「自分の判断をカッコに入れるって難しい、なかなかできない。そこには何があるのだろう」というようなことを考えている人たちもいました。

私が場の説明として、「場の二重性、常に場においては、能動的志向性の背景には受動的志向性が働いていて、それは場のいろいろな意味づけの時に大きな影響を与えているし、じつは皆がそれに縛られていて、本当に自分自身が思っていることをいえないし、その『コト』について話すことができない」という話をしたら、うなずいている人もいました。

山口：良い傾向ですよね。いってみれば、それだけ危機感が増してきているということだと思います。

露木：それから、経営学において話題になっているU理論や組織学習なども、その背景に現象学や現象学的なものの見方や考え方があるということを説明したら、腹に落ちた人もいたようです。「そういう理論があるのだ」と。それぞれに共通するものがありそうだとは思うけれど、背景にしっかりとした理論があるという事はほとんど理解されていないのです。

山口：それは日本ではどうやって分かり始めるのでしょうか。ヨーロッパなら、フッサールの名前はよく知られているし、ハイデガー[*3]やメルロ＝ポンティ[*4]という流れがあるなかで、現象学というのは、現代においても、理論的・認識論的な支えとして生きているということは皆が分かっています。

けれども、日本人の捉え方は、現象学は西洋哲学の歴史に位置するだけで、今も生きているという感覚はほとんどないと思います。フッサールが掲げていた現象学がハイデガーに受け継がれ、メルロ＝ポンティに受け継がれ、そして最近では、フランスではポスト・モダンという形で哲学史の流れとして理解されているだけでしょう。

露木：概念として分かるということと、実際の生活の場で使われる「考える態度であり、方法である」ということとが結びついていないことが多いのですが、逆に、今まで断片的に聞きかじってきたことの背景にある「何か」が分かって、さまざまな概念と理論が結びついてとスッと理解できる人もいるのだろうと思います。

2　自分を相対化する――異なる文化に触れること

露木：日本人はなかなか自分のことを外から見る機会がないですね。外に行ったこともないし。外国に行っても日本を引きずって行っているから、本当の「外」に素手で触れていない。異なる文化に触れるということが少ない。

山口：たとえば、海外に行って生活したり、失恋の経験とかあれば、「私が間違っていた」とか「私って日本人だったな」とか分かる。けれども、そういう経験がほとんどないでしょうから。

露木：海外に一人で行って、対人関係でもがいた経験をもっている人はちょっと違うかなと思います。それこそ、森有正だってそうですし。

山口：夏目漱石だってそうじゃないですか。留学中のあの2年のなかでね。

露木：精神科医の河合隼雄は、アメリカに留学してカルチャーショックを受けて、日本人の感じ方はアメリカ人の感じ方とは全然違うということから、アメリカ人のために開発された手法を日本にもってきても使えないと考えて、自分は日本に帰ってきたときに、治療の考え方を全く変えたのだと『無意識の構造』という本のなかで書いていました。

山口：場の話や身体性の話も、これはやはり東洋的な根っこがあるから、それでかえってシュテンガー[*5]先生の目に新鮮に映るのです。

露木：新鮮さがあるのですね。

山口：新しいことに触れる、それこそ日本文化の場という新しい側面を学ぶことができるのではないか、という態度があるのですよね。私の師でもあるヴァルデンフェルス[*6]も、自分で初めてのものに対する「開き」という態度がある。これは誰でもがもてるわけではない。偉い学者は大抵自分の世界ができてしまって、その世界のなかでしか解釈しないし、新しいことでも自分の世界に当てはめることしかしない。要するに、聞きたいことしか聞かないという恐れがあるのですが、現象学のもっている「事象そのものへ」の態度ということがあって、自分の考えでも「カッコ入れできる」という態度のとり方があります。フッとした瞬間に「こうじゃないか」と思った、その思いそのものに、「カッコづけ」できるという内省する態度をとれるということは現象学を学ぶことの強みだと思います。

3　SNS時代の対話感覚

山口：先にSNS世代の自分の発した言葉の周囲の受け止め方に対する繊細さや自意識過剰について話しましたが、こういう話もあります。大学の学部学生ですが、英語の時間に、好きな英語の文化についてグループをつくってディスカッションをしよう。どうしてこの小説のここが面白いのかとか、映画のグループは「この映画の特徴はどこにある」だとか、自分の好きなことを自由に話し合うようなことを何回かやったのです。半年間の授業を通じてですからかなりの回数をこなしたと思うのですが、その時に、ある女子学生が「人の考えたことに対して質問したり批判したりするということは、失礼じゃないですか」という反応があって、それを聞いた他の学生が驚いた。要するに、意見を交わすとか、考えを交わし合わせるということ自体にあまり慣れていないので、何か自分がいった意見に対して変に質問されたり批判されたりすることで自分の個性が傷づくと思う女子学生がいて、彼はそういう反応を聞いて驚いたというのです。

若い人だからなのかもしれないけれども、自分の想いを公の場ではっきり分かるように表現することに対する一つの抵抗感というか、自分の想いは自分の想いのままでそのままいじられもせず、それとして受け取ってほしいというか、批判とか質問されることなく、そのまま受け入れてほしいということなのでしょうか。

もし、そういうことが根っこにあるとすると、公の場で意見を交換し合って、物事についてとことん話し合うというところにいかないじゃないですか。自分のいったことが質問されたり批判されたということで、自分の個性が傷つくと思ったら、そこから先に行きようがない。学生皆がそうではないと思うけれども、変に私小説的な世界というか、自分の心、自分の想い、自分の言葉に対する過剰なまでの閉鎖主義があるように思います。

露木：一つの反動かもしれませんね。

山口：リアクションということですか。

露木：リアクションというか、「人の身になって考えなさい」といわれ続けていると、自分がなくなってしまうというか、自分が自分であるということが難しくなってしまったことに対して、「自分は自分でいいんだよ、そのままでいいんだよ」といわれると、「自分は自分でいいんだよ」という所だけが切り取られて、結局は、広い意味での関係性のなかで自分があるという事に対してシャットアウトしてしまうように思います。そして、自分の殻に閉じこもってでてこなくなってしまう。そういう反動のような気がします。

山口：フェイスブックやツイッターなどのSNSメディアをとおして、若い人が通じ合っている時の通じ合い方なのですが、「いいね」とボタンを押して、そのレベルで終わっている。何十万回も猫の動画が繰り返し視聴されているとか、そういうレベルで良いとか良くないとかでしか動いていないから「〜についての考え」ということに入らない。まるで情緒的な感情の受け渡しだけで、「いいね」ということでは、お互いに感情のなめあいにしかすぎない。それでは、自分と相手とそれぞれが自立した個人として意見をいい合う、という「我－それ関係」なんてとてもじゃないけれども考えられない。

露木：「なあなあ関係」ですよね。

山口：その感性に没入するというか、狭い意味での自分の感じの世界に閉じこもってしまう。

露木：逆に「感じる世界を磨く」という時に危険なのはそういうことです。自分自身の感覚の世界がすべてで、他の違う感じ方を受け入れられなくなってしまう。

山口：詩人だったらいいのですよね。しっかり言葉にして、そして他の人に読んでもらうじゃないですか。詩集が売れる、売れないというのは、本当に他の人が共に感じてくれるのかどうかで、その意味で、共に感じてくれるということは客観性をもちますから。中原中也の詩に共感することはできる。それに対して、「いいよね」といったときに「そうだね」といえるレベルでの感性の世界では、ある種の客観性も成り立ちうるとしても、自分だけの感性に閉じこもることは、結局、他の人の感性を受け付けないということですから。

露木：だから、個性とか、「自分は自分でいい」という話の時に、自分の感性に対して反対するようなものとか、異質なものに対しての排除するような態度になることもある。それでは、相手を理解することも、自分を理解してもらうことも難しいと思います。

4　見て覚えることの意味

山口：相手を理解することにかかわることですが、マエカワの場合は、お互いがお互いにどういう人間であるのか、という人間の全体像が分かっているという強みがあります。要するに、その人の得意分野や可能性が分かっていて、「やってみなければわからない。まあ、やらせてみようか」というような、そういう見立てができる。お互い分かりあっているので、あとは技術的な話や一歩先のまだ隠れていることを掘りだすことに入っていける。暗黙知の部分に迫っていける体制ができあがっているということだと思います。

露木：多様性やダイバーシティという話がここ10年以上されていますが、人は一人一人皆違いますし、マエカワのなかではダイバーシティなんて言葉を使わなくても皆が個性的でした。マエカワのなかで私は「人は個性化する」と思っていたのです。つまり、自分の得意なことや不得意なことを周りに分かってもらえないと仕事ができないので。「こいつに何をやれるのか」ということが分からなければ「お前、○○をやれ」とはいわれないですから、だから自分で「これが得意だ」、「これをやってみたい」ということで、個性をださざるを得なかったと。

山口：自分の仕事は自分で見つけるのが原則ですからね。

露木：もちろん与えられた仕事もあるし、自分で好きなことをやっているのとはちょっと違います。でも、最終的には「あなたどうするの」といわれ、「あなたは何ができるの？」という話になるから、その人なりの貢献の仕方を皆が真剣に考えますよね。決まった仕事を割り振るという発想ではないのです。

山口：となると、新しく人が入ってきてどういう対応をするかというと、まずは戸惑いますね。何故なら、そんなところにおかれたためしがないから。小学校から大学まで。そういったなかで「お前、仕事は自分で見つけるんだよ」といわれて、結局戸惑った挙句「どうしたらよいのだろう」と、どうしてよいのか分からない自分に向きあう。それは自分を自覚する貴重な体験です。けれども会社ではその場で行動しなければならない。いちいち悩んでいる暇がないくらいに、それこそ一所懸命、やることがなければ掃除でもするしかない。掃除しながら、「私は何のために入ってきたのだろう」と思いつつも、そうやって「私は何をやっているんだ」とか、「私は何のために」とか、戸惑う自分に初めて直面する。こういう経験がじつは何といっても哲学の始めなのです。これしかないのです。

露木：そういう状況に、適応しやすい人と、適応しにくい人がいると思うのです。新卒の場合だと他の会社に勤めたことがないので、なんやかんやいっても1年も経つとだんだん慣れていくと思います。

山口：そうですね。できる可能性がありますよね。戸惑いながらも、結局人がやっていることを一所懸命見なければならない。これってそう簡単ではないですよ。あれやれ、これやれといわれた方が本当は楽ですよね。「自分で仕事を探せ」といわれた時に、周りの人がやっていることをまず見ることから始める。見ることから入るということは、簡単にいうと、やっているその人の身体にならなければならない。じっとみて真似をするしかないわけで。

露木：最初は「何をやれば良いのですか」と聞いても「その辺に立って見ていて」といわれますからね。

山口：いずれにしても、「自分は何をすべきか」仕事をやっている人が現にそばにいるのだから、そのそばにいてまずはその人の手助けをしようとか、何か物があればそれを運ぶとか、普通人間が何をやってよいのか分からない場合、周りの人の動きを十分に観察してという段階で、仕事に対する態度がまるっきり違ってきます。他の人の仕事ぶりをまるっきり見ないで、自分のやれることだけを繰り返すという、ほとんどの事務の仕事はそうなっちゃうじゃないですか。多くの場合ね。それに対して、そばに身体があるというだけで、その人の行動を見ただけでそのなかに入ってしまう、ということがあり、それがまさに「間身体性」の働きといわれるものです。

露木：間身体性の一番の特徴ですね。

山口：そう、自然におこってしまうことなのです。

露木：相手の動きが、映ってきてしまいますものね。

山口：そうです。だから、向こうが緊張していればこちらも緊張してきてしまうし、向こうがぐたっとしていればこちらもぐたっとしてしまいます。

露木：そういう意味では、一年間もそういうなかにどっぷり浸かっていれば、そういう身体になるということは当たり前なのですね。

山口：そうです。だから、一年間、工場で見よう見まねで働いていれば、そういう身体になります。間身体性のただなかにおかれて、そのなかを生きなければ、生きて自分の仕事を探さなければならないのです。

露木：桜えび漁でも、船の仕事を覚えるのに誰も教えてくれないので、見よう見まねで見て覚えるのが基本だと思います。実際に、沖にでて投網して曳きあげるまでは、のんびりしているのですが、いざ網を曳きあげる段になるとすごい勢いでみんなが一斉に動きだします。2つの船に6人ずつ乗っていて2名は船を操縦しているので、乗組員の10名が力を合わせて桜えびの網を曳きあげ、桜えびを籠に入れて積み上げる。時間としたら30分~1時間くらいと思いますが、それぞれに持ち場があってやることも分かっているので、本当に阿吽の呼吸で動いている。

山口：それぞれの船によってやり方は違うのですか。

露木：船によってそれぞれ少しずつ装備も違うし、やり方も違うと思います。基本的に一斉に沖にでるので、他の船に乗って漁をすることはないのです。

山口：それぞれの船で、お互いに漁の仕方を教え合ったりはしないのですか。

露木：お互いに教えることはないと思います。それぞれの船のやり方があり、どの船に乗るかによって、その船の文化を身に着けるのだろうと思います。ある中堅の漁師さんから聞いた話だと、船に乗ってすぐに漁にでたとき、まだ網を曳きあげ始めたばかりなのに、先輩の漁師さんに「今日は、どのくらい入ってると思う」と聞かれたということです。もちろん「分からない」と答えたら、「お前、漁師やめろ」といわれてびっくりしたと。これは極端な話かもしれませんが、それくらい注意していろんなことを見ておけよという話なのだろうと思います。それでも一人前になるのに何年もかかる。

山口：それは真剣になって見て考えざるを得ないということですね。まだ見えない桜えびの獲れ高をどうやって予測するのか。

露木：もちろん、レーダーに映っている魚影などである程度は推測できるのだろうと思います。網が上がってくる角度とか、いろいろな目安があるらしいのですが、それをしっかり見て覚えることが、まずは漁師の出発点なのだと思います。

山口：それぞれの持ち場は決まっているのですか？

露木：桜えび漁は4つの班に分かれていて、それぞれがどこの漁場で漁をするか、だいたいは決まっていますが、その時々の魚影の状況によって、かなり変わるのです。実際に沖にでてみないと、どこにどのくらいの魚影があるかは、分からないので。

山口：漁場を探査するときには、たくさんの船が交信しあってどこで漁をするかを決めるのでしょう。

露木：全体に聞こえる無線機と、相方の船と交信する無線機、それに携帯電話を駆使して、どこで網を投入するかを決めているようです。ものすごい情報戦です。それで、少しでもたくさん入りそうな漁場を見つけて、いち早く漁の準備をする。プール制とはいっても、沖にでたらそれぞれが少しでもたくさん曳きたいと思っているので、そこは譲り合ったりしないですね。

山口：それは面白いですね。船によって漁の仕方も違うし、文化も違う。それにプール制だから協力しているようで、実際には競争しているということですか。

露木：競争だと思います。どの船も少しでもたくさん曳きたいと思ってますし、水揚げした後は、船ごとに籠がならべられ、入札も船ごとにされます。どこの船がどれくらい獲ったのか、品質はどうなのか、そういうことは一目瞭然で、その船の評判にもかかわります。

山口：それは漁師のプライドとしても、少しでも多く曳きたいと思うでしょうね。

露木：一般にプール制という制度から受ける印象よりも、すごい競争なのですが、漁のうまい船は、他の船との位置関係や海底の地形や海流などがよく分かっているので、自分たちが一番たくさん曳きたいとは思っているけれど、狭い漁場のなかでお互いに良い漁ができるように位置取りをする。全体としての流れに乗っている船だといえると思います。そこは、競争の結果としての共創です。一方で、漁がうまくない船は、流れに乗れなかったり、逆に流れを乱したりするから、他の船から「どいてろ」とかいわれるわけです。

5　教えないことが最大の教育

露木：マエカワの場合は、取ってつけたような集合研修があったのです。ほとんどの男性社員は工場に一定期間いる。期間はその年によっても違いますし、職種によっても違う。3ヶ月の場合もあれば1年の場合もある。その間は、工場内の宿舎に泊まっています。そのなかで何かを教えるとか、スキルを身につけることが目的ではないのです。まずは、工場で働く人々を良く知るという事なのです。自分はできなくても、「ここでこういう人がいて、こういう仕事をしている」ということを感じればよい。社内の人脈づくりとでもいいましょうか。

山口：そういうことは普通はないですよね。どこの会社に行っても。

露木：逆にあまりにも何かを教えるということが無さすぎて、ちょっと「どうなの?」って思っていました。

山口：みんな戸惑うのでしょう。

露木：そうですね。私もそうですが、マエカワの場合はすぐに現場に入れられて、あとは自分で考えてなんとかしろ、というのが普通でした。たとえば、私は、新入社員研修で約2週間工場へ行って総務グループの採用担当に配属されました。それで、配属3日目に合同企業説明会に連れて行かれて、「会社の説明をしろ」といわれたのです。配属されて3日目の新人ですよ。「私がですか？」と尋ねると、「だってもう入社したんだからできるでしょう？」といわれて本当にその時はびっくりしました。

山口：焦ったでしょう。

露木：実際に学生さんがきてしまうから、説明せざるを得ない。まあ、会社案内のパンフレットがあるので、それを見てどうにかこうにかするしかない。

山口：その時、何について話したのですか。

露木：マエカワという会社がどういう会社で、どういうことをやっているかをパンフレット見ながら見よう見まねで、周りでほかの人が説明しているのを聴きながら、自分でもできないなりにやりました。相手は私が入って3日目の新入社員だとは思ってもいない。会社の人だと思っているからこっちも必死ですよ。これは分かりやすい例ですが、マエカワに入った新入社員は多かれ少なかれ、こういう経験をしていると思います。「とりあえず、じゃあやってみて」とか「できないならできないで良いけれど、まずはやってみたら」という感じなので。たとえば、議事録をとりに会議に行ったときも、いきなり「じゃあ、あなたはどう思う？」と聞かれるのです。どうもこうも会議の内容すら分からないのに、「え？」と思いますよね。聞く方も聞く方だと思います。

山口：何かありますよ、それは。なんていうのだろう。禅寺で「七色飯」というのがあるのですが、入ったばかりの修行僧が皆の分の飯を炊かなくてはならない。大きな釜だから必ずおこげができる。おこげができあがり七色に変わるようなご飯を炊く。そういう時のごはんの炊き方と、2、3年経って慣れてきてからの炊いた飯と。その時に、七色飯の方が旨いというか、七色飯をつくった頃の精神というか気持ちが、その頃の自分の真剣さ、必死さですよね。「どうにかしなきゃ」ということ、いってみれば「自発性」ということでしょう。

露木：「マエカワは教育がない」とみんながいうのです。いうけれども、「入ったばかりの社員にその人ができないようなことを任せることが最大の教育だ」といういい方をする人もいるのです。

山口：そういうことですね。

露木：皆がそのように育てられてきたので、誰も疑問に思わなかったと思います。

山口：でもそれは、一般的な企業では普通じゃないのですよね。

露木：マエカワでは新入社員に対しても「あれやれ、これやれ」とはいわれない。自分でやりながら探していくわけです。何か解をださなくてはならない時、いろいろな人に聞きながら、「あの人に聞くといいよ。あの人なら何か知っているかも」と教えてくれる。ふと疑問に思って、何で教えてくれるのかをいろいろな人に聞いてみました。普通だったら、「困ってるようだったから助けてあげようと思った」というような答えが返ってくると思うのですが、ほとんどの人が「自分もそうされたから」と答えるのです。つまり、教えるのが当たり前のことなのです。自分がそうされたからそうしているわけで、聞いてきた人がどうということではない。それが文化ということです。

山口：それが暗黙知になっているというか、身についてしまっているということですね。

6　自然にコトが映ってくる身体

露木：対話も身体感覚なので、対話における身体性という側面について話していきたいと思います。まずは「感じる」こと。たとえば、現場のなかで、自分が日々感じていることを言葉にできるということが対話の大前提ですね。

山口：そうですね。そして、巣鴨信金の例で見られるように、特別な構えじゃないけれども、相手のいっている言葉とか表情が映ってくるような、こちらが受け止められる意識状態になっているのかどうかということがある。判断以前に感性で受け止められる、相手からのシグナルというか、どういう気持ちであるのかが自然に映ってくるような。こちらが先入観など何かに捉えられてしまっている時にはそれは歪んでしか映らない。相手の気持ちが、そのままがピタッと映ってくるような心のもち方。

露木：巣鴨信金では、「ホスピタリティ」とは、「人となり」であり「心根」であると。「心根」といったときに、やはり受動的綜合の領域をいっていると思います。相手の身体になりきる、相手の気持ちを自分に映す、ある意味「無心」になる、本当に相手の立場に立てることの前提が、ホスピタリティであり、それを自分自身の基本的な軸にするということだと思うのですね。

山口：言葉として面白いですね。人って他人のことも「人（ヒト）」というじゃないですか。「人となり」ということは「人になる」ということとすれば、「目の前の人になる」という意味合いになる。「場はつくるものではなくてなるものだ」と同じで、自然にでてくるというか、自然にその人になれるかどうか。「人となり」という時のホスピタリティとして、心得なければならないことはどういうことなのでしょうか。

露木：やはりお客様の立場になりきるということと、自分たちはそこの地域の金融機関として、その地域のなかで生かされている。地域に生きる一人の住民というか、そうでなくてはいけない。「心根」ということの意味は、お客様に接するときだけもっていればよいものじゃなくて、仕事をしている時だけではなく、日常生活全般においてもっていなければならない軸である。そういった心の在り方であると。

山口：相手の気持ちがピタッと映ってくる状態になる。それの最高レベルだといえるのが「無心」ということですが、それが本当の対話に入っていくときの条件です。まずは受け止められるということですよね。

露木：先の話でもでた相手の言葉を「聴ける」ということですよね。「聴ける身体」であるかどうかということ。相手がいっていることにかんして、何かを想定したりとか、自分でそれに対する答えを思った瞬間にもう相手に伝わってしまうから。それを感じた瞬間に、何というかは別としても、自分が本当に思っていることは口にださなくなりますから。

山口：「ああ、また同じ話か」とか「ああ、また説教か」とか「何か売りつけようとしているんじゃないか」とか。聞いた瞬間にこっちがそういう構えになってしまうとそれが相手にも分かる。そこが微妙なところで、でもよくあることは、ワークショップで「そういう態度が大事だよ」といわれているから、「ならなければならない」と思ってしまって、「聴かなければいけない」と思って、「なきゃいけない」で聴こうとする態度そのものが、もう意図的につくってしまっているのです。

露木：「聴かなければならない」と思うこと自体が能動的志向性そのものですから。相手の気持ちが映ってくるはずがないのです。

山口：聴く態度が大事なのだと考えていると、その構えがまた相手に伝わってしまう。だから、フッと入ってくるものに、フッとこちらが感じているような状況になれているということが重要だと思います。

露木：聴くことが大事と思うことがもう聴けない身体になっているということですね。話が聴けることも、無心になるから相手は話をするわけで、こちらが意図をもった瞬間に本当の話はしないじゃないですか。そこまでいってると思いますね。それを巣鴨信金の職員さんたちがどこまで理解しているのかは分かりませんが。

山口：それをドイツの脳科学者のヒューターは「出会い」というのです。これからの経済活動にしても何にしても、人間が生きる生き方というのは「出会い」であると。「出会い」というのは関係性に他なりませんから、「出会い」とともに創造的でありうるし、「共創」の準備が整うということです。マエカワさんにしても巣鴨さんにしても、地でいっているというか、そこを目指してやっているのだと思います。

露木：巣鴨さんは正にそうだと思います。ただ、預貸率が上がりませんし、世の中がこういう雰囲気のなかで、相互不信が募っている。金融業もオンラインの利用が中心であって、フェイストゥ フェイスの出会いはもしかしたらなくなってしまうのかもしれないという不安はあると思います。

山口：そういう心配はないと思います。本当の創造的なものは、やはりフェイストゥ フェイスからしか生まれないので。

露木：人と人との関係からしか生まれないですよね。

山口：そうですね。人間関係というか、社会的な存在としての人間のなかからしか本当の真に創造的なものが生まれないし、文化が受け継がれないし、展開していきようがないことは予感されていても、そのような創造的なものが機械に置き換えられるといった盲信がはびこっています。これから生まれてくる子供たちは、そういう社会に適応していかなくてはならない。共創ではなく競争だけに情熱をかけるような大人ができあがっちゃったときに、共に人と携えていくとか、支え合うとか、共につくりあげていくことがなくなってしまったら、今以上に生きにくい社会になってしまい、人としての生きがいが失われていく危機に瀕しているといわざるを得ません。

露木：その時に、やはり聴く力が重要なのだろうと思います。

山口：シャーマーは、U理論で、どうやって話を聴けるかについて語っていますよね。彼は聴く力を三段階に分けて説明して、まず、インフォメーションとして聞く、知識として聞く、本当に聴きこむ、相手の悩みを一緒に悩むほどまでに聴く、これはまるっきりレベルが違うと主張しています。

露木：予断というか、自分が「こう」という思いが先にあると上手く人の話を聴けないですね。

山口：本当は、物が仲介している時には、「私にはこう見えるけれども、あなたはどうですか」とか、「私にはこう見える」とか、お互いに討論になるはずです。ですから、「こうしか見えない」ということが、そもそも物にそくしていないということです。「こちらからこう見えている」ということは、それこそ「インド人と象」の例じゃないですが、何が見えているのかは違って当たり前のはずなのです。

露木：象の話のメタファーは、それはそれとして分かるのです。

山口：分かるというときも、じつは単なる「知的な分かり方」なのだと思います。インフォーメーションや知識のレベルでの話です。相対主義とか相対的とかということで終わってしまいます。

露木：人の話をなぜ素直に聴けないのかといったときに、じつは、そこで議論されていることが問題なのではないこともある。『12人の怒れる男』という映画で、ある経営者が最後に泣き崩れるのは、陪審員たちと議論をするなかで、自分が潜在的に思っていた子供との確執を、裁判の被告の子供に自分が投影していただけだということに気がついた時でした。それは映画の話ですが、実際にいろいろな場面で、そこで話されていることに、過去に自分が経験したことを投影しているという場合もある。本人がそれに気づいていなくてもです。

山口：自分に自覚されていない、自分の身についた「情動的コミュニケーション」の歴史が、物事にそくした見方を覆い隠し、見えなくさせちゃっているのですね。

露木：見えなくさせてしまっている。会社のなかでも、自分が提案したことに対して反対された時に、相手はロジックを積み上げて反対してくる場合もあるだろうけれども、もしかしたらその人が昔同じような提案をして、誰かに反対されたことを投影しているだけかもしれない。でも、それはその場では分からない。企業で人が決める意思決定はじつは合理的なものではない。経営学では最適解ではなく満足解だといわれています。だから、「そういういろいろな背景があって、ある発言があったり、物事がおこっている」という話をすると、「なるほど、そういうこともあるだろうな」と気づく人もいます。自分が一面的なものの見方しかできていなかったことに気がつくのです。

7 コトに集中しているなかで無心があらわれる

山口：僕がミュンヘンで座禅をしていたときに、３日間の座禅が終わった後に電車に乗っていて、お婆さんがちょっと上を向いて「ああ、風が気になるのだな」と見えました。その瞬間に何がどうなのかということがすぐに映ってきたから、パッと立って窓を閉めてあげたのです。そうしたらすごく驚かれた。その人が何を望んでいるのかということが瞬間的に伝わって、そのとおりやってあげたから驚いちゃった。それはわざとやったわけではないのです。

露木：自然に映ってきてしまうからどうしようもないですね。

山口：そういうことなんです。座禅の時に何をやっているかというと、自分の身体の動きを止めるまでに自我の能動的な志向性がおこるのを無視し、それがおこってもフッと流す、フッと流す。結局、能動的綜合の層をできるだけ、おこっても消える、おこっても消えるとやっているうちに、自我の方が「こいつは自我の関心を向けても向きそうにない」と、そういう自我の関心に反応しないような態度が座禅をとおしてできてきます。

そうすると自分の先入観で見ることがなくなる。自分の先入観とは、まず言葉じゃないですか。言葉によって操作されている判断や知覚の仕方とか、見方とか考え方とか、知覚のレベルのことを座禅の時に全部やめるわけですから、何がどうであるかということを考えずに、ただ呼吸だけに一つになる。そういう努力をした後には、結局「何であるか」ということよりも、「どうあるか」が敏感に映ってくるのです。それで結局、自然のもっている表情にものすごく敏感になり、感性が豊かになってくるといわれます。人のもっている感性に即応できるような態度ができてくる。これは最近のドイツの健康法とか、脳科学の世界でもそうですが、盛んにいわれている「瞑想のもっている効果」とされるものです。

要するに、人間の身体の機能のなかで、自分である程度コントロールできるのは呼吸だけです。呼吸が穏やかに静かになっていることが脳のリラックスにつながります。脳幹には、呼吸や感情などのもっとも動物的な感覚が集まっているところがあるのですが、呼吸は、たとえば、不安といったところに直接的影響を与えるようなところにあるので、呼吸のテクニックによって感情、余計な不安を抑えるような機構になっているといわれています。

露木：心が乱れたり動揺すると過呼吸とかもありますね。

山口：そうです。まさにそれは逆の場合ですね。

露木：呼吸に自分の気持ちの不安定さのようなものが映ってきてしまうことがあるということですか。

山口：そうです。すごく近くにあるから。精神的安定・不安定、感情などが呼吸と結びついているのです。唯一、私たちが瞑想や座禅である程度、コントロールできるのは自分の呼吸です。それも練習を積むことによって、たとえば、よく座禅の僧は「私は一つ呼吸すれば、どこの通りを歩いていても座っているときの状態に戻れる」というわけです。一呼吸、二呼吸すると座禅している呼吸の状態に戻れる。

本当の意味での人の不安や感情、情動的コミュニケーションの根幹にかかわるところに、呼吸がいかに直接、かかわっているか、瞑想のもっている有効性がもてはやされたりもするのです。

露木：シリコンバレーのＩＴ企業では盛んに取り入れていますね。瞑想、米国発信ではマインドフルネスと呼ばれたりします。日本人はマインドフルネスといわれるとスッと入ってくるのに、瞑想というと「なんか違う」と思うようですが。

山口：言葉の問題だけですね。

露木：やはり、その言葉のもっている新しい雰囲気に惹かれるというか。新鮮さがあるというか。外からきたものに魅力を感じるのは世界共通のように思います。

山口：フランスの哲学者のM・フーコー[*7]は、日本にきて大森曹玄[*8]という禅師のところで座禅をしました。それで「先生、心と身体がつながっていることが分かりました」といったと大森曹玄が書いています。「少し味わったのだな」と曹玄はいっているのですが、フーコーは「これからの哲学は、東洋の哲学をとおらないと人間の哲学にはならない」ということをいっているのです。それについてはシュティンガーも、論文でとりあげていました。

ですから、西洋の哲学者が見ている東洋のそういった伝統に対する新鮮なまなざしがある一方で、日本にいてそれにどっぷりつかっているけれども何をしているのか分からない、どういう価値なのかが分からず宝のもち腐れになっている。たんに、もち腐れになっているだけならばまだしも、それに無自覚のまま、負の面がでてきているのかもしれません。

露木：日本人には当たり前すぎてそれを理論的に明らかにしたところで、「何が役に立つの？」ということでしょうか。講演会などでも私は役に立つという話はしません。でも、職場の会議や人間関係の背景で、何が問題になっていて、何がおこっているのかということについて皆さんに考える視点を提供するので、それについてハッと気づく人もいるのだろうと思います。いわれてみればそうなのです。その会場に入ってきた瞬間にその場の雰囲気を感じている。

人を評価をする場合でも、「たとえば、今同じテーブルに座っている5人の方たちで、半年間何か仕事を一緒にしたとき、誰がどれくらい貢献しているのか、どれぐらい頑張ったのか、その人のもっている能力のどれくらい使っているのかは、何かの評価尺度がなくても、みなさん分かりますよね」というと、皆さん「そうだ。そうだ」となる。

こころみ学園でも、職員さんが手を抜いていると園生さんに「まじめにやれ」と怒られる。手を抜いているということが分かるから怒るのですよね。そういう意味では、人の能力はすごいと思うのだけれど、それに対しての数値化ということをとおしてしか評価できない。「分かるでしょう」といっても、その評価は主観的だと排除されてしまう。場をつくるということさえも、管理するとか、コントロールするとか、場のテーマを設定してそこに収斂しなくてはいけないという話になる。

山口：それは場の創造性とはすごく離れた話です。

露木：さらには、場にもルールが必要だとか、良い場をつくるには、否定しないで聴くとか、適切な事例をだすとか、異質なものを認めるなどの注意点が挙がってくる。もちろん、そういう態度は必要ですが、良い場にするためのルールを明示するという発想そのものに違和感を感じることがあります。

山口：職場において、皆さんが求めているのはツールとして、道具として扱えるような、こうすればこうなるというものとして手にしたいということなのでしょう。知識としてそれを知ることができるのなら、ものすごく役立つと思っている人と、そういうことは長年いろいろな所で読んできたのだけれども、どうもピンと来ない、何か自分の求めていることとは違うと感じている人と、受け取り方が違ってくると思うのです。

ですが、そういう時に「聴くときの態度なんだ」ということが、道徳的な話ではないし、「こうやると人の話が聴けるようになりますよ」というようなテクニックの話でもない、「最終的には物事の本質を見極めるためには」とか、「私は何のために仕事をしているのか」とか、おそらく、自分の生き様みたいなところにまでかかわっている。そこにつながっているか、つながっていかないかだと思うのです。

露木：そういう所までつながっているのですね。

山口：たとえば、本当のところをいえば、座禅はそういう何か目的を定めて座禅するわけじゃない。「人生の意味」だとか、「何で私は生きているんだ」みたいなところから始まって、座禅の道では、「あなたが囚われているのはあなたの自我なのですよ」というところまでいきつくことになるわけです。

仏教の長い伝統にあるように、自分の関心や損得勘定は自分がつくりあげていて、知らない間に自分のものになってしまっていて、「これこそ自分だ」と思っているかもしれませんが、そうではない。何か究極的な問いにつながるようなことを求めて座禅が始まるわけですが、その時に人の心が映るようになってくることは、じつは副次的な、いわばどうでも良いことであって、最終的には道というか、人のあるべき姿に近づくことが座禅することの道ゆきであると思われます。そうやっていくうちに、いかに自分の欲とか関心が世界を見る眼を限られたものにし、特定の関心をとおしてしか見えないようにしてしまっているのかということに、だんだん気づき始めるわけです。

露木：根本的な問いにつながってこないと、創造的な職場にならないということですか。

山口：そういうところまでいかないと複数の人が集まって働く職場は、なかなか創造性までいきつかないと思います。フロー体験の場合もそうですが、コトに当たって無心になれる状況ができあがってくる。これが働いている人々のなかからおこってくるということが、ものすごく大きなことだと思います。つまり、一つの課題を設定するなかで皆が一所懸命にやるうちに、自分の損得勘定はどうでもよくなって、新しいものができるかできないかということに夢中になって、自分を忘れてその物になりきることができたときに初めて「無心」ということがおこってくる。自分はこれを実現するために生まれてきたのだといえるほどの仕事、生き甲斐みたいなところに自然につながっていたことが後から分かる。そういうものとしてのフロー体験や集団で無心になるということがあるのでしょう。

露木：みんなが無心になれたから、集団で「跳ぶ」ということがおこるわけですね。

山口：そうですね。そういうものが、人が働くということを根底から支え、それがあるから人は創造的に働けるのだということが、実例として挙げられているのだと思われます。

8　フロー（流れ）という現象

露木：「フロー現象」の話は皆さんご存知で、フローの状態がどういう状態なのかという話ですが、じつはフローの状態とは、別のいい方をすると、スポーツなどでゾーンに入るということと同じなのではないか。それは個人がゾーンに入ろうと思ってどんなに頑張っても入れないのですよね。関係においてしかフロー現象はおこらないと思います。人との関係や自然との関係、関係のなかでおこるのがフロー現象です。

昔、企業などの成功したプロジェクトをとりあげたプロジェクトXという番組がありました。そこでは様々なプロジェクトがとりあげられたのですが、なぜかストーリー展開が全て一緒なのです。内容は全く違う話なのに、ストーリーとしての流れがすべて共通している。いろいろな困難にぶつかって、皆がどうしたら良いのか分からなくなって、最後に三日三晩徹夜して頑張ったらブレークスルーがおこったといった。困難の先に最後の最後でブレークスルーがおこるのですね。その時に何がおこっているのかというと、にっちもさっちも行かない状況のなかで、「どうにかしたい」とプロジェクトの全員の気持ちが一つになった時に、何か開けるという一つの真理。そういうプロセスをたどるという一つのパターンが創造性が発揮されるときにはおこるのではないか。でも、そういうふうになるにはどうしたら良いのかということが、じつははっきりとは分からない。

山口：鈴木大拙[*9]も、『禅と日本文化』のなかで、スペインの闘牛士の例やいろいろな事柄をだしているのですが、一つ共通することがあって、創造が生まれる手前には、必ず心理的危機に陥るといいます。やはりにっちもさっちも行かなくなって、悩み苦しみ、危機的状態になって、それをとおって新しいものが生まれる。座禅を極めている当の本人の話です。

そういった創造性のロジックはあると思います。そのなかに無我や無心が言葉としてあってもおかしくない。けれども、それがどうやったらそうなれるかといったときに、いろいろな指針はありますが、一番の共通項としていえるのは、自我の損得を忘れて「そのことになりきる」ということだと思います。

露木：こころみ学園では、「流れがある」とか「流れに乗る」とかいう表現がされます。職員さんの仕事は「流れが滞った時にその滞ったところを直すだけ」で、あとは園生たちと一緒に作業をするだけといわれています。園生のなかに溶け込んで、外から来た人が園生さんと区別できないくらいになって初めて一人前といわれるとか。自分も流れの一部になるということでしょうね。この流れがフローとも関係していると思います。

山口：その作業に全員が集中していることで流れができるということですね。

露木：一方で、流れに入れない人、来たばかりの人がいると、園生さん達が誘って連れて行ってしまうと話をされていました。手を引いていくとか、職員さんがそうするのではなく園生さん同士でそうするという話でした。

山口：すごいですね。たとえば、幅跳びの練習をするときにどうしても跳べない子供がいるそうなのです。走ってきて、どうやって踏み切ればいいのか、どうしても分からない。小学生の場合ですけれども、どうやれば良いのかといったら、やはり先生が手を引くのだそうです。先生が手を引いて一緒にポンッと跳ぶと、跳ぶということがどういうことか分かるそうです。一人だと伝え合う身体性やリズムがないので、跳ぶということのリズムがどうやっても分からない。でも一緒になって走って跳ぶと、それができてしまいます。一緒になって身体を使うということが、こころみ学園の園生さん達は自分の身体で分かっているのでしょう。

露木：自分も流れに入れなくて困ったことがあるから、その困った感じが分かるから、自然に手を引いて連れていくということができるのでしょうね。

9　暗黙知が形式知になる瞬間＝集団で跳ぶ

露木：マエカワのトリダスの開発の話で、技術的に筋が良いとか悪いというういい方をすることもありますが、モモエちゃん（トリダスの前に開発されていた脱骨機）の時には「この延長では上手くいかないな」ということを皆が感じていたというのです。でも、どうしたらいいのかということは誰も分からなかった。そこで、若いエンジニアがおばちゃんたちと一緒になって工場のラインに入り、毎日何本も何本も鳥の足をさばくうちに「剥がす」というアイデアがでてきた。じつは、「剥がす」という言葉は、前にもそのプロジェクトにかかわった人たちが折に触れて聞いていたのです。しかし、その言葉と実際の身体の動かし方が合致しておらず、機械に落とし込むことができなかった。それが上手く自分のなかでつながったときに、初めて「こうなんだ」という確信になった。暗黙知が形式知になったということです。そして、それをプロジェクトに携わってきた人々にいったら、「そうだ、そうだ」となった。直観的にみんなの「腹に落ちた」と。集団に潜在化していた暗黙知が、一人のエンジニアの言葉で一気に形式知になった。集団として共有化された形式知です。それをマエカワでは集団で跳ぶというい方で表現しています。

でも、「剥がす」ということを言葉にできた後も、すんなりとはいっていないのです。そこからまた、もう1段、2段いろいろな困難があるのですが、基本的な考え方の根幹は「足の関節の部分を丸刃のカッターで切って、後は切るのではなく引き剥がす」という考え方です。それを「機械語に置き換える」といういい方をしていました。形式知として言葉で共有されたものを、さらに具体的な道具にまで落とし込むには更に時間がかかるということです。

山口：野中先生が「マエカワの場合には複数の人が同時に無心になるのだ」ということをおっしゃっていて、複数の人が無心になるということは、結局のところ場が開かれるということです。

露木：その時にリーダーが「無心」であるかということが重要であると思います。マエカワでも大きなプロジェクトをまとめるリーダーは、場所性が大事だといわれていました。それは、自分たちが生きているところであるし、お客さんが生きているところです。市場といってもいいのですが、もう少し幅や奥行きがある概念です。その場所にだけ集中している。だから皆が誰でも入ってこられるのだと思います。もちろん、まったく自分がないわけではないのですが、自分が全部決めるとか、自分の思い通りにコントロールするとかいう態度はない。自分自身も場の一部であり、皆で場所に立てるようにするのがリーダーのもっとも重要な役目だったと思います。

山口：別の例ですが、コーチと陸上選手の関係のなかで、100m走で走るときのスタートダッシュの方法に悩んでいる選手がいて、その時に「どんな感じで踏み切るのか」と聞くと、言葉として表現しづらくて、どうしようもなくて、その時、「バッ」なのか、「ドカッ」なのか、擬態語のオノマトペを使って探り合うのです。これは、身体感覚をどうにか言葉にしようとしている時に、先ほどの「剥がす」と「切る」も同じなのですが、「剥がす」という言葉に含まれている、剥がす時には物の大きさがどうなっていて、どれ位のスピードで抵抗感がどの程度あるのか、そして剥がれるプロセスはどういう感じで剥がれていくのか。切るといった場合の時間の短さや、どの程度の時間でどうなるのか。これは感覚の世界ですね。その感覚自体は伝えようがないのでオノマトペで会話するのです、とコーチがいうのです。そうすると、「ドガーンじゃなくてドカッと行ったら」というと、「じゃ、ドカッとやってみます」という話で、選手とコーチのあいだで言葉の感じの探り合いができます。オノマトペは感覚に近い言葉だから。僕もドイツで日本語を教えていたときに、「水がこぼれます。スーーーー、ツッツッツ、ポトン、ポトン、ポットン、ザッザッザーーー」とかやると、流れ方がオノマトペで伝わってくる。

露木：情景が見えるようですね。

山口：これってすごいことじゃないですか。オノマトペでおこっている出来事が感じをとおして伝わる伝わり方というか、直接、触れている部分というか。トリダスの開発のさい、「剥がす」ということの意味が、初めてそれを聞いた時、オノマトペの内実に近づきうるようには、感じることができていなかったのだと思います。「剥がす」の内容、感覚の中身が伝わっていなくて、「剥がすんだ、切るんだ、同じじゃないの？」と、切るということに含まれている感覚の内実と「剥がす」時の感覚の内実が全然伝わらずに、言葉の意味だけが交換されているから、どうでもいいというか、そこに秘密が隠されているとは思わない。けれども、切って切っているうちに、これは「切る」なんだとその感覚の内実を実感し、「剥がす」ことを試しにやってみた途端に、長年切ってきた感覚と違うということに初めて気づく。

露木：何度も何度も現場に入って繰り返しやってくるなかで、そのことの本質的な動きが体感できたということでしょうか。

山口：感覚するということは、感じ方の違いが実感できたときに初めて感覚の本当の意味というか、感じ分けの深さが分かってくるわけですから。ということは、感性の豊かさや感じるといったときに、どれだけ相手の気持ちが伝わってくるのか大きな差があって、「痛いんですけれど」といったときに「気の毒に」といった感じなのか、自分の身体が痛くなるほどの痛みなのか。肉親が拷問を受けているのを目の前で見せられたら本当に痛くなるといいます。親子関係だと子の痛みが直接自分の痛みになるというのです。

露木：私はそういう残酷な映像は見られないです。自分が切られている感じに映ってきてしまいます。

山口：ですから「感じる」とか「感じ合う」というとき、それこそ暗黙知の領域ですね。この領域には、人によってそれぞれ雲泥の差がある。そこに大きな差があることに気づく必要がある。そしてそれを理論化してくれたのが、ポランニーだった。暗黙知の領域があって、人は何万人の顔を見ても人の顔を見分けることができる。確かにそのとおりなわけですけど、これはどうやってできているのかは分かりません。どんなふうにして見分けているのか。いくら性能の良いカメラで人の顔を見分けようとしても、人が見分ける能力には遙かにおよばないというのです。人の眼が見る力は物凄くて、それこそテロリストを探すとき、そういうことに慣れている人たちがパッと見分けて「こいつは…」となる。どんなに高性能なカメラでも結局は人の目にはかなわないそうです。

露木：顔を認識するメカニズム自体が違うと思います。人間にとって生きるうえで、顔を認識することはとても大事なことですから、それに敏感になるのは当たり前です。それが機械でも同じように認識できるという考え方が間違っていると思います。

山口：最近の脳科学の本を読んでいてよく分かるのですが、人間の記憶能力とパソコンのメモリーなんてケタ違いで、話にならないというのです。いくらチェスや将棋に勝っても、それは一定の規則が決まっているわけで、何億の可能性があるといってもちゃんとした規則があっての可能性ですから。人がたまたま遭遇することには規則性などないことばかりで、そんなもので人間の記憶力は測れない。

だって、マッチの頭くらいの小さな面積の脳の皮質に10億の結合の可能性があるというのです。マッチ棒の大きさの脳細胞のなかに10億のつながりの可能性があり、それが脳細胞の現実であって、それを人間は使いこなしているというのです。

露木：AIの専門家がいっていましたが、人工知能というのは言葉が間違っていると。知能ではないのだと。知能では無く、一つの確率推論の話のなかでより確からしさをだしているのであって、仮に知能というのであれば、知能が何なのかということの解明がなされていなければいけないのに、人の知能とは何かということは全く解明できていないのだと。人間の学習の仕方を模してディープラーニングなどと表現したりしていますが、それにしても人がプログラミングしているわけですから。

山口：それならそれでいいのです。自分がやっていることがちゃんと分かっている人はそれでいいのです。本当に科学をやっている方は分かっています。意味とか価値の問題をもち込めるはずがない。もともとそういうことはやっていないのだから。

露木：だから、人工知能という言葉が誤解を招いていると思います。日本人はどうしてもロボットというと人型ロボットを連想してしまうので、人間と同じような感情をもって同じように喜怒哀楽があってと、擬人化をしてしまいますよね。でも、それとは全く違うロジックですし、一定のルールのなかでの解析の速度や組み合わせの確度が上がっているという話なので。人の認識と同じようなロジックをプログラムすることはできるけれど、同じではありません。しかし、科学や計算機に詳しくない人は人工知能という言葉に翻弄されてしまうのです。

どんなに計算能力が発達しても0と1の世界では分からないことが人間にはたくさんあって、どう生きるのか、どういう社会にしていくのかということは機械が決めてくれるわけではないのです。最近のいろいろな自然災害も、ある程度の予測はできるけれど、それも確率の問題であって、いつ地震がおこるのかについてさえ、正確に予想するのは難しいと科学者が宣言しています。過去のデータの解析で予想がつかないことは、計算機には計算できない。

もちろん、職場での自動化や計算機の発達はあって、それに合わせて人間の仕事が変わったという部分もありますが、それは人間の「知能」を機械が代替したということではない。逆に、これからは人間の知能には、機械はまったくおよばないということが明らかになってくるのだろうと思います。

山口：本当の意味での対話のプロセスというのは、一方の人がある種の受け入れの態度ができていると、重力の差のように、自然におってこざるを得ない。自然に流れでてくるものなのです。ブーバーの『対話』のなかでの駅のベンチに座っている2人の男のエピソードですけれども、その人たちはまったく何の関係もない2人で何も話さず、ただ偶然、隣に座っているだけなのです。それだけで、隣の人の悩みや苦しみやモヤモヤしている感情が自然に何も話さずにスーッとでてきてしまうようなことがあるわけです。

露木：すごい身体性ですね。

山口：産業カウンセラーの集まりでの講演で、このエピソードを話したら「そういうセラピストになることが最大の目標です」と皆さんおっしゃっていました。本当のプロのセラピストやカウンセラーになればということですが、要するに、その人がそこに座っているだけで、その人の悩みがあふれでてこざるを得ない、表出化せざるを得ないような、そういう態度があるのだということです。人が人に向かう、その在り方があるということ。それは皆さん日常のなかで気づいていることで、あの人の前に行くとホッとするとか、なぜかスーッと言葉がでてくるとか、電話で話すだけで、詰まっていた言葉がよどみなくでてくるとか、不思議ですよね。

露木：電話だと身体は直接接していないわけですが。

山口：でしょう！聴き方は分からないけれども、何かがあるから自然にそうなるわけじゃないですか。こういうことが現にあって、それがじつは職場の人と人とのつながりの、本当の根本的な人のつながりの根底にいつもそれが生きている。ですが、それが毎日のノルマや雑用に追われて、効率的にやろうとか、無駄なことはやめようという態度になってしまっている。そして「これやれ」「あれやれ」の命令系統で、その日その日の課題をこなすことだけで手いっぱいになっているので、どういう気持ちで仕事に当たっているのかとか、どんな悩みを抱えているのかということが話題にもならないし、そこは無視されている。ですから、人の話を聴くことの奥深さとか、人がいることの奥深さとか、そういう話にはならないのですね。

露木：そうなのです。だから、「それについて話す」ことが大切だという話をしても、皆さん「それについて話す」ことは分かるのですが、「本当にそれについて話せているのか」は分かりません。

山口：そういう態度をとれるかですよね。

露木：そういう態度をとれるか、しかも一人ではなくて複数の人がそういう態度をとれるのかということが重要です。対話の場においても「5人いても2人で空中戦をやっていました」というように、実際にはそうなってしまうわけです。

山口：「～について」自分の意見を語っちゃうんですよね。

露木：「～について」形式知だけの言葉の交換、そしてそこに人がいるのに、その人たちは関係ない。そういう場になっている。「そうじゃないよね」といっているけれども、やっていることは正反対だったりする。ですから、対話の態度が全く身についていないのであれば、最初は対話のルールから始めても良いとは思いますが、実際に対話ができている職場には、そんなルールは何もないと思います。そういう身体があるだけで。

山口：そうです。けれども、その代わりに何があるかといったら、お客さんのところにでかけていった人たちが帰ってきたときに、その人たちの話を聴くじゃないですか。まるっきりその人に成りきって、「その人の感覚を100%信じろ」というほどまでに、「どうだった?」といって興味をもって聴き入る。「あそこの会社のベルトコンベアーが汚れていた」とか細かな気になったことを話す。「なんか雰囲気がとげとげしくて」ということをじっくり話しているときに、その人の感覚になりきるということですね。

露木：そういうなかでお互いにやはり身体性が映っているというか、場自体がそうなっている。何かルールとして教えられたわけでもないし、壁にルールを貼ったりしていないけれども、みんながそういう身体であるということ。それが企業文化としての身体性の内実だと思います。

対話のルールという話で違和感があるのは、たとえば「この時には発散する時、この時には収束するとき、と分けなきゃ駄目ですよね」といった話がでてくるのです。もちろん、そういう局面は必要だと思いますが、場において皆が集中していれば、「発散する時には発散するし、収束する時には収束する」と思うのです。誰かが発散させるとか、収束させるということではなく、場の作用の問題であって、意図の問題ではない。その辺は感覚的になかなか伝わりづらいところだと思います。

山口：皆さんが関心をもって聞いているのは、言葉で盛られている内容じゃないですか。言葉でポンっと放り込んで、それがどんな影響を与えるのかは皆に任せて、別にこれは「聞けよ、これが絶対だ」というつもりで話すわけではないし、「こうも見えるのではないか?」と言葉にしてみて、こちらからも、あちらからも、さまざまな見方が提示されます。

そういう時に言葉が果たしている役割は現象学でいう「自由変更」の状態といえます。自由変更とは本質直観の一つのプロセスなのですが、思いついたことを想像の限り語ってみるというか、それもわざと意図的にではなくて、「あの時、あれをしたんだよね。あの人」といった、自分が気づいたことをそのままいってみて、「だけどあれって本当はこうなんじゃないの?」と皆が思っていることを好きなだけ自由奔放に何をいっても良いという雰囲気のなかで、皆がその言葉をとおして自由な想像の世界に入っていける。判断する手前に、ありとあらゆる可能性を探ってみて、落ちどころが自然にまとまってくるのを待つ。それが場の作用としての発散とか収束ということではないでしょうか。

露木：そうなのです。だから、いくべきところへいくというか、落ちるところに落ちるという所まで、いろいろな意見をいい合いながら、「これはちょっと違うかな」とか、「これはちょっと煮詰まってないね」とか、1回の場では終わらないこともよくあって、「今日はここまで」ということもあるでしょうし。

山口：話が煮詰まるまで皆さんが待っているわけでしょう。それで、自然な落ちどころが見つかった時に初めて次の一歩がでてくるわけです。

10　感覚として分かる

山口：赤ちゃんの喃語の模倣をとおして自分の身体が自分の身体だということに初めて気づくような、「この身体は動かせるけれども、お母さんの身体は動かせない」ということが実感として分かるような、無意識の受動的綜合をとおして気づかれてくるものがある。「母と子どもはつながっているのですよ」「それはそうですよね」「生まれる前は臍の緒でつながっていたじゃないですか」とかいってみたところで、つながっているつながり方がどんなふうなのかはまったく感じられない。伝染泣きにかんしてもそうだし、内部感覚（自分）と外部感覚（外の世界）の区別がつかないなんて、大人になってからの感覚だと、にわかには信じられない話じゃないですか。

露木：伝染泣きの話は、小さなお子さんがいる方なら、もしかしたら雰囲気が分かるのかもしれません。男性でも育児の現場に携わった方は、経験はあると思います。私も伝染泣きの話や、赤ちゃんがオギャーと生まれてきたときに、お母さんとつながっていて、外と自分の区別がついている訳がないという話をしますが、そういうことにかんしては頭では理解できていると思いますが、感覚的に分かるかどうかは分かりません。

山口：それはそうですよね。僕たちはもう赤ちゃんではないわけで、赤ちゃんだった頃に戻ることもできないですし。

露木：ただ、山口先生がよく例にだされるエアコンの話はピンとくるようです。私が話をしていて、その話に集中しているときに、「皆さん、今エアコンが鳴っていることに気がつきましたか？」というと、よく注意するとエアコンが鳴っていることは気がつく。だから、皆さんが「聞こえる」と。ただ、「私が指摘する前に気がついていましたか？」というとほとんどの方は気がついていないのです。

「だけど、突然エアコンが止まりました。となると全員が止まったことに気がつきますよね。それは何故ですか？」という話をして、「それは聞くこともなく聞いていたから」と説明すると誰しもがうなづく。「（無意識にでも）聞いていなければ、それが止まったことに気がつけないじゃないですか」という話をしながら、人の意識（能動的志向性）が働いている背景に、受動的志向性が（気がつかずにエアコンの音を聞いている）常に働いていることを説明します。いろいろな角度から話をちょっとずつ、そういう意識せずに気づいていることについて話をしました。それを「あっ、そうだな」と思った方もいれば、「何をいってるんだろう」とピンとこない方もいました。

山口：フッサールに基づく人間関係の三層構造（第1部第10章参照）にしても、その定義というか、構造の説明をしたところで、中身が分からなくて形だけ知っておくことにどういう意味があるのか。けれども、あえて私は『現象学ことはじめ』の場合は、序文のところにこの三層構造を入れました。「これは分からなくてもいいですよ」と。それは、やはり初めて見た人は分からないですよね、あれだけ見ても。でも、「最後まで読んでもう一度読めば分かります」ということで、あえて見取り図のようにだしました。

露木：ただ、これは企業人の欲かもしれませんが、職場における創造性に少しでも近づきたい、それを理解したいという思いが強いので、あの三層構造の第三層目にどうしたらいけるのか。人間相互の関係、人格相互の関係は、フローであるとか、ゾーンに入るとか、身心一如とつながっていて、それが創造性の源泉である、そこに関心があることは事実なのです。そこがうまくつながると、一気に展望が開けてくるように思います。人格相互の関係性の領域にいくには、やはり受動的綜合を生きていた子供の時・赤ちゃんの時の感覚の世界から、自分と他人の区別がついている大人としての「我－それ関係」をとおして、もう一度、その「我－それ関係」を超越するなかで、三層構造の第三層目にいける。逆にいえば、それはそこをとおってしかいけない。ブーバーの話じゃないですが、具体的な人と人との関係性をとおしてしか、そこへいけないということがすごく大切なメッセージだと思います。それは自分自身の個別の努力でもないし、個人の才能でもない。集団的な創造性といっているのは関係性のなかでしかおこらないことだから、そこは本当に強調してもしすぎることはないと思います。

山口：それはそうですね。とりわけ日本の社会においては、「我－それ関係こそ逆に強調しなければならない」ということが、理解されにくいのだと思われます。

露木：関係を切り離せないから。

山口：そうです。言葉にできるものはすべて言葉にする訓練が、言葉をめぐる文化ができていないのですね。自分の想いを言葉にする練習と訓練です。

露木：「プライベートを充実させた方がいいよ」と上司にいわれたら、そこで「どういう意味ですか?」と聞き返せばよい。

山口：そうです。そういうことです。

露木：「どうしてそこで聞き返せないのか」ということの方がことの本質というか、問題であって。もし、「どういう意味ですか?」と問われた時に、上司も「自分は何でそういったのだろう」と反省すると思うのですね。

山口：そうですね。ロサンゼルス・エンゼルスの大谷翔平選手の話ですが、大谷選手を高校の時から見ていたトレーナーがいて、その人が「彼はものすごく頭が良い」というのです。そして「しっかりしたことをどこでもしている」といわれます。その時に、何がそうさせているのかというとき、お父さんが野球の監督兼コーチで、小学校の頃から野球ノートをつけていて、自分で感じたことを文字にして書くという訓練をしていた。そして、その日記を父親に見せて、父親がそれなりの意見を書くという、野球交換日記を小学生からずっとつけていたというのです。

露木：すごいですね。

山口：つまり、自分の思いを表現し、文字にし、言葉にすることをずっとしてきたということです。

露木：常に反省しているということ。

山口：そういうことです。自分に対する自信と誇りをしっかりもっていて、他の人から褒める、褒められないということよりも、野球そのものが楽しくてしょうがなくて、野球という事柄そのものに関心をもっているから、「こうすれば、ああすれば」と「まだこれまでやらなければならない」というように、「野球の事柄そのものに関心があるので、結果はどうでもよいというか、そういうところで生きているんだ」という話をそのトレーナーがしていたのです。

だから、いかに自分の思いを、ただ思いとして放りっぱなしにするのではなく言葉にすることがいかに重要であるかということです。そして、大谷選手は、どんな状況でも怒ったためしがないそうで、それは父親からも伝わっているらしいというのです。

露木：そんな感じがしますね。

山口：要するに自己反省の癖がついているというか、ちゃんと自分の思いを言葉にして書いて、人に伝えられるようにする。書くということは公の言葉にするということですから。自分を客観視できる。だから、何がよくなかったのか分かるから腹が立たない。その訓練を積んでいるわけです。

露木：自分の思いを言葉にして、それを書き留めておき、それを振り返ることであれば、社会人であっても誰でもできることですね。

11　共に身体を動かすことで育まれる共通の感覚

露木：ある小さなベンチャー企業の話です。その会社の創業者と話をしたときに、会社のなかで社員たちが一緒に筋トレするんだと。一緒に身体を動かすということをとおしてお互いの感覚があってくるというか、本当に共通の感覚の世界ができてきて、「すごく仕事がしやすくなってきた」というのです。なぜかというと、皆で話をしていても、「その人がどう考えてそれをいったのかということが、どうでもよくなってくる」といういい方をしていました。一緒に身体を動かしているとだんだん『まあ、あいつがいっているならやってみよう』という感覚になってきます」と話していました。

山口：その人はきっと一緒に身体を動かしている所に、何か鍵になることがあるのだろうという予感をもっているのですよね。

露木：はい。

山口：そういう一緒に身体を動かしてみようと思い始めた動機はあるのですか。

露木：もともと身体性や場づくりの話に興味があったと思うのです。

山口：筋トレというのは皆で一緒にジムに行くのですか。

露木：会社のなかでマットを敷いてやっているそうです。

山口：会社のなかで。

露木：小さなベンチャー企業なので、一緒に体を動かすことによってお互いに感覚が揃ってくるというか、こころみ学園じゃないですが一緒にいるだけで通じ合ってしまう。

山口：そういう身体の奥深さ、暗黙知が伝わりあうという所の根幹にあるのは、身体知が直接に伝わるという所ですね。師匠のそばにいて、師匠の手の動きを見ているとか、あるいは、桜えび漁で船のなかでの漁師のあいだの動きがぴったり一致しているとか、マエカワで新入社員が入ってきたときに「黙って見ていろ、そばに居ろ」ということのなかで、様々な意味での間身体性のもっている響き合うことの奥深さというか、それは言葉にしきれないような、身体と身体のあいだの反響のし合いみたいなものがありますね。たとえば、コミュニケーションという場合、言語を交わしている場合もそうだけれども、70％ぐらいはノンバーバル（非言語）の領域でお互いが分かりあっているといわれます。ですから、言葉の意味での了解の仕方はせいぜい30％以下で、それ以外の、どういう気持ちで、どういうつもりで、どういう感じで、という所は、じつはそこにものすごく重要なインフォメーションというか、人の評価みたいなものも含まれるし、どういう話合いの場であるのかということも非言語的な雰囲気のなかで皆感じ合っていて、「ここまでいってはいけない」とか「ここから先はいってもいいことだ」のような、言語的な表現にも直接、影響し合っている。身体が居合わせるということのなかで初めてその雰囲気は伝わる。身体が居合わせなければそもそもおこってこないわけですから、居合わせたときに初めて言葉にするまでもなく、お互いに分かってしまう。その奥深さは物凄く大きなものがある。

露木：桜えび漁の場合は、夜の漁ですし、他の船がどこにいるかはレーダーなどには映るのでしょうけど、どんな動きをするのかは、よく分からないわけです。それに、桜えびも海底200メートルくらいに生息していて、夜になると50メートルくらいまで浮いてくるのですが、レーダーの反応で予測するしかないわけです。海底の地形、海流、他の船との関係などを総合して投網するわけですが、レーダーに映ってないけどそこに群れがいると感じたとか、他の船の動きを感じるとか、普通の身体の感覚をはるかに凌駕した感覚をもっていると思います。これも身体性ですね。

山口：すごい身体能力ですよね。視覚野に見える世界と自分の運動感覚とのつながりは大変強度であり、これは一度お話ししたかもしれませんが、スキーの大滑走で、滑走の最中の一瞬の瞬きが転倒につながる危険があるのは、瞬きする0・3秒間の視覚刺激の欠如が、それに即応する身体運動につながらないことによるとされるのです。

それに加え、視覚の世界と自分の運動感覚の深いつながり合いは、小さな時からつくりあげている世界ですから、それこそ暗黙知のなかでの身体知の積み重なりみたいなものが、計り知れない深さをもっているといえるでしょう。

露木：一方で、視覚が邪魔をするということもありますよね。ゴルフの練習の時にコーチに「目をつぶって打ってください」といわれて、そうするとすごく良い球が打てる。視覚情報が邪魔をするというか、情報量が多すぎたり、見ているものに注意しすぎたりということもあるのかなと思います。

山口：そうですよね。かえって視覚の方が運動感覚を制御してしまうこともある。

露木：自分自身の身体の動きに集中できないというか、視覚情報に依存してしまって動きがぎこちなくなる。目をつぶって見えなくなっていると自分の身体がどう動いているのかという方に集中できるので、自然な動きができる。コーチに「何でですか？」といったら、「そういうものです」といわれました。熟練したスポーツのコーチはそういうことが経験的に分かっているのだと思います。

山口：脳科学の方でも、今、エーデルマン[*10]という人の本を読んでいるのですが、やはり「連合」という言葉を使うのです。

露木：「連合」について、こころみ学園のブルースさんがおっしゃった「眼と手が連動していないとブドウの房はとれません」という言葉が印象に残っています。

山口：そうですよね、現象学の分析にもぴったり、一致しています。

露木：ブルースさんってすごいなと思いました。それと「対化」とか「連合」とか、私にはこころみ学園の園生たちがどういう感覚をもっているのか、実感としてはよく分からないけれども、たぶん先生がおっしゃっているみたいに、いろいろな感覚がバラバラで結びついていない方が多いのでしょうね。我々が意識せずできている「歩く」ということも、過去把持と未来予持がしっかり感覚と結びついていない限りは一歩も足をだせない。身体の機能としては何も問題がないとしても、センサーとしての感覚の部分と、自分の感じ方が合致していないといけないという事ですよね。

山口：第1部でも説明しましたが（第1部第4章参照）、発達心理学では、たとえばピーナッツをつまんでいるとか、何かを取ろうとしている時の手の仕草を見ただけで、何を取ろうとしているのかが分かるとか、視覚の世界と運動感覚の世界がぴったり即応していることをしっかり受け止めることのできる大脳皮質の一部がある、それをミラーニューロンというのですが、最終的にはそれは幼児の頃に学習をとおして獲得してきたものだというのです。

露木：生まれてから獲得していく能力ということですね。

山口：たとえば、自分で手を動かして物を取ろうとして手を伸ばそうとするとき、第1部第9章で細かく描いているように、手を速く伸ばすときの運動感覚と目に見える手の動きは、ぴったり一致しています。速く動かせば、速く見えるし、ゆっくり動かせば、ゆっくり見えます。これは赤ちゃんの頃自分のなかでようやく一つのものになっていっているわけで、その時に過去把持や未来予持をとおしてこのつながり（連合という受動的綜合）ができあがっていきます。

しかしこのとき注意しなければならないのは、過去把持と未来予持という時間の形式が先にあるわけではなく、「物をとりたい」という衝動が先に働き、物に触れるときの触覚の感覚が充実されるように、触覚の志向（意味づけと価値づけ）が未来予持として働いて、それが充実されるかされないかが、赤ちゃんに実感されるわけです。ですから特定の志向内容なしに、未来予持が働くことはなく、形式としての未来予持は、志向性が働いた痕跡に他ならず、いわば、抜け殻でしかありません。形式として時間形式という抜け殻がまずあって、そこに内容が注ぎ込まれるのではないのです。これは、もちろん、過去把持も同じことです。いつも同じテンポで流れるとされる時計の時間は、あとでつくられた抽象的な時間であり、生きた時間ではないのです。

露木：時計の時間と生きた時間という概念は、時計時間に慣れている現代人にとっては区別が難しいですね。

山口：こころみ学園で原木をもって坂道を登るとき、運ぶという本能的な身体的欲求が自分を突き動かすのであり、運ぶということはどういうことか分からないにしても、仲間がやっている姿を見ると、こうやって一歩一歩足を運んでいる。それは見ただけで響いてくるものがあってそれにそくして動いているといった具合です。動くということはどういうことか、自分に直接伝わってくるものがあるので、それにしたがって、身体が意識しなくても動く。そうすると、自分が原木をもつという志向性に合った形で、もつというときの触覚と外から見えるもっている視覚像と、もつときの重さと重さに耐えている筋力の運動感覚が一致して初めてもてることになるわけです。

露木：そうですね。基本的には「もつ」という行為自体が難しいのかもしれないということですよね。仮に、目と手の動きがつながっていない人がいた場合、ブドウの作業やシイタケの作業をすることで、少しずつ眼と手が連動したりとか、足の動きと視覚が連動したりすることで、様々な感覚が統合されてくる。それはものすごく時間がかかるけれども、それを目指して川田さんはやっていたのだろうと思います。「感覚統合療法」と呼んでいた取り組みです。しかし、外から見ると、そういう身体を動かすことに「何の意味があるのか？」という人が結構いるらしいのです。

山口：「感覚統合療法」の意味が分からない人が多いのでしょうね。

露木：事実、大変な作業ではありますが。

山口：それはそうかもしれないけれど、要するに間身体性の身体知の行きさという現実に気づいていない人が多いということですね。

露木：やってもやっても終わらないような、ものすごい量の作業をこなすことによって、ある意味そこに集中するしかないという状況をつくるということを川田さんは実践されていたのだろうと思います。皆がそれだけに集中できる状況をつくることが、彼らの感覚を統合するということにおいて意味があると直感的に感じていらしたと思います。そこには特定の理論的な背景はなかったかもしれないけれど、そういう状況をあえてつくっていた。それが理にかなっていたということです。大きな木を切ったりするときは危ないのですが、でも、そこで大きな事故がおこったことは一度もないというのです。彼らはヒョイヒョイ避けるのですって。人間って本当に危ないって感じたら身体が動くのでしょうね。

山口：本能的な所で反応しちゃうのでしょうね。そしてそこが強化されるのでしょう、状況のなかで。それが変な計画を立てたり予測を立てたり、「きついよね今日は。何本運ぶの？」とかで余計なことを考えてしまうと動けなくなってしまうでしょうし、それこそ感覚に集中することができなくなってしまいます。

露木：普通の人は3日ももたないです。私は1日でへたばりました。身体を動かすことだけに集中して考えないようにしていても、やはり考えているのです。ずっとそのことだけに集中して何も考えずにやることは難しいです。

山口：そして薄々考えているからこそ、一旦、考えてしまうと、仕事はそっちのけになってしまうのでしょう。本当に集中して、それだけに取り組むというのは難しいことです。

12　企業的キネステーゼ（運動感覚）

露木：第2部でとりあげた4つの事例に共通している身体性の特徴は、そこで働く人たちの時間意識・時間感覚として表現されていると思います。同じ時間の感覚をもっているから、同じペースや同じリズムで動ける。それにかんしての信頼性があるから、同じペースで動いているだろうという前提で皆が動いていて、もち寄ったものに対してギャップを感じない。

山口：時間感覚というのは動いている身体におきているキネステーゼ（運動感覚）から生まれるものです。

露木：最近、私は、企業における身体感覚の最たるものは、その企業で共有されている時間感覚ではないかと思うのです。たとえば、「マエカワさん速すぎますよ」とマーケティングの会社の人にいわれたそうですが、そういったキネステーゼが全員に備わっていないと速すぎる動きにはならないわけなので。

山口：呼吸のリズムなんですね。キネステーゼの基礎にあるのは呼吸のリズムだと思いますが、その時にどういう言葉を使えばよいのか、それがおこっている原型をさぐって、第1部第5章で詳細に描いたように、母と子の添い寝の場合に、結局、吐く息と吸う息を共に一つの呼吸として感じていることにいきつき、そのなかで時間が生まれてくるということをとりあげてみました。これは共有されている流れる一つの時間なのです。一つのキネステーゼを感じている世界なのですが、このキネステーゼの体験を何といえばよいのか。「個」と「個」になる以前の共通感覚というか、「共体験している」といえばいえたことになるのか。

露木：私は、その企業に特有の身体感覚を、企業的キネステーゼと呼んでいます。たとえば、時間感覚であるとか、企業でなくても、地域や民族やその文化的な違いが時間感覚に端的に表れる。ドイツ人と日本人の時間感覚は合っているとか、ドイツ人とラテン系の民族とは合っていないとか。ある一定の集団のなかで共有されている時間の流れの違いというのは、キネステーゼだと思います。呼吸であったり、歩く速さであったり、仕事の取り組み方であったり。「あそこはせっかち、あそこはのんびりしている」みたいな話が、企業でも地域でも、あるいは、一つの企業であっても部署によって多少の違いがある。

山口：そうですね。キネステーゼって身体的中心化の核の部分ですから、一緒にいるだけで映ってきますね。キネステーゼが軸になって視覚や聴覚や触覚などが「連合」で統一されてくるのです。

露木：『弓と禅』で、ヘリゲルは「自分が弓を放っているのか、はたまた、弓を放たされているのか分からない」というところにいきつく。それを見ていた阿波範士が「それだ！」といって深く頭を下げたというくだりがありますが、能動性の究極の先に「我－汝関係」がくるというのは、いったん我を「なくす」ということですか。

山口：「なくす」というよりも、「なくなってしまう」というか、自分はどうでもよくなって、「そのモノ」や「そのコト」のなかに入り込んでしまうと、そちらの方が大事になる。「我－それ」の「我」というのは自分の利益とか自分の経験とか、自分ということを中心にして考えている「我」です。その時の我には「能動的志向性」が働いています。それが何かに打ち込んでいる時、「フロー状態」と表現されるように、それが仕事であっても、「我」はどうでもよくなって、それに参加していること自体に意味があって、そのさなかに入れたことが嬉しくて、それが生きがいだった、ということになります。

一番大事なのは、その活動の「さなかに我を忘れていられる」ということです。それが、まだ「我」ができていない赤ちゃんの時のように、「自分」ということを何も考えず、周りの環境や世界にひたむきに向かっている状態と似てくるというところを、ブーバーは「幼児の段階の〈我－汝関係〉がもう一度再現したのだ」というい方をしています。

ですから、「もう一度幼児の〈我－汝関係〉に戻れた」とか「〈我－汝〉がもう一度復活した」とか「それがもう一度再現した」とかいうのですが、じつはそう簡単に再現はできないのです。本当にモノやコトになりきるところにいけるかどうかにかかってきているので、その時には「我－それ関係」のなかで生きていた「自分とはこういうものだ」

という考えはどうでもよくなります。日常生活では自分を自分で枠づけしているのですが、それがどうでもよくなる。それを「無私」とか「無心」、あるいは「無我」という言葉で表現しているのです。

露木：何かに集中しきっている時に、自我の「我」という部分がなくなってしまう状況を、能動性の先に受動がくる、つまり、「我－汝関係」と表現しているわけですね。

山口：とりわけ東洋の場合は、禅とか仏教の用語のなかでそういういい方がされているのですが、座禅でも本当に「悟る」のは大変なこととされます。「30年座っていても悟れない」という話があるように、本当に自分の根っこや自己中心性はそう簡単になくなるわけではない。なので、それほどまでにモノやコトに打ち込めるということは、それほど素晴らしいことはないといえるでしょう。

西洋の中世の芸術家は「自分の名前を残そうとは思わなかった」といいます。絵の修復とか絵を描きながら、たとえば、ステンドグラスを泣きながら叩き壊して新しいものをつくるときに、新しいステンドグラスをつくること自体に生きる喜びを感じて、自分の名前が後で残ろうが残るまいがどうでもよくなる。だから、個人名はどうでもいいというところまで打ち込めたというのです。

けれども、何かに打ち込めるということは大人の世界です。いろいろな工夫を重ね、仕事の内容だとか、技術の内実にしても、その領域の能力の最先端のさらにその上をいっても、それでもモノになりきれるのかどうか分からないものですから子供にはできません。いくら赤ちゃんがひたむきに生きていたからといって、何か素晴らしい作品がつくれるわけではないし、人と一緒になって物事に打ち込めるわけではないのです。それが、大人になって今まで培ってきた自分の「自我を忘れきってモノになりきれる」、それが大人の場合の「我－汝関係」の成立ということです。なので「子供に戻る」といういい方はあまり適切ではないかもしれません。むしろ、今まで大人になってつくりあげた我を「突き破る」といういい方が適切かもしれません。「我－それ関係」のさなかにいて、それから自由になるのだということです。

武道では「守破離」という言葉を使います。まずは、今までの伝統をやりつくして、そして破って、最後に離れる。離れるからその「守」の世界は「どうでもよくなる」。まずは、「破」にいけるかどうかが大変なことで、普通は60歳とか70歳になっても「守」で終わってしまうのですが、その「破」のもう一歩先が「離」ということとされます。たとえば、宮本武蔵は「剣道の極意に達した時には絵画の師でもあった」といわれます。それは「離」の世界に到達すると、あらゆることの達人になってしまうということなのでしょう。

14 「我－それ関係」から「我－汝関係」に入るきっかけとは

露木：守から破にいくとき、それはやはりスタートというかきっかけがあるのですか。「我－それ」は日常でおきていることですが、「我－汝」にいける時は、喜びとかそのことが好きであるということがきっかけになるのですか。

山口：自分のなかでさえ分からない、それに対する向きだとか、何でそうやっているのか分からないのですが、言葉で表現すれば「好き」とか「それに惹かれている」ものがある。人を生かす動機みたいなものは、簡単には分からない。若いころは、何をやりたいのか自分で分からなくて、それが30歳ぐらいまで続くじゃないですか。

そのもがいている時は、自分のやりたいことがいったい何なのかが分かることが大変だし、自分を試してみないと分からないわけで、けれども、その頃は自分をどう試してよいのかも分からない。だから、好きなことにとり掛かって苦労していても、上手くいかなくて、あっちに行ったりこっちに行ったりして、様々に迷いつつも何か惹かれるものがあって、「ずっとそれをやり続けているうちに」ということなのかもしれませんね。

それでも、「きっかけ」ということは難しくて、何かをやっている時にそのことに引き込まれていく、「入っていってしまう」ということがおこる。身近な例でいうと、論文を書くときやテーマが決まったプロジェクトに向かうとき、一定の期限を定めてそこまでに仕上げるために集中してそれに向かう。やっていくうちに、だんだんそのなかに入っていくと、入っていくときの入り方みたいなものは、入っている時には分からない。何か続けているうちに自然にぐいぐい入っていく。そして、その課題に入り込んで、結論や結果がどうなるのかギリギリまで詰めて、そして直前にどうしようもなくなってきたときに、フッとでてくるものがあるとか、そういうようなことの繰り返しが続いていくうちに「今日はうまくいった」とか、「少しうまくいきそうだ」といった日々の積み重ねができるようになる。積み重なっていること自体がすごいことだと思います。離れずにそこにずっと携わっていけるということでしょうか。

露木：その場合、集中してそのなかに入っていける人と、表面をずっとグルグルまわる人と2つのパターンがあるような気がします。同じようにやっていても、表面でとどまっている人もいれば、スッと入っていっている人もいて、その違いは何だろうと思います。深くグーっと入っていけるように、いろいろヒントになるような事例とか自分の経験につなげやすいことを投げかけても、その人が過去にどんな経験をしているか分からないから、どういった素材を投げかけるとその人が潜在的にもっているものと合致するのか。その人の経験や感覚の育ち方が分からないので、きっかけは何かを見極めるのは難しいと思います。スッとそこに結びついてグッと入っていける人もいれば、表面的には分かっているようなのだけれども、分からない状況でとどまってしまう人がいる。

山口：それはおそらく、言葉の上で理解することと、その言葉が自分自身の現実とどうつながっているかを感じつつ、踏まえつつ理解することとの違いだと思います。言葉だけの整理がうまい人は多いのです。言葉と言葉のつながりをきっちりつけて整理して、それで現実が分かっているような気持になる人が多い。

たとえば、「人生なんて、生まれてきて、親に育てられて、結婚して、子供を育てて、死んでいくんだよな」とかいって、それで人生が分かった気になる。人生とはどういうものかを言葉にしてしまうとそれだけのことかもしれないし、人の人生を外から見て描いてしまうと、いくつかの言葉でくることができてしまう。結婚という言葉を分かったつもりで使うけれど、妻とか夫とか子供とかを言葉でいうことと、実際にどういう人に向かってどういう生活を送っているかといえば、それは人それぞれでまるっきり違っている。

言葉でくることと現実との乖離みたいなものに、まったく鈍感な人もいるのです。「おはよう」という言葉一つでも、人の心に届く「おはよう」と届かない「おはよう」がある。お店に行ったときに「いらっしゃいませ、こんにちは」とか、型どおりの挨拶は、やらない方がいいわけではないけれども、そういう一つの言葉が相手にどう届くのか、ということまで考えて言葉を使っている人は少なくて、「言葉は言葉の世界で成り立っている」と考えてしまう。経営にそくしていえば、書物に描かれている「経営学」の世界であって、書物の世界をそのとおりきっちり把握して理解するだけのことなのです。

露木：形式知だけでできますからね。

山口：そうです。形式知と暗黙知の違いさえ、そういう人は分からないのです。「知には形式知しかない」と思っている人も多い。つまり、人に対する言葉の意味が、言葉だけでできあがってしまっていると考える。質問に対して言葉で答えればそれが正しい答えになっている、法律や様々な判例のように、形式知が形式知のなかだけで成り立ってしまうから、それがじつに危ういところです。そういう意味で、哲学史家としての哲学者は山ほどいるのです。「誰がこういった、彼がこういった」という形式知としての知識は豊富にもっている。だから「これはどういう意味ですか」と聞かれたら、説明はできますが、たとえば、その説明ができている自分と、自分が誰かに叱られて「ごめんなさい」

といっているその自分が一緒にならないのです。それはどうでもいいことなのです。自分の現実の生活と、自分のつくりあげた知識の世界とが、まるっきり関係していないのです。

露木：暗黙知がないということではなく、暗黙知に気づかないということでしょうか。

山口：ドイツの哲学者で日本に戦前に来たカール・レーヴィット[*11]が、「日本人の生活は、一階ではドテラを着ている。二階では洋服で着飾っていて二つのあいだに階段はない」というのです。要するに、知識の世界と現実の生きている身体とつながっている世界が、二つ完全に分かれている。知識は知識で空回りしても構わないし、答えはいくらでもできてしまう。ただ、そういう論文を読んでいてもよくまとまっているけれどちっとも面白くないのです。

けれども、哲学の要《かなめ》は「問うこと」ですから、「どうなっているのだ」という問いの深さみたいなものをもっているかいないのかが重要なのです。「どういうところにどんな問題を、本当に問題として掴んでいるのか」、「その問題をどこまで真剣に解こうとしているのか」、「それが解けないと明日が生きていけないほどの真剣さはあるのか」ということです。

露木：どこまで、その問いに対しての切実さがあるかどうかということですね。

山口：自分の具体的な生活のなかに根差した問いと、知識としてもっている問いの違いです。知識は道具ですから、具体的な問題を解くための手段でしかないわけです。その手段だけをいくらうまく使えても、その道具がピカイチであっても、本当の使い方が分からなければまったく意味がないわけです。ですから、事柄そのものに入っていけない人たちに典型的なのは、形式知だけで勝負しようしている人だと思います。

露木：形式知だけで勝負しようとしている人は割と分かりやすいと思うのです。だけれども、形式知だけで勝負しようとしているわけではなくて、暗黙知の部分、感じる力ももっているのだけれども、うまく深いところと結びつかない人もいます。

山口：おそらく形式知と暗黙知の、両者のつながり方についての自覚の問題だと思います。何が何だか分からず、何となく予感みたいなものだけがあって、それを言葉にできたときにはじめて形式知化されたということになります。

露木：やはり、自分のなかの言葉に表現できないモヤモヤしたものを、いかに言葉に表現するかという努力の問題なのでしょうね。

15 職場でおこる予期せぬできごと－苦役（レイバー）と天職（コーリング）のはざまで

露木：皆思いがあって、人のために役立ちたいと思っていて、自分が売ったものでお客様が喜んでくれたり、「ありがとう」といわれたことが、嬉しくて仕事をしている人は世の中にたくさんいるわけです。でも、それを素直に表現できないということが、すごくストレスになっていると思います。お客様の意に沿わないものを売っていると罪悪感も溜まっていきます。本当にお客様の立場に立っていたのかということを考えたときに、「やはり自分の売り上げ目標のためにやっているよね、仕事だからしようがない、企業ってそんなものだし、仕事ってそんなものだ」と皆思っている。それでも自分達がつくっているモノやサービスに対して誇りがあればまだ良いと思いますが、そういうこともなければ仕事は苦痛以外の何物でもないと思います。毎日、自分を傷つけているのと同じですから。

山口：ドイツの哲学談話の番組で「労働」についての話がでてきたときに、「私は食堂の経営者だったのです。働いている人たちのことを考えると、どうにか潰れないようにやっていかなければならないので、私にとっては労働とは苦痛以外の何物でもなかった」と話すのです。「今はやめたから、ホッとしている」というので、「あなたにとって何が一番幸せですか」と聞くと、「犬と一緒に遊ぶことです」とポロッというのです。

ですから、仕事のもっている意味が極端から極端というか、一方では「無私」や「フロー状態」といった形で、仕事のやりがいがあって、仕事をすることと趣味の世界が一緒になっていて、仕事が生きがいだと思える状態もありうる。他方で、毎日がギリギリの生活で仕事の意味さえ考えない。あるいは、企業経営者で従業員を抱えて、その従業員を食わしていかなければならない。もし潰れたら俺の責任だというすごいプレッシャーを日々感じていて、働くことが心の負担になっていて、私は燃え尽きたというのが、先の食堂の元経営者の声だったのでしょうね。

露木：本当に苦役（レイバー）ということですね。

山口：企業のトップに立っている人も、社員の生活やその家族を養うことさえすべてが自分の責任だと考えてしまうと、もちろん毎日の売り上げが心配になるし、何かトラブルをおこしたら一巻の終わりだとなってくると、寝ても覚めても経営について考えている。責任感が強い人ほど、仕事は地獄みたいに感じるのでしょう。これもやはり一つの現実だと思います。

露木：私の知人に、あるIT企業の創業経営者で、仲間と立ちあげた企業を東証マザーズに上場した後、現在は2社目を設立し経営している方がいます。その方も「毎日気が狂いそうになる」、「毎日吐いてる」とおっしゃるのですが、それでは、なぜそんな大変な思いをしてやっているのか。

ある時に、こんなことがあったそうです。自分が近い将来必要になるだろうなと考えていたプロダクトがあったのですが、忙しすぎて手をつけられない。社員もみんな忙しく仕事をしていることを知っているので、やってくれといえなかった。でも、ある時に「こういうプロダクトをつくりたいのだけど」と社員にポロっといったら、社員の方から「社長、もうプロトタイプはできています」といわれて驚いたそうです。社員たちも、そういうプロダクトの必要性に気がついていて、忙しい仕事の合間に社長にはいわずにやっていた。そして実際にそれが必要になった時に、「これです！」と。その時に、皆も自分と同じ思いで仕事をしてくれていたのだと思って、ものすごく感激したっておっしゃっていました。仕事をしていると、そういうこともあるのですね。

山口：いい話ですね。

露木：経営者は、すごく責任感をもってやっていたけれど、その経営者の想像を越えて、社員も責任感をもってやっていた。社長が自分の想いを言葉でいくら伝えようと思っても伝えられるものではない。ましてや、言葉に書いてそれを現場に周知しようとしたところでまったく伝わらない。一方で、同じ職場で日々の対話のなかから伝わるものがあった。お互いを見るのではなく、共通の未来のイメージを共有していたからこそ、そういう予期せぬことが人と人との関係性のなかでおこる。伝えたんじゃなくて、伝わっていた。創造的な職場では、そういう予期せぬことがおこるのだろうと思います。

山口：言葉として伝えるだけで、イメージを共有できていない職場とは大違いですね。

露木：もちろん、仕事は大変なものですが、小さなことでもいいから、そういうことがあるとみんなで頑張れる。お客様に、一言「ありがとう」といわれることで報われることもありますし、そういう言葉に励まされて頑張って働いている人はたくさんいます。あと、創造性がおこる瞬間では危機がくるという話があったように、苦しいことの先に予期せぬすばらしいことがおこる。二度としたくないと思うようなひどい経験であったとしても、それがあったから次の展開が訪れるということもあります。仕事をする日常のなかでも、コーリング（天職）とレイバー（苦役）のあいだを行ったり来たりしているんだと思います。

［まとめ］真の対話と場の共創から生まれる創造性

本書のまとめに代えて、「職場における創造性」の実現に向けての要点を5つの項目として提示しておきたいと思います。

1　出発点としての動機：本当に切実な思い、どうしても取り組まなければいられない課題があること

誰しも仕事をはじめるときには、何かをやり遂げたいという気持ちをもっているものです。新入社員として会社に入るとき、夢や希望、期待や不安が入り混じった複雑な気持ちを味わったことがあるはずです。しかし、だんだんと仕事に慣れ、現実と向き合うなかで、少しずつ初心を忘れてしまうのも人の常です。

じつは、何かをやりたいとか、将来こうなりたいと思っていても、それは最初から必ずしも具体的であるわけではありません。また、職場において何か新しい取り組みをするとしても、新しいものは今までにないものですから、そんなに簡単に生みだせるわけでもありません。創造的なモノが生まれるきっかけは、偶然の出会いであったり、まだモヤモヤしていてはっきりとはしていないけれど、何かありそうだという予感のようなものだったりします。あとから思い返すと、「そういえばあれがきっかけだったな」と気づくのです。図6（再掲）でいうとまだ言語化されていない受動的相互主観性の領域です。

職場において、本当に解決すべき課題があるとき、あるいは、自分たちの将来を左右するような切羽詰まった状況におかれたとき、誰もがその課題や状況に向き合わざるを得なくなります。もちろん、一人で悩んでいても埒があかないので、

人に聞いたり、話し合ったりする必要がでてきます。そこでの対話や行動をとおして、徐々に自分が向き合うべき課題や状況の内容がはっきりしてきます。「本当の問いは何か」が明らかになってくるのです。その問いにまでたどり着くには相当の時間がかかります。そして、その問いにたどり着いて初めて、創造性の出発点に立てたということができるのです。

2　感じていることを言葉にする努力

受動的志向性の領域において、我々は常にいろいろなことを感じています。過去把持や未来予持という言葉を使わなくても、無意識にいろいろなことを感じていることは、電車のブレーキの例やエアコンの音の例からも分かります。その無意識に感じていることは、普通は特に意識されることもなく、言葉にされることもありません。

一方で、職場で同僚と一緒に何かに取り組むときには、感じたことを言葉にする必要性がでてきます。まったく同じことを一緒にしているのであれば、おのずと伝わることもあるでしょうが、それぞれが別々の仕事を別々の場所でしているのであれば、相手が何を見て何を感じたかは分かりません。また、同じ事象にでくわしたとしても、それぞれの感じ方や受け取り方はそれぞれ違うはずです。そこで、感じたことを言葉にする努力が必要になります。しかし、感じたことを言葉にするのは簡単なことではありません。どう表現したらいいか分からないのが普通です。どうにか言葉にしたとしても、なんか違う、うまくいえないものです。これは図3(再掲)の受動的志向性の領域から能動的志向性の領域へのアプローチであり、図6(再掲)でいう第1の領域から第2の領域にかかわるところです。

それでは、どうすれば感じていることを言葉にできるのでしょうか。現象学の方法としては、何でもよいので感じたことを書くということを例示しました。その時に、何を感じたのか、どのように感じたのか、なぜそう感じたのかをできるだけ具体的に書くのです。簡単に言葉にはできないけれど、ちょっとでも文字にすることで、少しずつはっきりしてくる

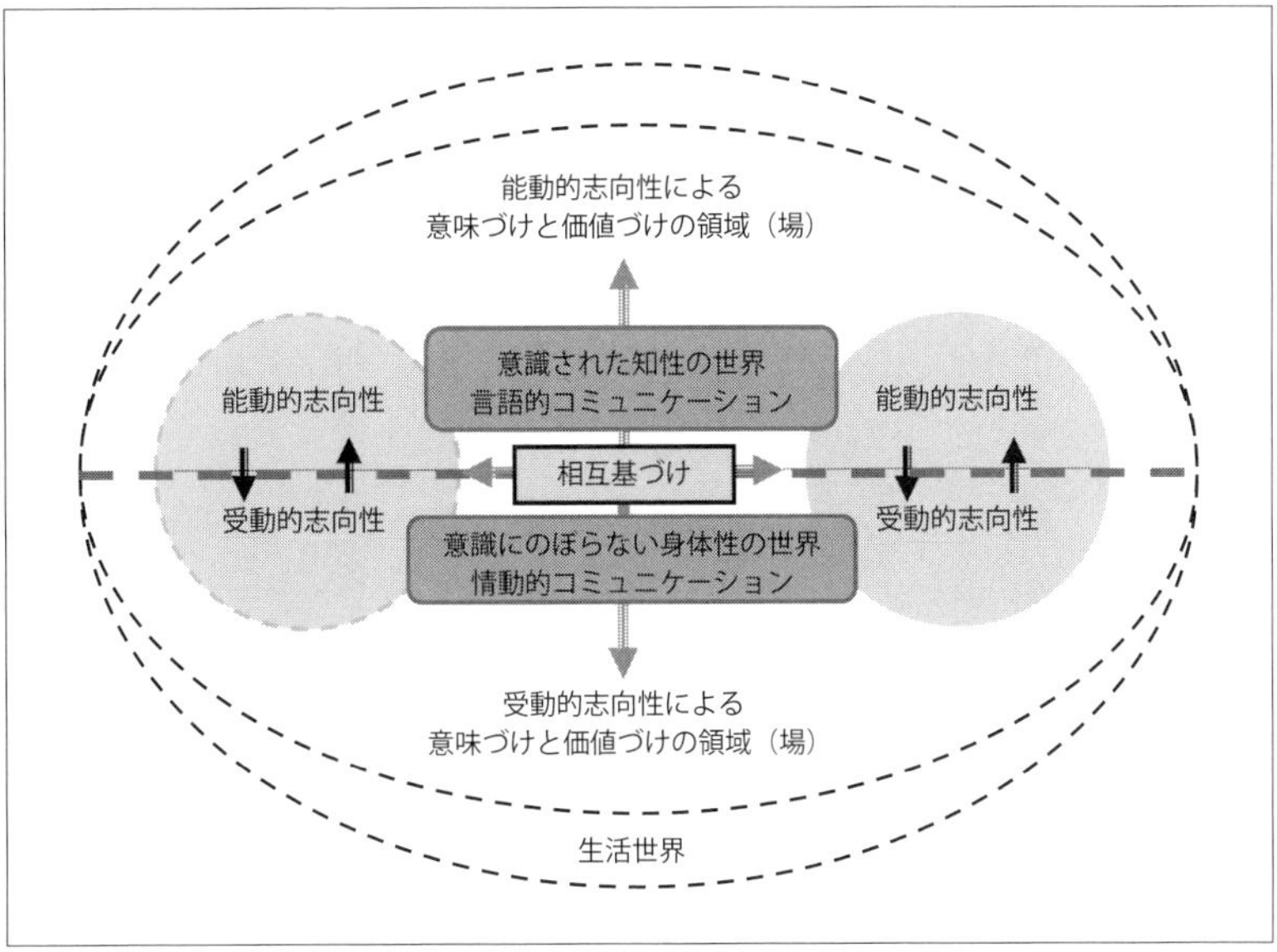

図3／生活世界における一般的な人間関係の図式（再掲）

（出典：露木（2003）および露木（2014）53頁の図3-1「場の理論モデル」を元に作成）

第三段階
人格相互の交わりの領域
自他の区別の解消と自他の統合、「我－汝関係」
心身一如
真の人間の実現、真の創造性、無心における本質直観

第二段階
能動性の領域
自他の区別と距離
主客対立
能動的相互主観性、「我－それ関係」
自他の身体の区別
心身分離
知覚と判断による学問の世界（言語的コミュニケーション）
個人と社会の成立

相互基づけの関係：受動性が能動性の基礎、
能動性の受動性への転化

第一段階
自発性（受動性）の領域
自他の融合
主客未分
受動的相互主観性（幼児期の「我－汝関係」）
宇宙的な一つの身体をいきること
感覚と衝動による情動の世界
（情動的コミュニケーション）
根源的時間化

図6／現象学の描く人間関係の三層構造（再掲）

ものがあります。そして、自分の想いにぴったりとした言葉が見つかると、人は「分かった」、「すっきりした」、「腹に落ちた」と感じるのです。それが感覚と結びついた言葉であり、本当の表出化といえます。そういう言葉は、聞いた方も切実さが伝わってきます。人に響く言葉かどうかが大切です。言葉にしても伝わらないことは多いけれど、その伝わるか伝わらないかというギリギリのところで言葉にする努力が、一人一人に求められているのです。

3　相手の感覚を信じて聴く力

感じていることを言葉にする努力の一方で、相手の話を聴く態度も重要です。この聴くことの難しさは、あまり意識されていません。誰もが人の話を聴けると思っていますが、単に言葉をやりとりするだけでは、本当に聴いたことにはならないのです。自分のいいたいことを互いにいい合っているだけでは、話がかみ合いませんし、話の内容が深まることもありません。

本当に相手の話を聴くことの難しさは、相手の話を聞いているうちに、実際に言葉にしなくても、自分の意見が先にでてきてしまうからです。相手の話を聞いた瞬間に、自分の判断や価値観のなかで相手の言葉を解釈してしまい、本当に相手のいいたいことに耳を傾けることができないのです。自分の考えに合わせて相手の話を解釈するのであれば、それは自分の考えでしかありません。それでは相手の感覚を全く信じていないことになります。そして、そのことは相手にも伝わるので、段々と言葉にする努力をしなくなるのです。能動的志向性の領域での言語的コミュニケーションの背後で、常に情動的コミュニケーションは働いているので、自分の感覚を相手が信じていないことは伝わってしまいます。図3(再掲)の相互基づけにあたる上下の相互作用と左右の相互作用のところです。

聴くことにおいて現象学の方法を取り入れるとすれば、判断（の一時）停止の態度が有効です。この態度は、対話の基本ともいえるでしょう。判断（の一時）停止の態度とは、自分の考えや判断はひとまず脇においておいて、相手の感覚の先に「何」があるのかに関心をもって、ひとまず受け入れ、排除しないということです。言葉になる手前の思いやモヤモヤ、感じていることが、言葉になるまで待つ態度です。相手が困っているのであれば、共に困り、共に悩む。その人が言葉として表現したいところに一緒に入っていきながら、共に感じるなかでふっとでてくるのを待つのです。

また、相手の思いがうまく言葉にできるように、問いかけるということも大切です。うまい問いかけが呼び水となって、言葉が引きだされてくることもあります。誰かと話をするなかでの言葉のやりとりをとおして、自分の感覚にぴったりとした言葉がでてくることもあります。問いかけによって、互いにどこまで分かっているか分からないのかを、確認し合うこともできます。

相手の話が聴けるとは、相手の気持ちやその動きが自分に映ってくる鏡のような作用のことです。できるだけ能動的志向性を働かせないことが重要です。そういっても難しいので、相手のいっていることはこうだなと思ってしまっても、そこで一時停止する。自分の意見に相手を引き込んだり、言葉によって相手を服従させたり、支配するのではなく、自分をいったん空にして話を聴くことに集中する判断（の一時）停止という態度が、本質直観に向けた対話の始まりであり、無心への入口なのです。

4　徹底的に事実を突き詰める（「我―それ関係」）

先に挙げた、言葉にする努力、聴く努力をとおして、だんだんと「本当の問い」が明らかになってきます。その時に求められるのは、その問いの中身を徹底的に突き詰める態度です。誰がいったかに関係なく、何をいったかが重要となり、事実に徹して物事を追求し、ありとあらゆる試行錯誤をすることが求められます。徹底的な数値化やデータ化も含めた言語的コミュニケーションが威力を発揮する局面です。図6（再掲）では第2の領域に当たります。もちろん、本当の問いに行き当たり、言語的コミュニケーションが有効ではあっても、それと並行して、言葉にする努力、聴く努力も求められます。

現象学では、自由変更という方法が有効です。自由変更とは、ありとあらゆる可能性、極端から極端を行ったり来たりしながら、事物を突き詰めていく方法です。そのためには、新しい目でモノを見ること、異なる視点、多様性が必要となります。いろいろな経験をとおして見えてくるものと、逆に、いろいろな経験が邪魔をして見えなくなるものがあります。新しいことに挑戦するときによく陥る成功体験の罠といわれるもので、それを避けるためには常に自分の常識を疑うことが必要です。

あらゆる手段を考えつくし、それを徹底的に実行しているかが問われます。とはいえ、あらゆる手段を講じてやってみても行き詰まることはよくあります。出口の見えない暗い道を歩いているようで、一向に打開策が見えてこない、創造性の手前で生じる危機といわれる状況です。しかし、逆に何の危機もないのであれば、創造性にはまだまだ遠いということもいえましょう。

5　モノやコトに集中してそれになりきること（大人になってからの「我－汝関係」）

創造性はコントロールできません。何かを管理したり計画どおりに進めようとする発想そのものが能動的志向性であり、その延長線上に創造性が生まれるわけではないのです。図6（再掲）の第2の領域にとどまっている限り、第3の領域に到達することはできません。「我－それ関係」を徹底させ、ありとあらゆる可能性を試すことをとおして、どうしても突破できないところまでいきつくことを創造性の危機と呼びました。

しかし、すべてをやり尽くして万策尽きたと思った時にはじめて創造性が現れるということがおこります。「能動性の先に受動性がくる」と呼ばれる現象です。それは意図しないときに気づかないところからやってくるものです。何かを突き詰めていくなかで、そのコトやモノになりきる。「自分が」とか、「誰かが」とかがどうでもよくなってしまうほどに集中した時に生まれる「流れ」であり、それをフロー現象と表現することもできるでしょう。そこでは第2の領域の言語的コミュニケーションは影を潜め、大人になってからの「我－汝関係」（第3の領域）が現われてきます。そのコトやモノになりきろうと思ってなっているわけではなく、自然と流れに引き込まれてしまうのです。ヘリゲルが「弓を引いているのか、弓に引かれているのか」分からないと表現した状態です。流れのなかでそれがおこる。おこっている時にはそれがおこっていることすら意識にのぼらない。

それが複数の人々が働く職場でおこるとき、「集団で跳ぶ」と表現されました。職場における創造性は、個人の発想から生まれるものではなく、ましてや一人で成し遂げられるものでもありません。それは、集団における具体的な関係性のなかから生じるものです。それまでの繰り返しなされた対話、現場での試行錯誤、共に行動し、共に考え、共に悩んだ結果としておこることです。

集団で跳ぶとは、一人一人のなかで少しずつ育ってきたそれぞれの感覚が、一つの言葉や事柄に収斂され、感覚と言葉がつながり、それが像を結ぶことです。複数の人たちがものごとの本質にいきつく本質直観です。そのとき場が開かれ、その場は人を活かす場となるのです。その創造性へのプロセスを通して、一人一人の感覚が磨かれ、言葉にする・聴くという対話の努力が身につき、それが結果として対話の文化として定着していきます。

最後に5つの要点を提示しましたが、これに関連して2つのことをつけ加えておきたいと思います。

1つは、この5つの要点は、こうすれば創造性にいきつくといったノウハウを示したものではないということです。また、この5つの要点は順を追って進むわけでもおこるわけでもないということです。時には、七色飯のように全くの素人が必死になって炊いた飯の方がすばらしくうまいということもあります。どうにかしようと必死でやった結果としてうまい飯が炊けたわけで、「そのことになりきれて」いたということです。同じように、「言葉にすること」「聴くこと」「コトやそのモノに集中すること」はどれも、すっとできてしまう場合もあれば、なかなかできないこともあります。一回できたからといって次もうまくいくとは限らないのです。一回一回が新しい始まりであり出会いであって、二度と同じことはおこらないのです。

もう1つは、「身体性」ということです。5つの項目のすべての根幹には、感じるにしても、言葉にするにしても、試行錯誤するにしても、すべて人間の身体があります。受動的志向性の領域とは、身体で感じる領域だからです。第1部の発生的現象学での詳しい説明のように、幼児は世界とつながって生まれてきて主客未分の「我‐汝関係」を生きています。それが「人と人との関係において」少しずつ自己を獲得し、さらに、その関係において時間や空間なども生まれてくるわけです。「呼吸が合う」というのも、単なる比喩ではなく、幼児の頃の添い寝のように、二つの身体で一つの呼吸になるという経験があるからこそ、「呼吸が合うか合わないか」ということも分かるのです。

職場で実際に仕事をしているのは、身体をもった人間です。ですから、一緒にいるだけで、一緒に身体を動かすことだけで、（受動的志向性の領域において）相手のことがなんとなく分かってくることもあるでしょう。職場での信頼関係も、この間身体性の上に成り立っているものです。そこで相手の感覚への信頼がなければ、創造性の土台がないということになります。身体性は、現代の職場ではあまり重要視されていないように思われますが、我々は、人間が働く職場においても、身体性がいかに大切であるかを、あらためて意識する必要があるでしょう。

*1 第1部注5を参照。

*2 クラウス・オットー・シャーマー、Claus Otto Scharmer（1961〜）マサチューセッツ工科大学スローンスクール上級講師。『U理論』（2010、英治出版）で、人、組織、社会の「在り方：プレゼンス」を問う。

*3 マルティン・ハイデガー、Martin Heidegger（1889-1976）はフッサール現象学の継承者の一人で、『存在と時間、Sein und Zeit』（1927）によって「存在の意味」を問う彼独自の、人間という「現存在」の存在の仕方を解釈（理解）しようとする解釈学的現象学を展開した。

*4 モーリス・メルロ＝ポンティ、Maurice Merleau-Ponty（1908-1961）フランスの哲学者で、主著『知覚の現象学、Phénoménologie de la perception』（1945）によって身体を中軸に据えた現象学を展開し、身体と身体のあいだを意味する「間身体性 intercorporéité」の概念が重要視されている。

*5 ゲオルグ・シュテンガー、Georg Stenger（1957-）は、現在ウィーン大学の「グローバル化した世界における間文化哲学研究」の教授であり、フッサールとハイデガーおよび京都学派を中心にする間文化現象学研究の第一人者といえる。主著は Philosophie der Interkulturalität（間文化性の哲学）、2006年である。

*6 ベルンハルト・ヴァルデンフェルス、Bernhard Waldenfels（1934-）は現代ドイツのもっとも重要な現象学研究者の一人であり、フッサール、メルロ＝ポンティに根ざす「応答の現象学」を展開している。多数に渡る著作の中で邦訳されている一部の著作として、『講義：身体の現象学』2004年、『経験の裂け目』2009年が挙げられる。

*7 ミシェル・フーコー、Michel Foucault（1926-1984）はフランスの20世紀を代表する哲学者の一人で、研究テーマは、思想史、政治哲学、倫理学、技術の哲学等、多岐にわたり、「知と権力」や「監視社会」などの概念を中軸に据え、主著として『狂気の歴史』（1961）、『言葉と物』（1966）、『監獄の誕生―監視と処罰』（1975）が挙げられる。

*8 大森曹玄（1904-1994）は臨済宗の禅僧であり、直心影流剣術の師範でもあった。主著に『剣と禅』（1958）、『参禅入門』（1962）、『臨済録講話』（1980）などがある。

*9 鈴木大拙（1870-1966）は臨済宗の禅僧であり、禅を英文で世界に広めた仏教学者として世界的に著名である。その主な著作は『鈴木大拙全集』（全40巻、岩波書店1999年-2003年）に収められている。

*10 ジェラルド・モーリス・エーデルマン、Gerald Maurice Edelman（1929-2014）はアメリカの生物学者で1972年にノーベル生理学・医学賞を受賞した。彼は免疫学を基礎に、脳神経科学の領域で「神経ダーウィニズム」の説を呈示した。邦訳されている主著に『脳から心へ―心の進化の生物学』（1995）、『脳は空より広いか―「私」という現象を考える』（2006）がある。

*11 カール・レービット、Karl Löwith（1897-1973）ドイツの哲学者で、ハイデガーのもとで教授資格論文『隣人の役割における個人』を執筆する。1936年から1941年東北大学で哲学とドイツ文学を教授した。邦訳されている主な著作は『ヘーゲルからニーチェへ』（1952／53）、『ハイデガー―乏しき時代の思索者』（1968）、『共同存在の現象学』（2008）などである。

あとがき（1）

私がこの本のモチーフとなる「場」という概念に出会ったのは、㈱前川製作所（マエカワ）の社員の頃でした。当時、マエカワは70年代から実践してきた小グループ経営や独法経営で、組織論の分野では注目される企業であり、フラワー経営、アメーバ経営、ビジネスプロセス・リエンジニアリング（BPR）等々、いろいろな理論や概念で解釈されていました。一方で、社内では、外から与えられる様々な名称や解釈に対して少し違和感をもっていたように思います。自分たちはそんなことを意図してやっているわけじゃないんだけど。そんな時にマエカワが出会ったのが「場」という考え方でした。当時、東京大学薬学部の教授だった清水博先生の「場」の理論を知って、マエカワの人たちも、その考えが自分たちの組織の動きを説明するのにしっくりするという感覚をもったように思います。そして、その出会いが、私が「場」という概念を生涯の研究テーマにするきっかけとなったのです。

恩師である野中郁次郎先生に出会ったのも、マエカワの社員時代でした。当時、野中先生は知識創造企業に続く著作の執筆を企図されており、その本のなかの事例企業にマエカワがとりあげられたからです。取材のお手伝いをするうちに、野中先生が北陸先端科学技術大学院大学に新しくできる知識科学研究科の研究科長になられることを知り、マエカワで経験したことを言葉にしたいという強い思いが湧きでてきて、思い切って会社を辞めて大学院に戻りました。

白山麓の自然豊かなキャンパスで研究活動を再開したものの、「場」の理論を掘り下げるのはとても難しく、悪戦苦闘の連続のなかで出会ったのが現象学者の山口一郎先生でした。当時、現象学に興味をもちつつも、その理論の難解さにしり込みしていた私に、「露木くん、フッサールを学びなさい」といわれて野中先生から紹介されたのが、山口先生の『他者経験の現象学』という本でした。この本は、山口先生のドイツでの博士論文の日本語訳で、内容も文体も難解すぎて到底理解できるとは思えず、「これは大変なことになったな」と内心思ったものでした。しかし、幸いなことに山口先生が現象学の入門書をお書きになっていて、その原稿を拝見する機会に恵まれました。現象学になじみのない人たちに向けて書かれた原稿を読むうちに、無数の疑問が湧いてきて、それを思い切ってすべて山口先生にぶつけたところ、山口先生は嫌な顔ひとつせず、逆にそれを楽しむかのように、丁寧に時間をかけて現象学のエッセンスを教えてくださいました。それが私と現象学との出会いでした。山口先生から学んだ現象学の考え方を用いて理論化したのが、私の博士論文「場と知識創造」で導出した「場」の理論モデルです。職場における創造性は、個人個人の能力の足し算ではなく、個人を超えた集団的な創造性、すなわち「場」そのものの創造性にあるというのが、私の論文の結論でした。

それから20年余りが経ち、この『職場の現象学』を現象学の恩師である山口一郎先生と一緒につくることができたのは、本当に夢のような出来事です。最初に本の構想ができてから、すでに8年余りが経ちました。その間、ほぼ毎月1回の割合で山口先生のお宅に通い、具体的な事例を題材に現象学を通してそれを解釈したらどう見えるのかについて議論を重ねました。山口先生とのお話は、二人の興味のおもむくままにいつもあらぬ方向に脱線し、また戻ってきて話を積み重ね深める知的な冒険のような対話でした。それが楽しくて、あっという間に8年もの月日が経ってしまいました。

この本は、職場での人と人との関係性に悩む全ての企業人・職業人に向けて書いた本です。人は誰しも創造的で活気があり自分の個性を活かせる職場で働きたいと願っていると思います。一方で、仕事だから、企業だから、と自分の思いを封印し、あたかも機械のように働くことで自分を守っている人も多いのではないでしょうか。仕事の現場は厳しいものです。ＩＣＴの発達やグローバル化で、職場を取り巻く環境はさらに厳しさを増しており、人々には今まで経験したことのない働き方が求められています。一方で、やはり新しいこと、創造的なことは「人と人の関係のなかからしか生まれてこない」というのも真実です。創造的な職場の実現は困難だけれど、誰しもがその場にかかわり自分を活かし主体的に場を生きることができるのです。本書が、活き活きとした職場を実現したいと願うすべての人々に創造的な場へのヒントを提供できたなら、望外の幸せと思います。すべての縁と出会いに心からの感謝を込めて。

令和２年（２０２０年）３月

露木恵美子

あとがき（2）

露木恵美子さんとこの共著を計画しはじめたのは、およそ7年以上前になるでしょうか。残されているメールをたどると、2012年6月には、「共創する職場」というタイトルで三部形式の著作の企画がみられます。しかし、初めてお目にかかったのは、それよりはるか以前、2001年の9月に書かれた『現象学ことはじめ』の「あとがき」に露木さんがこの原稿を読みやすくなるよう修正してくださったとありますので、ちょうど世紀が変わる頃だったと思われます。露木さんは、その頃、野中郁次郎先生のもとで博士論文：「場と知識創造」をお書きになっていて、私が「場」の概念の現象学による理論化のお手伝いをすることになったのでした。

その当時の「理論的お手伝い」は、まさに、現象学の考察による理論上の整合性の確認に限定されました。しかし、ほどなく、明らかになったのは、当然とはいえ、具体的な職場における「場の理論化」が可能になるためには、そのための重要な前提が欠かせないことでした。この前提というのは、理論化する当の本人が職場の現実である現場に身をもって居合わせるということです。それによってはじめて、「共創がおきている／あるいはおきていない職場の現実（現場）」が、まさに身をもって実感され、その実感の言語化によって適切な理論化が可能になるからです。

したがって、第二部で描かれている「現象学による解説」が、職場で働く人々にとって何らかの「意味と価値」をもつことができるのは、この解説がその職場で働く人々と自分とのあいだに無意識に生じた身体的な暗黙知の的確な言葉による表現（表出化）になっている場合に限られるのです。

露木さんは、博論を執筆された2003年以降、机上での現象学研究を中心にしていた私に、この職場の現実（現場）に居合わせる機会を積極的に提供してくださり、「前川製作所、巣鴨信金、こころみ学園、桜えび漁」等のすべての職場（の現場）に案内してくださり、そこで働く人々との出会いの機会をつくってくださったのです。

前川製作所をお尋ねし、会社の方々とお会いして、直接お話をお聴きするだけでなく、露木さんが7年に渡り、社員として働いていらしたこともあり、露木さんの経験をお聴きすることによっても、マエカワの職場の現実が生き生きと伝わってきました。鶏の脱骨機「トリダス」の開発の例にみられるように、お互いに互いの身体に成り切るほどに、「相手の感覚を100%信じること」が現実のものになり、「お互いの無心」をとおして実現されてくる「共創の職場」の現実の一端に触れることができました。

巣鴨信金の本店や複数の支店をお尋ねしたときには、真の「ホスピタリティ」の実現に向けて努力を重ね、「人に向き合うこと」を実践されている社員の方々と直接、お話できました。感性にもとづく「情動的コミュニケーション」と知性にもとづく「言語的コミュニケーション」が相互に働きかけ合うことで生じる「本当の対話」がつねに求められているのです。

「こころみ学園」の訪問にさいしては、創設者である川田昇さんのお書きになった『ぶどう畑の笑顔』で描かれているように、「原木運び」など皆と一緒に一所懸命働き、食事の喜びを共にすることで、お互いを人として認め合い、支え合いながら生きるという「人が人と共に生きる本当のあり方」に接することができました。

「桜えび漁」の漁船に乗せてもらい、漁の現場に居合わせていただけたのは、同じように露木さんをとおしてお会いすることできた青年部のみなさんのご好意によるものでした。桜えび漁では船内の6人が1人の身体のようになって、いわば「一心同体」で働く現場です。それぞれが「暗黙知の共有」と「共有される暗黙知の質の向上」に向けて努力するだけでなく、この努力が的確に言葉にされることで、この言葉が共に働く漁師の方々のあいだに確実に伝わり、共創しあう職場が実現するのです。

第3部は、このように露木さんとともに職場の現実に触れる機会をとおしてその現場でそれぞれが感じ得た、あるいは感じ得なかった「暗黙知」について、じっくり語り合う（言葉にする）ことの繰り返しをとおしてできあがってきました。繰り返された話し合い(対話)は、400時間以上になるでしょう。この対話は、共有された、あるいはされなかった「暗黙知」の形式知化（表出化）の試みといえますが、そのさい、他の哲学の立場や経営学の議論との理論的検討がなされ、それをとおして改めて共有されていた暗黙知に立ち戻り、言葉が現実にどこまで届いているのか、いないのか、熟慮が繰り返されました。いわば野中先生のSECIモデルの実践の試みともいえます。

本書をもって、「共創する職場の実現」に向け、経営学と現象学との共創し合う学際的研究への幾分かの寄与となることができれば、共著者として大きな喜びです。

文末になりますが、学際的研究の試みといえる本著の意図をご理解いただき、出版の機会を与えてくださった白桃書房の大矢栄一郎氏と編集にあたり論稿を推敲していただいた佐藤円氏に深く感謝もうしあげます。

令和2年（2020年）3月

山口一郎

参考文献（五十音順）

今西錦司『生物の世界』講談社文庫、1972年
ヴァレラ、F．「神経現象学」、『現代思想　特集オートポイエーシスの源流』2001年所収
――『身体化された心』工作舎、2001年
大森 信・志田喜代江編著『さくらえび漁業百年史』静岡新聞社、1995年
ガットラブ、B．『ブルース、日本でワインをつくる』新潮社、2014年
金森俊朗『いのちの教科書』角川文庫、2007年
川田 昇『ぶどう畑の笑顔』大揚社、1993年
――『山の学園はワイナリー』テレビ朝日事業局コンテンツ事業部、1999年
小西行郎『赤ちゃんと脳科学』集英社、2003年
清水 博・前川正雄『競争から共創へ』岩波書店、1998年
シャーマー、O．C．『U理論』中土井僚・由佐美加子訳、英治出版、2010年
スターン、D．N．『乳児の対人世界　理論編』小此木啓吾・丸田俊彦監訳、岩崎学術出版社、1989年
チクセントミハイ、M．『フロー体験 喜びの現象学』今村浩明訳、世界思想社、1996年
――『クリエイティビティ――フロー体験と創造性の心理学』浅川希洋志監訳、世界思想社、2016年
露木恵美子「場と知識創造――現象学的アプローチによる企業の知識創造活動における「場」の研究」博士学位論文、北陸先端科学技術大学院大学、2003年
――ビジネスケース「前川製作所　顧客との場の共創」『一橋ビジネスレビュー』49巻1号、2001年
――ビジネスケース「巣鴨信用金庫　信用金庫の「復刻」をめざした組織文化改革」『一橋ビジネスレビュー』61巻1号、2013年
――「事例研究：由比港漁協青年部――漁業者による6次産業化――活き桜えび・沖漬け・漁師魂の事例」

『中央大学ビジネスレビュー』No.5、2014年
――「場と知識創造―現象学的アプローチによる集団的創造性を促す「場」の理論に構築に向けて」『研究技術計画』Vol・34 No.1、2019年
露木恵美子・前田雅晴　ビジネスケース「こころみ学園／ココ・ファーム・ワイナリー　人が働くことの意味を問い直す知的障害者支援施設の挑戦」『一橋ビジネスレビュー』65巻1号、2017年
デカルト、R.『方法序説』谷川多佳子訳、岩波書店、1997年
中根千枝『タテ社会の人間関係』講談社現代新書、1967年
――『タテ社会の力学』講談社学術文庫、2009年
野中郁次郎・竹内弘高『知識創造企業』梅本勝博訳、東洋経済新報社、1996年
野中郁次郎・山口一郎『直観の経営　共感の哲学で読み解く動態経営論』KADOKAWA、2019年
平田オリザ『わかりあえないことから　コミュニケーション能力とは何か』講談社現代新書、2012年
ブーバー、M.『対話的原理Ⅰ　我と汝　対話』田口義弘訳、みすず書房、1967年
フッサール、E.『ヨーロッパ諸学の危機と超越論的現象学』細谷恒夫・木田元訳、中公文庫、1995年
――『受動的綜合の分析』田村京子・山口一郎訳、国文社、1997年
――『デカルト的省察』浜渦辰二訳、岩波文庫、2001年
――『間主観性の現象学　その方法』浜渦辰二・山口一郎監訳、ちくま学芸文庫、2012年
――『間主観性の現象学Ⅱ その展開』浜渦辰二・山口一郎監訳、ちくま学芸文庫、2013年
――『間主観性の現象学Ⅲ その行方』浜渦辰二・山口一郎監訳、ちくま学芸文庫、2015年
ブランケンブルク、W.『自明性の喪失』木村敏 他訳、みすず書房、1978年
ヘリゲル、E.『弓と禅』、稲富栄次郎訳、福村出版、1981年
ポランニー、M.『暗黙知の次元』高橋勇夫訳、ちくま学芸文庫、2003年
前川総合研究所・場と組織のフォーラム『マエカワの「独法」経営』プレジデント社、1996年

前川製作所『無競争社会への離陸』㈱前川製作所 1985年
前川正雄・野中郁次郎『マエカワはなぜ「跳ぶ」のか──共同体・場所・棲み分け・ものづくり哲学』ダイヤモンド社、2011年
松尾 正『沈黙と自閉』海鳴社、2004年
メルロ＝ポンティ、M.「幼児の対人関係」、『眼と精神』滝浦静雄・木田元訳、みすず書房、1966年所収
──『知覚の現象学1』竹内芳郎訳、みすず書房、1967年
──『知覚の現象学2』竹内芳郎訳、みすず書房、1974年
森 有正『経験と思想』岩波書店、1977年
山口一郎『他者経験の現象学』国文社、1985年
──『現象学ことはじめ』日本評論社、2002年、改訂版2012年
──『文化を生きる身体』知泉書館、2004年
──『人を生かす倫理』知泉書館、2008年
──『実存と現象学の哲学』NHK出版、2009年
──『感覚の記憶』知泉書館、2011年
──『発生の起源と目的』知泉書館、2018年
リゾラッティ、G.『ミラーニューロン』紫田裕之訳、紀伊國屋書店、2009年
リベット、B.『マインド・タイム 脳と意識の時間』下條信輔訳、岩波書店、2005年

索　引

本書は、JSPS 科研費 JP25380477「地域ネットワーキングと企業プロセスの研究」(平成 25 ～ 28 年度)、JP17K03895「地域における事業化を支える社会基盤としての「場」とネットワークの研究」(平成 29 ～ 31 年度)、ならびに、中央大学特定課題研究費「コミュニティにおける習慣的社会制度の成立と変容に関する研究」(平成 27 ～ 28 年)の助成を受けた研究成果の一部です。

■著者略歴

露木　恵美子（つゆき　えみこ）

中央大学大学院戦略経営研究科（ビジネススクール）研究科長・教授
神奈川県出身。

1991年　中央大学大学院文学研究科社会学専攻博士前期課程修了
2003年　国立北陸先端科学技術大学院大学（JAIST）知識科学研究科博士後期課程修了
博士（知識科学）。専門は組織論、戦略論、ベンチャー起業論
1991年より産業用機械メーカーの㈱前川製作所に7年間勤務したのち、JAISTに社会人大学院生として入学。知識経営論の野中郁次郎氏に師事。2003年～2007年（独）産業技術総合研究所ベンチャー開発戦略研究センター研究員。2005年～2011年、明星大学経済学部経営学科准教授。2011年4月に中央大学大学院戦略経営研究科に着任。2019年11月より現職。
研究テーマは「場と共創」。企業をはじめとした組織における創造的な場のあり方を多面的に研究している。博士論文は「場と知識創造－現象学的アプローチによる企業の知識創造活動における「場」の研究－」、著書（共著）に、『知識経営実践論』、『アカデミック・イノベーション』、『ハイテク・スタートアップの経営戦略』等。

山口　一郎（やまぐち　いちろう）

東洋大学名誉教授
宮崎県出身。

1974年　上智大学大学院文学研究科哲学専攻修士課程修了
1979年　ミュンヘン大学哲学部哲学科にて学位（PhD）取得
1994年　ボッフム大学哲学部にて哲学教授資格（Habilitation）取得
1996年から2013年まで　東洋大学文学部哲学科教授
主要研究領域は現象学、特にフッサール後期に展開される発生的現象学、及びフッサール現象学と仏教哲学をめぐる間文化哲学
【主な著書及び訳書】
『他者経験の現象学』1985年　国文社
『E.フッサール　受動的綜合の分析』（共訳）1997年　国文社
『現象学ことはじめ』2002年　日本評論社
『文化を生きる身体』2004年　知泉書館
『存在から生成へ―フッサール発生的現象学研究』2005年　知泉書館
『人を生かす倫理―フッサール発生的倫理学の構築』2008年　知泉書館
『実存と現象学の哲学』2009年　日本放送出版協会
『B.ヴァルデンフェルス　経験の裂け目』（監訳）2009年　知泉書館
『感覚の記憶―発生的神経現象学研究の試み』2011年　知泉書館
『E.フッサール　間主観性の現象学［その方法］［その展開］［その行方］』（共監訳）
2012、13、15年　ちくま学芸文庫
Genese der Zeit aus dem Du. Welter der Philosophie 18　2018
『直観の経営―「共感の哲学」で読み解く動態経営論』2019年　KADOKAWA

※『職場の現象学』のサイトを開設しました。
場の理論や現象学に関する情報、書籍や用語の紹介、講演会やワークショップなどの案内をタイムリーに配信します。
ぜひ、以下の URL または QR コードからアクセスしてみてください！

URL：https://ba-phenomenology.com/

■ 職《しょく》場《ば》の現象学《げんしょうがく》
—「共《とも》に働《はたら》くこと」の意《い》味《み》を問《と》い直《なお》す—

■ 発行日—— 2020 年 3 月 26 日　初版発行　〈検印省略〉

■ 著　者——露《つゆ》木《き》恵《え》美《み》子《こ》・山口一郎《やまぐちいちろう》

■ 発行者——大矢栄一郎

■ 発行所——株式会社 白桃書房《はくとうしょぼう》
〒 101-0021　東京都千代田区外神田 5-1-15
☎ 03-3836-4781　FAX 03-3836-9370　振替 00100-4-20192
http://www.hakutou.co.jp/

■ 印刷・製本——三和印刷

ISBN978-4-561-21739-8　C0034